Dr. Uli Gelbrich

TIBETISCHE HUNDE

Urania-Verlag Leipzig · Jena · Berlin

Unter Mitarbeit von Frau Gertrud Gartenschläger

Bildquellen:
Dähler, St. (Burgdorf/Schweiz) 3, 38, 39, 40, 42, 43, 44
Dehlholm Dons, M. (Dänemark) 7, 23
Dorjee, T. (Indien) 2
Fleuchaus, A. (Frankfurt/Main) 26, 27, 28
Gelbrich, U. 5, 6, 8, 9, 11, 12, 13, 17, 18
Grieder, P. (Rikon/Schweiz) 1
van Groeningen (Niederlande) 41
Jørgensen, B. R. (Dänemark) 4, 24, 25
Larsen, K. (Dänemark) 33
Magnussen, K. (Dänemark) 15, 16
Thielecke, F. (Berlin) 10, 14, 19, 20, 21, 22, 29, 30, 31, 32, 34, 35, 36, 37, Titelfoto und Einband-Rückseite

Gelbrich, Uli:
Tibetische Hunde / Uli Gelbrich. [Ill.: Michael
Lißmann ; Heinz Kutschke]. – 1. Aufl. – Leipzig ;
Jena ; Berlin : Urania-Verlag, 1987. – 140 S. :
Ill. (z. T. farb.)   ISBN 3-332-00110-8

ISBN 3-332-00110-8

1. Auflage 1987, 1. bis 8. Tausend
Alle Rechte vorbehalten
© Urania-Verlag Leipzig · Jena · Berlin,
Verlag für populärwissenschaftliche Literatur, Leipzig
VLN 212-475/53/87 · LSV 1369
Lektor: Annette Bromma
Illustrationen: Michael Lißmann,
Heinz Kutschke (S. 13, 19, 98, 99, 131)
Gestaltung: Matthias Dittmann
Printed in the German Democratic Republic
Lichtsatz: INTERDRUCK Graphischer Großbetrieb Leipzig – III/18/97
Druck und buchbinderische Verarbeitung: Sachsendruck Plauen
Best.-Nr.: 654 1363
02400

Inhalt

Vorwort

Derzeit gibt es auf der Erde mehr als 500 verschiedene Hunderassen, die regional unterschiedlich über die Kontinente verteilt sind. Die meisten Rassen entstanden erst in den letzten 100 Jahren durch planmäßige und auch zufällige Züchtungsresultate. Unterschiedlichste Motive in den gesellschaftlichen Schichten vor allem zur Zeit der Anfänge der Industrialisierung in der Mitte des 19.Jahrhunderts führten zu Kreuzungen bewährter und beliebter Rassen, um neue Formen und Eigenschaften zu erzielen. Die Vielfalt der in England seither gezüchteten Terrierformen und -rassen ist besonders markant.

Im Gegensatz zu diesen relativ jungen gibt es auch sehr alte Hunderassen, die zwar nicht unverändert über Jahrtausende bestehen, im wesentlichen aber ihre Erscheinungsformen und Merkmale über sehr lange Zeiträume beibehalten haben. Diese Hunde wurden bei einigen besonders nomadisierenden und isoliert lebenden Völkern für bestimmte Zwecke benötigt. Bewährte Formen der Hunde mit bestimmten Merkmalen wurden selektiv untereinander weiter vermehrt, ohne daß von einer Zucht im heutigen Sinn gesprochen werden kann. Das traf für die Gebrauchshunde ebenso wie die Luxushunde in den alten Kulturen der Menschheitsgeschichte zu.

Die erst seit Anfang unseres Jahrhunderts in Europa und später teilweise auch in Nordamerika und Australien bekanntgewordenen ostasiatischen Hunderassen Chinas und Tibets sind besonders exotische und wertvolle Rassen ältester Zuchtpraxis und Kulturzeugnis der wechselvollen, bewegten und kulturreichen Geschichte dieser Völker.

Das Vorstellen der tibetischen Hunderassen erfordert deshalb mehr als eine übliche Beschreibung der Tiere. Ihre Herausbildung und Entwicklung erfolgte über mehr als zwei Jahrtausende in der ereignisreichen Völkergeschichte der mongoliden Hochlandnomaden und unter den religiösen Einflüssen des Buddhismus. Viele der markanten Eigenschaften und Verhaltensweisen dieser auffälligen Rassehunde sind nur aus diesem Hintergrund heraus zu erklären und zu verstehen.

Die Beliebtheit der tibetischen Hunde steigt seit der in den fünfziger und sechziger Jahren möglich gewordenen breiteren Zucht sehr stark an. Dadurch konnten sich diese Tiere in den letzten 20 Jahren in den europäischen und einigen überseeischen Ländern rasch ausbreiten, ohne jedoch bis jetzt eine zahlenmäßig starke Rassengruppe zu sein.

Aufgrund der bemerkenswerten Eigenschaften und des exotischen Äußeren dieser Hochlandhunde des Himalaja besteht ein reges und steigendes Interesse.

Das Buch soll dazu beitragen, die Herkunft der noch relativ seltenen Rassevertreter aus dem noch immer geheimnisumwobenen Land auf dem Dach der Welt zu erläutern, ihre Formen und Wesensmerkmale vorzustellen und zahlreiche Hinweise für ihre sachgemäße Pflege, Haltung und Erziehung zu vermitteln.

Die Vorbereitungen zu dieser Publikation erforderten das Studium relativ seltener Schriften. Dabei wurde ich von vielen Zuchtfreunden tibetischer Hunderassen unterstützt, von denen ich besonders Herrn Dieter Heinrich, Berlin, Herrn Stefan Dähler, Burgdorf/Schweiz, und Frau Gerti Bracksieck, Bielefeld/BRD, stellvertretend für alle nennen möchte.

Die Mitinitiatorin für diese Arbeit, Frau Gertrud Gartenschläger, Berlin, trug durch ihre züchterischen Erfahrungen und speziellen Kenntnisse tibetischer Hunde wesentlich zur Gestaltung des Buches bei.

Seitens der Gutachter, Herrn Dr. med. vet. Harald Nöldner, Gera, und Herrn Dr. med. vet. Ullrich Seidel, Leipzig, gab es wertvolle Hinweise zur Pflege, Haltung und Gesundheit der Hunde.

Nicht zuletzt gilt mein Dank dem Urania-Verlag, Leipzig, für die gute Zusammenarbeit und die Unterstützung bei der Entwicklung dieses Buches.

Uli Gelbrich
Bad Köstritz, 1987

Hunderassen – Rassehunde

Die Herausbildung von Hunderassen im Verlaufe der Domestikation geschah durch den Eingriff des Menschen in Form zufälliger und auch gezielter Selektion der geeignetsten Tiere für einen von ihm beabsichtigten Verwendungszweck. Als Ursprung der Rassenherausbildung kann mit Sicherheit die in der Natur existierende Vielfalt von etwa 30 Unterarten des Wolfes angesehen werden. Andere wildlebende Caniden wie Fuchs, Afrikanische Wildhunde, Kojote oder Schakal sind als Vorläufer des Hundes auszuschließen. Von einigen Kynologen wird vorrangig auf die beträchtliche Erweiterung der innerartlichen Variation in bzw. nach der Domestikation als wesentliches Element der Rassenbildung hingewiesen. Die veränderten Bedingungen im Zusammenleben mit dem Menschen beziehen sich vor allem auf die Selektion der bereits domestizierten Hunde. Das Ausschalten der natürlichen Selektion durch die Obhut des Menschen fördert nach Senglaub, Herre, Röhrs u. a. vor allem Hunde mit Genkombinationen, die in der Wildnis zurückgedrängt oder gar ganz eliminiert würden. Dadurch kann die Formenvielfalt bei domestizierten Tieren zunehmen. Das gilt besonders auch für Mutationen. Während in der Wildnis Tiere mit mutierten Erscheinungen (z. B. Albinos) und mutierten Anlagen meist wenig Überlebenschancen haben, greift der Mensch gerade bei diesen außergewöhnlichen Tieren fördernd und selektierend ein, um beispielsweise eine seltene Fellanlage oder eine veränderte Schädelform zu erhalten und weiterzuentwickeln. Das bezieht sich praktisch auf alle außergewöhnlichen Individuen mit bestimmten und gewünschten Merkmalen. Die Trennung der Hunde während der Domestikation von den Wildpopulationen stellt eine vom Menschen erzwungene künstliche Fortpflanzungsisolation dar. Damit werden entstandene Exemplare einer bestimmten Form gefördert und Genkombinationen gefestigt. So entstanden durch die verschiedenen Möglichkeiten des Eingriffs der Menschen bereits zu Beginn der Domestikation beachtliche Variationsbreiten der Hunde mit sehr verschiedenen Eigenschaften und vor allem sehr unterschiedlichem Aussehen. Vom eigentlichen Rassebegriff der Hunde kann allerdings zu dieser Zeit noch nicht gesprochen werden. Es handelte sich um verschiedene Grundtypen und Formen. Prinzipiell kann erst von einer Rasse gesprochen werden, wenn eine Gruppe von Hunden isoliert gehalten wird, die sich in bestimmten und mehreren Merkmalen von anderen Hunden deutlich unterscheiden. Das ist nach verschiedenen Kynologen der Zeitpunkt, als durch Zuchtbuchführung und Standardfestlegung Mitte des 19. Jahrhunderts eine gezielte Rassehundezucht begann. Es gab jedoch in der gesamten Menschheitsgeschichte immer Situationen, in denen Mensch und Tier über lange Zeiträume, z. T. über Jahrhunderte, isoliert, zumindest aber sexuell isoliert, gelebt haben und in denen es für die Haushunde keinen Kontakt zu Wildpopulationen gab. Damit waren die Voraussetzungen für Rassenbildung und temporären Bestand der Rassen gegeben. Bei späterem Kontakt der Tiere mit anderen domestizierten oder wildlebenden Formen lösten sich die Rassen ineinander wieder auf. Es ist deshalb nicht möglich, die Erscheinungsformen von Hunden in frühen Zeiten aufgrund gewisser Ähnlichkeiten als Ahnenkennzeichen für die heutigen Rassen zu werten. Bildliche Darstellungen von Hunden aus den alten Kul-

Kopfformen mit stark verkürztem Gesichtsschädel sind unabhängig voneinander in verschiedenen Gebieten der Erde entstanden. Hier eine altperuanische Plastik einer »Chinchabulldogge« mit mopsähnlichem Kopf (Nordperu)

turen Vorderasiens und des Mittelmeergebietes geben immer wieder Anlaß zu Spekulationen, möglicherweise die Rassen der Windhunde, Teckel oder Spitze wiederzuerkennen. Diese überlieferten Bilder können nur den Hinweis geben, daß es damals bereits diese Grundtypen gab, die jedoch jederzeit wieder bei nicht isolierter Haltung ineinander, in neue oder vorhandene Formen übergehen konnten. Funde aus Mittelperu beweisen, daß dort bereits in altindianischer Zeit stark verkürzte Gesichtsschädel der Hunde vorkamen, die bulldoggenähnlich waren und mit dem aufgebogenen Kieferknochen und starken Vorbiß Parallelen zu ostasiatischen Rassen wie Mops, Pekinese und auch zu den französischen Bulldoggen zulassen. Damit ist bewiesen, daß derart rasseprägende Merkmale unabhängig voneinander in territorial unterschiedlichen Gebieten auftreten können und die Rückführung auf einen Urtyp für eine bestimmte Rasse nicht möglich und nicht notwendig ist. Es gibt jedoch auch Beispiele für die Hochzucht von Rassen über ein bis zwei Jahrtausende, die sich auf eine bestimmte Vorform zurückverfolgen lassen und die über diese Zeiträume in absoluter reproduktiver Isolation gehalten wurden, wie das besonders beim Peking-Palasthund, beim Chow-Chow und bei buddhistischen Klosterhunden der Fall ist.

Durch Völkerwanderungen und -bewegungen auf der Suche nach reicheren Siedlungsgebieten, durch Eroberungszüge und Handelstausch erfolgte bereits vor Jahrtausenden eine Verbreitung verschiedenster Formen und Grundtypen der Hunde unter den Völkern der Kontinente, vor allem in Asien, Europa und Nordafrika. Nach den bisherigen Erkenntnissen hat sich die Haustierwerdung (Domestikation) des Hundes etwa 10 000 Jahre v. u. Z. und früher vollzogen, ein Vorgang, der sich über einen längeren Zeitabschnitt erstreckt haben dürfte. Funde aus den frühesten Zeiten menschlicher Wohnplätze bestätigen schon die sichere Existenz verschiedener Formen von domestizierten Hunden. So waren bereits in der Mittelsteinzeit (7000 v. u. Z.) die Gruppen der Spitze (auch Torfhunde genannt) und Doggen vorhanden. Seit Ende der Jungsteinzeit und Anfang der Bronzezeit (4000 – 3500 v. u. Z.) können Jagd- und Hütehunde nachgewiesen werden. Die ersten schriftlichen Überlieferungen über Hunde aus den hellenistischen Staaten und dem Römischen Reich nennen bereits Rassebegriffe wie Molosser, Lakonier, Hyrkanier u. a. Aus altägyptischen Darstellungen zwischen 5000 bis 3000 v. u. Z. kennen wir vor allem Windhunde, aber auch Hirtenhunde, Haus- und Schoßhunde.

Die Hütehunde zu Anfang der Bronzezeit waren besonders bei den nomadisierenden Völkern Asiens ein nützlicher und wertvoller Begleiter für Mensch und Viehherden. Aus den unterschiedlichen Hütehundformen asiatischen Ursprungs gingen später die verschiedenen fernöstlichen Rassen der Arbeits- und Freilandhunde hervor.

Eine besondere Rassenvielfalt entwickelte sich vor allem mit den verschiedenen Formen der Jagd. Die dafür verwendeten Tiere reichen von schnellen Laufhunden über Vorsteh- und Stöberhunde bis zum kleinen Erdhund. Mit der Entstehung der Sklavenhaltergesellschaft wurden dann die verschiedenen Hunderassen weiter differenziert, so für die Verwendung als Kampfhund, Wachhund, Jagdhund, Hüte-, Haus- und Luxushund.

Alle uns heute bekannten mehr als 500 Hunderassen haben sich aus diesen alten Primitivrassen über die Jahrtausende durch den Einfluß des Menschen entwickelt. Schneider-Leyer nennt fünf Formen der Rassenbildung als Züchtungsprodukt des Menschen:

1. durch die ursprüngliche Verschiedenheit der domestizierten Wildformen,
2. durch Selektionsrichtungen,
3. durch Kreuzungen,
4. durch veränderte Haltung bei Völkerverschiebungen,
5. durch verschiedene züchterische Einflüsse des Menschen, je nach der Konstitution, einer bestimmten Vorliebe, der verlangten Verwendungsart und dem Lebensstandard der Bevölkerung.

Daraus ist zu erkennen, daß sich die Rassenbildung in ständiger Bewegung befindet und eine Rasse nie etwas Feststehendes oder Absolutes ist und sein kann. Die Rasse ist, entwicklungsgeschichtlich betrachtet, relativ kurzlebig, während die Art über Hunderttausende von Jahren Bestand hat. Der moderne Rassebegriff bezeichnet »Rassen als Gruppen von Einzeltieren innerhalb einer Art, die sich durch das Vorhandensein bestimmter Eigenschaften von anderen Artgenossen unterscheiden und diese Eigenschaften im allgemeinen auf ihre unter gleichen Umweltbedingungen aufwachsenden Nachkommen vererben«. In der Vererbungslehre wird die Rasse als eine »Gruppe von Tieren, die auf Grund von geleiteter Zuchtwahl erbreine Träger eines bestimmten Erbmerkmales sind«, bezeichnet.

Von der systematischen Rassenbildung durch eine gezielte Zucht nach fixierten Merkmalen kann in Europa erst ab Mitte des 19. Jahrhunderts gesprochen werden. Mit Beginn des Ausstellungswesens war es zu dieser Zeit notwendig, die Rassemerkmale in einem Standard festzulegen und damit eine Art Idealtyp zu beschreiben.

Die Standards fast aller Rassen werden schrittweise entsprechend den Zuchtzielen verfeinert und präzisiert. Mit der 1911 erfolgten Gründung der Weltorganisation der Kynologen, der Fédération Cynologique Internationale (FCI), war eine internationale Vereinheitlichung der Standards ermöglicht worden. Alle anerkannten Hunderassen sind nach Einteilung des FCI einer der zehn nachfolgend genannten Gruppen zuzuordnen:

1. Schäferhunde
2. Wach-, Schutz- und Gebrauchshunde
3. Terrier
4. Deutsche Dachshunde
5. Laufhunde für Hochwild
6. Laufhunde für Niederwild
7. Vorstehhunde
8. Jagdhunde britischer Rassen
9. Haushunde
10. Windhunde

Die tibetischen Rassen sind der Gruppe der Haushunde zugeordnet, außer der Tibet Dogge, die zur zweiten Gruppe gehört.

Alle planmäßig nach den Zuchtrichtlinien der nationalen kynologischen Verbände gezüchteten Hunde, die einem bestätigten Rassestandard entsprechen und im Zuchtbuch der Rasse registriert werden, nennt man *Rassehunde*. Neben diesen registrierten Rassehunden mit Stammbaum gibt es in jedem Land eine große Anzahl von Hunden unterschiedlichster Kreuzungen, sogenannte Mischlinge, und Hunde, die einer Rasse ähnlich, aber selbst nicht rasserein sind. Diese Hunde stammen meist aus ungewollten, zufälligen Verpaarungen oder aus »Schwarzzucht«. In ihrem Wesen und Empfinden sind sie den Rassehunden gleich und können auch gleichgute Eigenschaften haben. Alle diese Hunde sollten deshalb mit der gleichen Liebe behandelt und gepflegt werden.

Vorrangige Aufgabe der Hundezuchtverbände und der in ihnen organisierten Züchter ist es, auf die Reinhaltung der Rassen mit einer gezielten Zuchtauswahl zu achten, dadurch die Vererbung der gewünschten Eigenschaften zu sichern und damit wertvolle Tiere für bestimmte Verwendungszwecke zu erhalten. Alle züchterisch erzielten Vorzugseigenschaften der Tiere würden bei unkontrollierter Zucht verlorengehen, und die Zahl der undefinierbaren und unharmonischen Hunde würde rasch zunehmen. Leider gibt es immer noch und immer wieder verantwortungslose Hundehalter, die ihre Tiere ohne Zuchterlaubnis verpaaren. Meist geschieht das in der Meinung, daß ein Hund zur Gesunderhaltung wenigstens einmal verpaart sein müßte, aus Unwissenheit oder Streben nach Gelderwerb. Oft werden dann diese Tiere unter unzumutbaren Bedingungen gehalten und gezüchtet, da bei dieser Schwarzzucht keinerlei Kontrolle vorhanden ist. Der Hund ist in seiner heutigen Form auf das Zusammenleben mit dem Menschen angewiesen, und damit trägt der Mensch die volle Verantwortung für eine geordnete Existenz des Hundes in einem geeigneten Lebensraum.

Tibet – Land der Geister, Lamas und Naturgewalten

Die Geschichte der tibetischen Hunderassen ist aufgrund fehlender Aufzeichnungen in Tibet selbst und der langen Verschlossenheit des Landes für Ausländer schwer nachzuvollziehen. Obwohl Tibet, »Gangdschong«, wie es die Tibeter nennen – das »Land des Schnees«, in der Völkergeschichte sehr bewegte Zeiten durchlebt hat, verbrachte das Volk die letzten Jahrhunderte in fast völliger Abgeschlossenheit. Die extreme Höhenlage des Landes mit den 4000 bis 5000 m hoch liegenden Siedlungsgebieten und den verstreuten Seitentälern des Himalaja begünstigte diese Abgeschiedenheit des Landes gegenüber Fremden, vor allem den Europäern. Gerade diese Faktoren beeinflußten die Bildung der heute existierenden tibetischen Hunderassen entscheidend mit. Hinzu kommen die völkergeschichtlichen Bewegungen durch Eroberungskriege der Mongolen und Chinesen, die Verknüpfung der Herrscherhäuser, die Verbreitung des Buddhismus und nicht zuletzt die Handelsverbindungen nach Indien, Persien und Kleinasien im Süden und Westen und nach der Mongolei und China im Norden und Osten. Die Entwicklung der tibetischen Hunderassen läßt sich deshalb ohne Betrachtungen über den geschichtlichen Hintergrund und die Lebensweise des mongoliden Bergvolkes nur schwer beschreiben.

Neben den nördlichsten Völkern existiert wohl kaum ein Volk, dessen Zusammenleben mit dem Hund so eng ist wie bei den Tibetern. Das tibetische Hochland wurde von

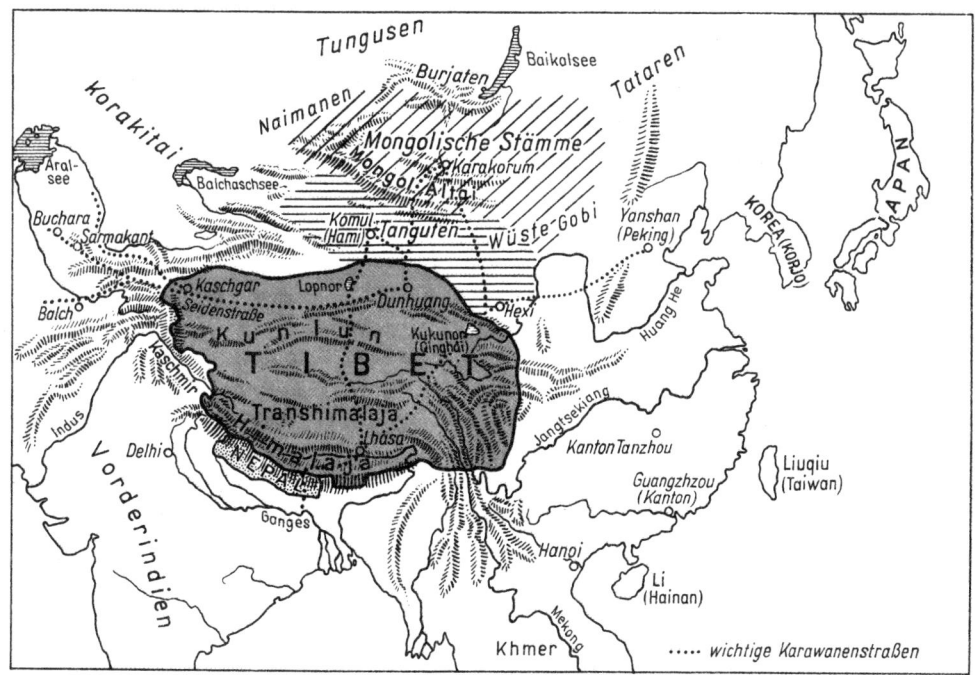

Historische Karte von Tibet zur Zeit seiner größten Ausdehnung im 8.–9. Jahrhundert

nomadisierenden Stämmen vom Nordosten her besiedelt. Zu ihren Schaf-, Ziegen- und Yakherden gehörten neben Pferden auch Hütehunde. Die bewegte Lebensweise der nomadisierenden Viehbauern in Zelten aus schwarzem Yak- und Ziegenhaar erforderte nicht nur das Behüten der Tiere, sondern auch das Bewachen des Zeltes mit dem gesamten Hausrat sowie der Frauen und Kinder. Zur Erhaltung der körperlichen Gewandtheit waren auch sportliche Tapferkeits- und Verteidigungsspiele wichtiger Lebensinhalt dieser Bergvölker. Dagegen spielte die Jagd vor allem nach der Verbreitung des Buddhismus seit dem 7. Jahrhundert kaum eine Rolle.

Das Leben der vor etwa 2500 Jahren nach Tibet eingewanderten Tschiang-Stämme, der mongolischen und der Stämme der Mon-Khmer-Gruppe war gekennzeichnet von einem bunten Gemisch aus Großfamilien und Horden. Sie wanderten jahreszeitlich bedingt zwischen Weide- und Wohngebieten und hatten jeweils ein durch Berggipfel begrenztes Stammesgebiet. Es gab weder ein nationales Bewußtsein noch eine Art staatliche Verbindung der Stämme und Horden. Sie benutzten unterschiedliche Warn- und Erkennungsrufe, und noch heute nennen die Tibeter ihr Land auch »Böyül«, was von manchen als »Land der Rufe« erklärt wird. Die unvorstellbaren Naturgewalten und die Unberechenbarkeit der Wetterumschläge, die an einem Tag die Schönheiten und Unbilden aller vier Jahreszeiten entstehen lassen können, sind Ursachen und Wurzeln der in Tibet vor dem Buddhismus und vereinzelt noch bis heute existierenden Bön-Religion. Dieses alte tibetische Wort »Bön« heißt etwa soviel wie »Beschwörung« oder »Anrufung«. Der Inhalt dieser Bön-Religion besteht aus zahllosen Beschwörungs- und Geisterritualen zur Abwendung des Unheils in allen Lebenssituationen für Mensch und Tier. Die vielen guten und bösen Götter wurden angerufen, beschworen, belohnt, und es wurde ihnen geopfert – Schafe, Hunde, Ziegen und auch Menschen. Die durch die Bergwelt bestimmte gemeinsame Furcht und Existenzangst vor dem Wirken der mächtigen Naturgötter erzeugte alle möglichen Formen von Aberglauben, die heute bei den Tibetern noch stärker als bei anderen Völkern verwurzelt sind. Trotzdem waren die Stämme und Horden im damaligen Tibet nicht nur unterwürfige und furchtsame Nomadenverbände. Es waren auch gefürchtete und raubgierige Stämme, die gelegentlich aus dem Hochland nach Indien und im Osten nach China einfielen, um zu plündern und zu rauben. Der Buddhismus hatte sich schon rund um Tibet herum seit fast 1000 Jahren ausgebreitet und gefestigt, als im 7. Jahrhundert die zuvor geeinigten Stämme des Yarlung-Tales unter dem starken Häuptling Srongtsen Gampo eine Art Staatenbildung erwirkten. Srongtsen Gampo wurde der erste König des tibetischen Staates, der bald zur mächtigen Militärmacht heranwuchs. Während dieser Zeit waren die Tibeter ebenso gefürchtete und grausame Eroberer wie die Mongolen im 13. Jahrhundert. Sie dehnten ihr Machtgebiet über Nepal, Turkestan und Westchina aus. Im Norden gehörten Kaschgar und Gebiete nahe der heutigen Mongolischen Volksrepublik zu ihrem Herrschafts- und Siedlungsgebiet. Diese Macht wurde unter ständigen Kämpfen mit den Chinesen und Mongolen bis in das 9. Jahrhundert aufrechterhalten. Aber auch später umfaßte Tibet noch Gebiete, die mit den mongolischen Kontakt hatten und noch nördlich der chinesischen Großen Mauer lagen. Durch diese westlichen und nördlichen Gebiete Tibets ging seit dem Altertum die Seidenstraße von China nach Kleinasien und in den Mittelmeerraum. Die Tibeter kontrollierten diesen Handelsweg und wurden deshalb auch mitunter als Serer bezeichnet (nach den serischen Stoffen, den Seidenstoffen).

Der mächtige Srongtsen Gampo wollte aber die Welt nicht nur durch Krieg, sondern auch durch Diplomatie erobern, und so schickte er – wie tibetische Chroniken berichten – Gelehrte zum Studium nach Indien. Nach ihrer Rückkehr entwickelten sie das tibetische Alphabet, und sie brachten auch den Gedanken des Buddhismus mit. Es wird weiter berichtet, daß Srongtsen Gampo, obwohl er schon drei tibetische Frauen hatte, im Jahre 639 die nepalesische Prinzessin Bhrikuti und 641 die chinesische Prinzessin Wencheng heiratete, um mit ihnen den Buddhismus ins Land zu holen. Zwischen den beiden buddhistischen Frauen entstand bald ein reger Wettstreit in der raschen Einführung der buddhistischen Lehre.

Um 645 gründete Srongtsen Gampo in der neuen Hauptstadt Lhasa einen repräsentativen Regierungspalast auf dem »Roten Berg«, dort, wo 1000 Jahre später der Potala, der »rettende Hafen«, unter dem 5. Dalai Lama errichtet wurde. Gleichzeitig ließ die Königin Bhrikuti den Ramotsche-Tempel errichten und die Königin Wencheng den Dschokhang. Beide Tempel Lhasas sind bis in die Gegenwart sehr berühmt. Unter Vermischung mit der alten Bön-Religion entwickelte sich bald der arteigene tibetische Buddhismus, der später nicht ganz richtig als Lamaismus bezeichnet wurde. Diese Form des Buddhismus sollte für Tibet schicksalhaft werden, da das tibetische Volk in Lamas (Lehrer, Obere) und Glaubenslaien geteilt wurde. Selbst die Lamas teilten sich nochmals in fünf Stände, und die niedrigsten waren die wenig geachteten Arbeitslamas, während die oberen aristokratischen Stände die eigentliche Staatsmacht ausübten.

Im 8. und 9. Jahrhundert gründeten die durch ganz Tibet pilgernden Mönche überall buddhistische Klöster, oft unter erheblichem Widerstand der Bön-Priester. Die neuen Klöster umgaben sich mit bewaffneten Beschützern und tributpflichtigen Hirten und Bauern, die die Klöster kostenlos zu versorgen hatten. Es gab zu dieser Zeit heftige Auseinandersetzungen unter den Anhängern der verschiedenen Religionen. Vom 11. Jahrhundert an entstand jedoch eine mächtige Priesterhierarchie der Lamas mit einer breiten aristokratischen Schicht, die in der folgenden Zeit die Herrschaft übernahm. Als die Mongolen unter ihrem neuen Führer Tschinggis Chan zu Beginn des 13. Jahrhunderts erstarkt waren, zerschlugen sie 1225 bis 1227 das nordöstlich an Tibet grenzende Reich der Tanguten. Zwei Jahrzehnte darauf (1247) unterwarf sich eine Abordnung tibetischer Adliger und Äbte freiwillig den Mongolen. Unter Tschinggis Chans Enkel Chubilai wurde ganz China dem mongolischen Reich einverleibt, und vom heutigen Peking aus beherrschte die von ihm 1271 errichtete mongolische Yuan-Dynastie alle eroberten Gebiete und auch Tibet. Es gelang den tibetischen Priestern, die mongolischen Herrscher zum Lamaismus zu bekehren, und die Lamas der »Rotmützen« kamen freiwillig oder auch unter Zwang an den Mongolenhof, um Klöster zu gründen und die neue Religion zu lehren. Damit begann zwischen Tibetern und Mongolen eine Zweckgemeinschaft, die über Jahrhunderte beiden Vorteile brachte. Die Mongolen fühlten sich als weltliche Schutzherren über Tibet und standen unter dem geistlichen Schutz der tibetischen Großlamas.

Obwohl die Landwirtschaft Chinas in dieser Periode weitgehend zugrunde gerichtet wurde, erlebte die Kultur eine Blüte, und der Handel und die Handelswege wurden großzügig ausgebaut. Zu dieser Zeit gelangten auf Geheiß das Papstes Innozenz IV. die ersten Europäer als Boten auf der Suche nach dem legendären Christenreich des Priesters Johannes nach China und kehrten von der alten mongolischen Hauptstadt Karakorum in der Zentralmongolei aus nach Europa zurück. Ihre Berichte und die Eroberungszüge der Mongolen bis Südosteuropa ermunterten andere Europäer zu Entdeckungsreisen nach Asien. Der bekannteste unter ihnen war der Venezianer Marco Polo, der selbst 17 Jahre an Chubilai Chans Hof lebte und in seinen Reiseerzählungen auch von den beeindruckenden Hunden Tibets und den Hunden am Hofe in Peking berichtete.

Im Jahre 1578 verlieh der Mongolenherrscher Altan Chan dem Oberhaupt der »Gelbmützen«-Sekte den Titel Dalai Lama, »Ozean(gleicher) Lama«. Unter dem 5. dieser Dalai Lamas (1617–1682), die als Reinkarnation (Wiederverkörperung) Tschenresis, des buddhistischen Schutzpatrons Tibets, galten, erlebte Tibet eine Blüte, als deren äußeres Zeichen der Potala in Lhasa entstand. Dieser 170 m hohe und 420 m lange Himmelspalast erforderte die Arbeit von einer Generation Fronarbeitern und gläubigen Arbeitslamas.

Mit China entwickelten sich zu dieser Zeit Beziehungen auf gleichberechtigter Basis. Nach wechselvollen Machtkämpfen wurde Tibet im 18. Jahrhundert erneut von Mongolen (diesmal als Verbündete Chinas) besetzt, die Chinesen rückten in Lhasa ein, und der Dalai Lama war praktisch entmachtet.

Britische Abordnungen versuchten mehrfach, über Bhutan Kontakte mit tibetischen Lamas zu knüpfen. Die erfolgreiche Militärexpedition unter dem Briten Younghusband erreichte 1904 die Hauptstadt Lhasa und erzwang ein Handelsabkommen mit Tibet.

1913 kam es de facto zur Selbständigkeit Tibets, und unter dem 13. Dalai Lama (gestorben 1936) gab es mit China keine weiteren Kontakte. 1951 wurde zwischen der VR China und dem 14. Dalai Lama ein Abkommen geschlossen, und Tibet wurde praktisch ein Bestandteil des chinesischen Staatsgebietes. Seit 1959 lebt der Dalai Lama in Indien und der Pantschen Lama in Peking. Während der Kulturrevolution gab es in Lhasa schwere Zerstörungen, und damit wurde auch der größte Teil der Hunde vernichtet. Seit 1981 ist Lhasa wieder zugänglich, und es wurden auch vereinzelt Hunde tibetischer Rassen gesehen. 1980 begann man in ganz Tibet viele Klöster zu restaurieren und die Wahrzeichen der alten tibetischen Kultur wieder herzustellen.

Die Verknüpfung der Tibeter mit den Mongolen und Chinesen über Jahrhunderte und Jahrtausende erklärt die Bedingungen, die zur Ausbreitung und zum Austausch der Hunde zwischen Siedlungsgebieten, Stämmen und Herrscherhäusern führten.

Bergvolkmythen und Hochlandhunde

Mit den Völkerbewegungen und mit den völkerverbindenden Handelskarawanen kamen auch die Hunde als ständige Begleiter der nomadisierenden Völker in die Siedlungsgebiete des Hochlandes. So gilt es als sicher, daß der Ursprung vor allem der Hütehunderassen in den Steppen Asiens, der heutigen Mongolei und Mandschurei, liegt. Die bewußte Herauszüchtung der exotischen Rassen als Luxus- und Klosterhunde erfolgte nicht nur in den Klöstern Tibets, sondern ebenso in den Lamaklöstern der Mongolei und in den Palästen Chinas. Markantes Beispiel sind die durch J. Voss geschilderten zufälligen Entdeckungen des deutschen Arztes Abshagen in der inneren Mongolei, der dort in einem einsamen Lamakloster in den fünfziger Jahren eine Meute herrlich blauer Chow-Chows bester Hochzucht sah. Diese Tiere wurden nach Auskunft des Abtes in diesem Kloster seit dem 15. Jahrhundert systematisch, unter zeitweiliger Blutauffrischung aus entferntesten Klöstern, gezüchtet und sind von den klostergründenden Lamas aus Tibet mitgebracht worden. Weitere Beispiele sind die Hochzucht des Peking-Palasthundes im Kaiserpalast Pekings und die des Tibet Spaniels als Betmühlen-Hund in den Klöstern Tibets. Aufgrund der geschichtlichen, geographischen und ethnischen Erkenntnisse lassen sich folgende Einflußfaktoren auf die Rassenbildung der tibetischen Hunde erkennen:

Hütehunde:	Nomadenleben und Hochweidenbetrieb,
	lange kalte Winter (8 Monate Schnee),
	Ausdauer und Klettervermögen,
	lange Abgeschiedenheit,
	Kontakt mit Karawanenhunden, besonders aus zentralasiatischen Gebieten,
	Abwehr- und Wachfunktion für Vieh und Mensch,
	enger Kontakt Hund – Mensch.
Klosterhunde:	Bewertung des Hundes in der Religion des Lamaismus und der Geisterlehre der Bergvölker,
	Vorliebe für kleine, langhaarige Hunde als »Kleine Löwen«,
	Meldefunktion von Ankömmlingen,
	Gebetsmühlen-Antreiber,
	Geschenke für hochgestellte Pilger und Austausch mit befreundeten Klöstern und Herrscherhäusern,
	Reinkarnationslehre.

Trotz dieser immer existierenden Auswahlkriterien wäre es ein Irrtum anzunehmen, daß der Rassenbildung in Tibet immer eine bewußte und gezielte Zuchtauswahl vorausging. Es dürfte eher das Gegenteil der Normalfall gewesen sein. Viele Reisebeschreibungen aus dem 18., 19. und Anfang des 20. Jahrhunderts (Penna, Bogle, Manning, Huc, Hedin u. a.) weisen auf die große Zahl ungepflegter Mischlinge in Lhasa, Shigatse und ganz Tibet hin. Trotzdem lebten alle diese verschiedenen Hunde unter gleichen klimatischen Bedingungen, und man muß davon ausgehen, daß Hunde für bestimmte Verwendungszwecke selektiert und gute Tiere auch verpaart wurden. Das Zuchtziel speziell für Klosterhunde war ja gegeben. Andererseits haben die Reisenden der vorigen Jahrhunderte nicht alle die schon existierenden schönen Tiere zu sehen bekommen, da sie weder Klöster noch Wohnungen wohlhabender Tibeter betreten durften. Hinzu kommt die Einstellung der Asiaten, vor allem der gläubigen Völker der Gebirgsregionen, zu Tieren und besonders zum Hund. Einen Hund zu töten war ein Verbrechen, und so entwickelten und vermehrten sich die herrenlosen Hunde unkontrolliert entsprechend den Futtermöglichkeiten. Derartige Hunde können nur schmutzig und abgemagert sein, da sie die Gleichgewichtsgrenze zwischen möglichem Überleben und Dezimierung durch Futtermangel repräsentieren.

Die besondere Stellung, die dem Hund im Mythos der asiatischen Bergvölker zukommt, erklärt seine bevorzugte Behandlung, jedoch nicht etwa eine Verehrung, wie das oft vermutet und geschrieben wird. So stehen die berühmten »Löwenhunde« Tibets und Chinas in unmittelbarem Zusammenhang mit der Religion des Buddhismus bzw. Lamaismus. Einerseits genießt der Löwe als Begleiter Buddhas und als Vergleich mit Buddha höchstes Ansehen, andererseits sind beide Tiere, Löwe und Hund, mit im Zyklus der Reinkarnation (Wiederverkörperung). Bemerkenswert für die »Löwenhunde« ist, daß sie keiner der tibetischen und chinesischen Hunderassen unmittelbar zuzuordnen sind, obwohl die eine oder andere ostasiatische Rasse oft direkt als Löwenhund bezeichnet wird.

Da hier das Zuchtziel eindeutig vom Mythos der Völker und der Religion bestimmt wurde, stand die Wiege der Löwenhunde überall dort, wo Herrscherhäuser oder andere Glaubenszentren der Buddhisten und Lamaisten existierten. Grundlage der Züchtung bildeten jeweils die vorhandenen langhaarigen Kleinhunde, geschenkte Hunde von tributpflichtigen Viehbauern und Hunde als Gast- und Tributgeschenke anderer Klöster oder Paläste (Tributhunde).

Buddha (etwa 550–485 v.u.Z.) steht mit zahlreichen Legenden über Löwen und löwenähnliche Wesen in direkter Verbindung. Seine menschliche Stärke wird mit der des Königs des Tierreiches, des Löwen, verglichen. Der »Erleuchtete« wurde ständig von kleinen Löwen begleitet, die sich im Augenblick der Gefahr sofort in große Löwen verwandeln konnten. Es wird auch berichtet, daß er fünf seiner Finger in Löwen verwandeln konnte. Die Kraft der Verwandlung der Löwen in kleine Hunde und wieder in Löwen spielt in vielen Legenden eine vorrangige Rolle.

Mit dem Buddhismus breitete sich auch sein Symbol, der Löwe, aus und fand Eingang in alle Künste.

In China wurden zur Zeit der Han-Dynastie (206 v.u.Z. – 220 u.Z.) extra Löwen aus Parthien (heute Iran und Irak) für den kaiserlichen Palast importiert. Dort dienten sie als Modelle für Zeichnungen, Gemälde und Plastiken. Hier wurden die »Löwenhunde« auch Fo-Hunde genannt (chin. Fo = Buddha). Die Chinesen versuchten im Löwenhund besonders die Merkmale der Löwen Buddhas und auch Buddhas selbst wieder zu reproduzieren. Buddha selbst unterschieden insgesamt 32 Merkmale von anderen Menschen, und so versuchte man mehrere davon in den Hunden wiederzufinden als besonderes Glückszeichen für die Familie. Solche Merkmale sind z.B. silberweiße Stirnflecke, große und lange Zunge, Maul eines Löwen und goldschimmernde Haut (Fell). Während die Löwen in der buddhistischen Kunstdarstellung Chinas relativ abstrakt erscheinen, symbolisieren die Löwen des Lamaismus mehr die Fabelwesen in den Kulturen der Bön-Lehre und den Geisterglauben der Bergvölker. Hier werden sie als gedrungene, kräftige Wesen mit kurzen, dicken Beinen und rechteckigem Kopf dargestellt. Der Gesamtausdruck ist eher hundeähnlich als löwen- bzw. katzenähnlich. Der Löwe findet sich als Symbol bei der Gestaltung von Schmuckelementen, als Thronträger und als Flaggenzeichen Tibets wieder.

Im Gegensatz zu China hat der Hund in Tibet stets eine geachtete Stellung auch bei der gesamten Bevölkerung eingenommen. Die Gründe dafür liegen vorrangig in der en-

Hundefigur mit verkürztem Gesichtsschädel aus der Han-Zeit (206 v. u. Z. bis 220 u. Z.)

gen Lebensgemeinschaft zwischen Mensch und Hund in der Bergwelt. Als Hüte- und Wachhund ist er »Familienmitglied«, und als Begleithund ist er schützender Partner und oft auch Lebensretter. Der Ackerbauer in den Ebenen Chinas benötigte dagegen keinen Hund. Besonders im Norden und Osten Chinas wurden Hunde nicht beachtet. Nur im Süden und Westen des »Reiches der Mitte« hatten sie ein höheres Ansehen und galten als Glücksbringer.

Wesentliches Element für die Achtung des Hundes in Tibet war aber auch die bereits erwähnte buddhistische Lehre der Reinkarnation, die besonders im Lamaismus eine ausgeprägte Hochachtung des tierischen Lebens entwickelt. Neben den Menschen gelten die Tiere als Träger einer Seele, und das Töten dieser Seelenträger verbot die Glaubenslehre. Ebenso waren Verkauf und aller Handel mit diesen Tieren nicht gestattet. Das erklärt auch die oft erwähnte und von Reisenden geschilderte Unverkäuflichkeit tibetischer Hunde.

Nach der Reinkarnationslehre, die zweite von den sogenannten vier Wahrheiten vom Leiden, führt das Begehren bzw. die Begierde zur immer neuen Wiedergeburt. Die Wiedergeburt kann in Form eines Hundes oder anderen Tieres als Träger der menschlichen Seele erfolgen. Erst nach Überwindung der Begierde durch besondere Lebensführung kann das Leid aufgehoben werden und die Seele in das Nirwana eingehen. Die Bodhisattwas (künftige Buddhas), zu denen der Schutzpatron Tibets Tschenresi gehört, verzichteten auf das Nirwana, da sie damit der Welt entrückt wären. Sie geben statt dessen die buddhistische Lehre weiter.

So erfolgt auch eine ständige Wiedergeburt des Dalai Lama durch Vision einer Seele in einem Menschen, die ein Priester nach dem Tode des Dalai Lama durch besondere Zeichen erkennt. Damit ist er als Inkarnation Tschenresis im ewigen Leidensleben durch Wiedergeburten der Weitergabe der Lehren fähig. Neben dem Dalai Lama ist der früher im Kloster Taschi Lhünpo in Shigatse regierende Pantschen-Erdeni-Lama (»der Große Pandit [Gelehrte], der Juwel [gleiche] Lama«) als zweites Lama-Oberhaupt und sogenannter geistiger Lehrer des Dalai Lama der wahre geistige Herrscher. Er stellt die Inkar-

Die hundeköpfige Göttin (Khyi-Goma) des tibetischen Pantheon

nation des Buddhas Öpame dar, das Symbol des ewigen Lichtes. Der Pantschen Lama lebte bis 1965 in Peking als anerkanntes geistliches Oberhaupt Tibets.

Der Lamaismus unterscheidet die wahren oder »Geisterlöwen« und die »Hundelöwen«. Während die Hundelöwen tatsächlich lebende Tiere sind, gibt es von den Geisterlöwen nur Abbildungen als Symbole in der Kunst. Die »wahren Löwen« werden als Berggeister gesehen, die sich unsichtbar machen oder in Hunde verwandeln können. Die Löwenhunde Tibets werden mit dem Schneelöwen in Beziehung gesetzt. Deshalb ist der Besitz weißer langhaariger Hunde mit dem Namen »Sengge« (tibetisch: Löwe bzw. Schneelöwe) ein besonderes Privileg der Lamas in den Klöstern. So hält z.B. der 14. Dalai Lama einen weißen Tibet Terrier namens »Sengge« und ebenso bezeichnete Lhasa Apsos.

Der lamaistische Glaube an die Inkarnation in Form eines Hundes besagt, daß es sich dabei um Lamapriester handelt, die in ihrem Leben nicht durch entsprechende Taten (Karma) die Voraussetzung für eine ewige Erlösung (Nirwana) erlangt hätten. Als bevorzugte Hunderassen werden dabei alle Apsos (langhaarige Hunde) angesehen. Diese Hunde werden von den Lamas deshalb in Klöstern gehalten.

Kloster heißt auf Tibetisch »Gömpa« und bedeutet soviel wie »einsamer Ort«. Davon gab es in Tibet über 3800, die meist in einsamen Seitentälern oder auf von Tälern aus unsichtbaren Bergrücken lagen. Diese einsamen Orte waren niemals für Ausländer zugänglich, sofern sie überhaupt entdeckt werden konnten. Die Versorgung der Klöster durch die Arbeitslamas und Viehbauern erfolgte hauptsächlich mit Yakbutter, Ziegenmilch, Gerste und Wolle. Die hohe Achtung vor dem Leben überhaupt verbot das Jagen und auch das Töten von Tieren. (Bei den Viehzüchter-Nomaden, die einen großen Teil Tibets bewohnten, wurden allerdings Großtiere, wie Yaks oder auch Ziegen und Schafe, geschlachtet sowie Jagd betrieben.) Alle Kleinstlebewesen, auch Würmer und Fliegen, genossen absolute Schonung, und bis 1959 war selbst das tiefe Pflügen der Äcker wegen der »Beschädigung« der Erde und Verletzung der Kleinlebewesen ein nicht geduldetes Vergehen. Die Jagd auf Wildtiere aller Art, auch auf Vögel und Fische, war undenkbar.

Wesentliches Element für die Herausbildung der uns heute bekannten tibetischen Hunderassen war die Kontinuität des Interesses und die Liebe aller Tibeter zu den Tieren über Jahrhunderte und Jahrtausende. Es gab weder wesentliche modische Wandlungen in den Vorstellungen für die Schönheit noch Veränderungen bei der Verwendung und dem Einsatz der verschiedenen Rassen. Diese fest fixierten Beziehungen und Vorstellungen über den Hund waren entscheidende und langwirkende Faktoren der Rassenentwicklungen in einer Form, wie wir sie, speziell für Kleinhunde, kaum in der Entwicklungsgeschichte der Völker vergleichbar wiederfinden.

Die Wiege der Tibethunde

Nach den Erkenntnissen über die Geschichte, Lebensweise, Glaubens- und Religionsverhältnisse in Tibet und die Beziehungen der Tibeter zu den Nachbarvölkern lassen sich die Rassenentwicklungen der tibetischen Hunde in zwei Gruppen zusammenfassen. Die erste und älteste Gruppe ist die der Hüte-, Jagd- und Begleithunde, die bei und mit den Hirten, Viehzüchter-Nomaden und Karawanen lebten. In die zweite Gruppe gehören alle Hunde, die auch als »Löwenhunde« bezeichnet wurden und vorrangig in Klöstern, Wohnungen und Herrscherhäusern anzutreffen waren. Für die heute bekannten tibetischen Rassen ergibt sich folgende Zuordnung:

Freilandhunde	*Wohnungs- und Klosterhunde*
Tibet Dogge (Tibet Mastiff)	Lhasa Apso
Tibet Hetzhund (Shakhyi)	Tibet Spaniel
Tibet Terrier	Shih Tzu
	Tibet Terrier

Der Tibet Terrier wurde als Hüte- und Wachhund eingesetzt, war aber auch als Wohnungs- und Klosterhund geschätzt.

Neben diesen heute festgeschriebenen Rassen gibt es speziell bei der Gruppe der Freilandhunde eine Vielzahl von undefinierten Mischungen, die dem Besucher Tibets auf den Straßen begegnen und vorrangig auffallen.

Die ausführlichsten und ältesten Berichte gibt es über die Tibet Dogge, die allgemein als Tibethund bezeichnet und schon vor 3 000 Jahren erwähnt wurde. Nach Siber soll die Tibet Dogge seit den ersten chinesischen Schilderungen um 1100 v. u. Z. als Rasse praktisch unverändert bestehen. Auffallend ist vor allem die Größe dieser Hunde. Die bekannten Beschreibungen aus dem Altertum und auch von Marco Polo gehen immer auf die gewaltige Erscheinung der Tiere ein. Die Haltung dieser Rasse entsprach dem starken Schutzbedürfnis der Hochlandnomaden. Die z. T. völlige Abgeschlossenheit und Einsamkeit in den Hochtälern des Himalaja ließ bei Überfällen von Wölfen und räuberischen Stämmen keine fremde Hilfe erwarten. Der Hund war der wichtigste Schutz der Nomaden und ihrer Herden. In diesem Zusammenhang ist auch die Herausbildung des Shakhyi, des Tibet Hetz- oder Jagdhundes, interessant. Der gläubige Tibeter wird niemals ein Tier zum Töten eines anderen Tieres einsetzen, wie überhaupt die Jagd auf Tiere zur Fleischbeschaffung mit der Religion kaum vereinbar wäre. Dagegen benutzten die räuberischen Horden unter den Nomaden, auch tibetische Zigeuner genannt, diese Hunde zur Jagd und als Begleithunde ihrer Raubzüge. Über die Ausdauer, Gewandtheit und Schnelligkeit der Tiere im Hochland wird Erstaunliches berichtet. Diese Vorzüge haben sich auch die Tibeter für das Behüten ihrer Herden zunutze gemacht, so daß aus diesem Jagdhund ein ausgezeichneter Schutz- und Wachhund wurde. An Beweglichkeit, Flinkheit und Gewandtheit ist er der schwereren Tibet Dogge überlegen. Er kann auch unter extremen Entbehrungen überleben und hat sich deshalb als Karawanen- und Begleithund besonders bewährt.

Bei den Freilandhunden des tibetischen Hochlandes ist interessant und bemerkenswert, wie sich diese Rassen an das rauhe Höhenklima im Laufe der Evolution angepaßt haben. In fast allen Berichten über diese Tiere seit dem Altertum wird immer wieder erwähnt, daß sie unter warmen und gemäßigten Klimabedingungen des Flachlandes nicht lange überleben bzw. degenerieren und sich nicht vermehren. So scheiterte auch in den vierziger Jahren der Versuch, Shakhyis nach Deutschland zur Zucht zu bringen. Obwohl die Tiere einige Jahre gehalten wurden, hat man seit 1949 die Zucht des Shakhyi ganz aufgegeben. Von vielen Kynologen wird die Tibet Dogge als Urform aller Mastiffrassen bzw. Molosserhunde bezeichnet. Auf sie werden die Bernhardiner, die Neufundländer, die Bluthunde (»Bloodhounds«) und Doggen zurückgeführt. Tatsächlich deuten viele Fakten darauf hin. Die Ausbreitung der Tibet Mastiffs über die Seidenstraße (Straße der Serer) ist geschichtlich vielfach über mehr als 3 000 Jahre belegbar. Sicherlich ist die Tibet Dogge eine mutationsfähige Rasse, jedoch dürften auch Vorformen der Mastiffs in Zentralasien als Ahnen aller schweren Mastiffrassen bzw. Molosserhunde in Frage kommen. Verfolgt man die Entwicklung besonders der Hütehunde und aller tibetischen Rassen, kristallisiert sich das gesamte zentralasiatische Gebiet als Urheimat heraus. Die Völker dieser Region, die das heutige Gebiet der südlichen und östlichen Sowjetunion, der Mongolischen Volksrepublik und Teile des nördlichen Chinas umfaßt, waren aufgrund des trockenen Kontinentalklimas seit ihrer frühesten Stammesgeschichte vorrangig nomadisierende Viehbauern. Diese Lebensweise bedingte einen überdurchschnittlichen Kontakt mit den zahlreichen wildlebenden Wölfen. Das daraus resultierende Schutz- und Warnbedürfnis für Mensch und Vieh konnten entsprechend geeignete Hunde am ehesten erfüllen. Es ist sicher, daß durch Domestikation der asiatischen Wolfsarten und durch Selektion bewährter Hunde die verschiedenen asiatischen Hütehunderassen entstanden. Direkte Nachfahren in relativ unveränderter Form sind die Owtscharka-Rassen, besonders in Form des Mittelasiatischen und des Südrussischen Schäferhundes. Auch von diesen Rassen gibt es zahlreiche Modifikationen sowohl in den Steppen als auch in den mittelasiatischen Gebirgen. Die bemerkenswerten Eigenschaften dieser Hunde wurden von Sven Hedin geschildert, der einige seiner Entdeckungsreisen in Zentralasien von Kaschgar aus begann und von dort auch stets Hunde dieser nicht genau zu unterscheidenden Rassen mitnahm. Besonders wertvolle Hinweise über die zentralasiatischen Hütehunderassen ergaben sich durch die Völkerwanderung der Hunnen um 375 und der Ungarn vom 5. Jahrhundert v. u. Z. bis 895. Diese Völker führten bei ihren Wanderungen auf der Suche nach neuen Siedlungsgebieten ihre asiatischen Hütehunde mit.

Die ungarischen Hütehunde der Rassen Komondor, Kuvasz und Puli sind Nachfahren dieser Formen asiatischer Hütehunde. Nach den Erkenntnissen des amerikanischen Sumerforschers Pálfalvy lebten diese drei Rassen bereits im 3. Jahrtausend v. u. Z. im Zweistromland. Das konnte durch entzifferte Keilschriftverzeichnisse aus Ur, einer der ältesten Städte überhaupt und Handelszentrum Südmesopotamiens, nachgewiesen werden. Dies ist einerseits überraschend, andererseits bestanden über die Seidenstraße schon seit ältester Völkergeschichte Verbindungen zwischen Kleinasien und den zentral- und ostasiatischen Gebieten. Allerdings hatten diese Rassen offensichtlich in den heißen Flachlandgebieten am Persischen Golf keinen langen Bestand. Neben dem exotischen Erschei-

Tibetdoggenähnlicher Kampfhund der Assyrer. Etwa 640 v. u. Z. (Topfscherbe aus Nimrud/Irak)

nungsbild der Langhaar-Hütehunderassen war vor allem ihre Fähigkeit der erfolgreichen Abwehr von Wölfen und sicher auch von katzenartigen Raubtieren ein herausragendes und begehrtes Merkmal. Das doppelschichtige, dicke und langhaarige Fell der Hunde machte es den angreifenden Wildtieren schwer, verletzende und tödliche Bisse anzubringen. Ein weiteres evolutionär bevorzugtes Merkmal war der Schutz der Augen durch überhängendes Deckhaar. In den zentralasiatischen Gebieten sind Sand- und Staubstürme ständige Erscheinungen, und in Tibet setzen fast täglich nach 14 Uhr starke Winde mit Staubaufwirbelungen ein. Hunde mit dem natürlichen Augenschutz des langen Kopfhaares waren diesen ständigen Wetterunbilden besser gewachsen.

Der Puli als kleinster der ungarischen Hirtenhunde weist nicht nur äußerlich große Ähnlichkeiten mit dem Tibet Terrier auf. Auch Kopfstudien beweisen die Verwandtschaft der beiden Asiaten. Besonders die deutschen Kynologen Mut und Mohr konnten die anatomischen Ähnlichkeiten beider Rassen nachweisen. Das Haarkleid des Tibet Terriers und Pulis stimmt ebenfalls weitgehend überein und unterscheidet sich von anderen Rassen, wie z. B. Lochte feststellte. Jedoch gibt es auch Unterschiede, besonders im Gang, den Pfoten und Ohren.

Der dritte Kleinhütehund gleicher Erscheinung ist der Polnische Niederungshütehund (Polski owczarek nizinny), kurz PON genannt. Auch er kam mit den Völkerwanderungen aus zentralasiatischen Gebieten nach Osteuropa und wäre mit dem Verschwinden der großen Schafherden Ende des 19. Jahrhunderts in Polen fast ausgestorben. Dank aktiver polnischer Kynologen wurde diese Rasse seit den zwanziger Jahren planmäßig wieder aufgebaut, und heute zählt der PON als Kleinsthütehund mit zu den beliebtesten Haus- und Begleithunden. Viele Kynologen sehen in Tibet Terrier, Puli und PON Nachfahren eines mittelgroßen tibetischen Hütehundes, der vor allem auch den Völkern in der heutigen Mongolei bekannt war und als Begleithund für Karawanen zwischen Tibet und der Mongolei benutzt wurde. Diese Hypothese wird besonders durch die Erkenntnisse von Professor Ludwig von Schulmuth aufgrund seiner archäologischen Funde in Zentralasien untermauert.

In der Reihe der langhaarigen Hütehunde ist noch der altenglische Schäferhund, der Bobtail, als wahrscheinlicher Nachfahre der zentralasiatischen Hütehunde zu erwähnen. Neben seiner äußeren Ähnlichkeit weist er weitere Analogien zu den Tieren der Owtscharka-Rassen auf, und nachweislich wurden seit langen Zeiten Hunde aus den baltischen Staaten über die Ostsee nach England gebracht. Er hat sich dort nicht nur als sympathischer, intelligenter Schäferhund bewährt, sondern zählt auch seit alter Zeit als Luxushund der Gesellschaft.

Die Herausbildung der zweiten Rassengruppe, der Kloster- und Wohnungshunde, erfolgte vorrangig auf der Grundlage der bereits erwähnten buddhistischen und lamaistischen Vorstellungen über die Rolle der kleinen Löwen im Zusammenhang mit Buddha und der Wiedergeburtslehre in Form eines Hundes. Nun war es allerdings nicht so, daß die Zucht und Herausbildung der zweiten Rassengruppe mit der Ausbreitung des Buddhismus und Entstehung des Lamaismus einherging. Der Buddhismus faßte erst ab dem Jahr 61 in China schrittweise Fuß, obwohl er noch zu Lebzeiten Buddhas bereits etwa ab 500–490 v. u. Z. zu einer sich rasch ausbreitenden Religion anwuchs. Der Lamaismus entstand erst nach 650 in Tibet aus der alten Bön-Lehre der Geisterbeschwörungen und dem neu ins Land gekommenen Buddhismus. Damit wären die Zeiträume des religiösen Hintergrundes für die Rassenentwicklungen der Löwenhunde genau bekannt.

Die kleineren langhaarigen Haushunde waren jedoch schon lange vor diesen Zeiten in China und Tibet bekannt. Ausgrabungen aus der Shang-(Yin-)Dynastie (12. Jahrhundert v. u. Z.) in Xiantun bei Anyang förderten vor allem Knocheninschriften und besonders viele künstlerische Zeugnisse zutage, die diese kleinen, gedrungenen Hunde darstellen. Als zur Zeit der Zhou-Dynastie (etwa um 1000 v. u. Z.) das Tributsystem in China eingeführt wurde, befanden sich unter den Tributgaben aus den südlichen Staaten Chinas neben Perlen, Nashorn-Hörnern, Elfenbein usw. auch kurze, gedrungene Hunde als wertvolle Zahlungen. Aus Tibet gibt es erst nach der Erfindung der tibetischen Schrift in der ersten Hälfte des 7. Jahrhunderts Aufzeichnungen, jedoch weisen die bereits erwähnten archäologischen Funde von Prof. Ludwig von Schulmuth die kleinen Kunlun-Berghunde als Vorformen des Tibet Terriers und Lhasa Apsos nach.

So wurden die bereits in China und Tibet vor der Ausbreitung der Religion des Buddhismus und Lamaismus vorhandenen kleinen, gedrungenen und langhaarigen Hunde zur Herauszüchtung von besonders wertvollen Langhaar-Kleinhunden verwendet, die nach dem neuen religiösen Mythos als »Löwenhunde« zum Symbol wurden. Die unterschiedliche Verbreitung verschiedener Vorformen der Kleinhunde ergaben verschiedenartige Löwenhunde, deren eigentliche Rassenzugehörigkeit oder gar Rassenreinheit sekundär war. Die Ähnlichkeit mit kleinen Löwen in China und Schneelöwen in Tibet waren die maßgeblichen Züchtungsziele. Zu diesen heute daraus selektierten Rassen gehört auch der Pekinese oder Peking-Palasthund als eine etwas groteske Form des Löwenhündchens. Der Hang der Chinesen zu kleinen grotesken Formen führte auch in der Pflanzenwelt zu verschiedenen Zwergzüchtungen, und letztendlich gehört das Einschnüren der Füße bei chinesischen Frauen zur Erzielung unförmiger Zwergfüße auch dazu. Bereits aus dem 1. Jahrhundert gibt es für kleine kurzbeinige und kurzköpfige Hunde die chinesische Bezeichnung »Pai«-Hunde. Diese Hunde hatten unter den kleinen chinesischen Tischen ihren Platz, und »Pai« war damit auch der erste Rassename für Kleinhunde. Der Kulminationspunkt für diese Kleinsthundezucht in China dürfte aber zur Zeit der Manzhu-Kaiser in der Qing-Dynastie (1644–1911) gelegen haben, als die sogenannten »Ärmelhündchen« (engl. »sleeve dogs«) oder »Ha-pa«-Hunde sehr geschätzt wurden. Diese Spielhündchen hatten im Ärmel des Kleides Platz und sollen extrem kurze Beine gehabt haben. Die chinesischen Zwerghundezüchtungen sind z. T. für die tibetischen Kleinhunderassen sicher auch von Bedeutung, da seit ältesten Zeiten die Klein- oder Löwenhündchen als wertvolle Geschenke zwischen Herrscherhäusern ausgetauscht wurden. Die Rassen Tibet Spaniel und Shih Tzu spielten als Einkreuzungen bzw. Kreuzungsergebnis in die chinesischen Zwerghunderassen eine wichtige Rolle.

*Löwenhund aus farbigem Porzellan aus
der Ming-Zeit (1368-1644)*

Der gesamte Umfang dieses Austausches der Kleinstrassen zwischen beiden Kulturen auf der Ebene der jeweiligen Herrscherhäuser und auch hochgestellten Familien ist nicht nachvollziehbar. Es sind jeweils nur gelegentliche Erwähnungen dieser Huldigungsgeschenke bekannt, so auch von der zweiten Frau des Tibetherrschers Srongtsen-Gampo, der chinesischen Prinzessin Wencheng (641). Sie war von den tibetischen Apsohunden so begeistert, daß sie sogleich ihren Eltern ein Pärchen schicken ließ.

Der letzte bekannte Austausch dürfte 1908 stattgefunden haben, als der 13. Dalai Lama bei seinem Besuch im chinesischen Kaiserpalast der Kaiserin mehrere Löwenhündchen als Gastgeschenk machte. Ausländer, die dieses Geschenk sehen konnten, bezeichneten sie als Löwenhunde, ähnlich denen, die bereits im Palast in Peking existierten. Zu erwähnen ist, daß nur in ganz wenigen Ausnahmen für Außenstehende und Ausländer die Löwenhunde in Tibet und China überhaupt sichtbar waren. Sie wurden streng behütet in Wohnungen, Palästen und Klöstern gehalten.

Der eventuelle Einfluß des Maltesers auf die tibetischen Rassen, evtl. über chinesische Kreuzungen, ist nicht genau nachweisbar. Die äußerlichen Ähnlichkeiten des Maltesers, der als sehr alte Rasse bereits etwa 300 v. u. Z. erwähnt wurde, mit dem Tibet Terrier, Lhasa Apso und auch Shih Tzu geben immer wieder Anlaß zu Spekulationen. Nachweisbar ist, daß der König von Viqur (Byzantinisches Reich) im Jahre 624 dem Kaiser der Tang-Dynastie ein Pärchen Kleinhunde schenkte, die aus Fu-lin in der Türkei stammen und melitäaischer Herkunft (von der dalmatischen Insel Melitäa) sein sollten. Diese Hunde von Fu-lin werden in China bis ins 17. Jahrhundert erwähnt. Andererseits gibt es auch Hinweise über tibetische Langhaar-Kleinhunde, die über die Seidenstraße mit in das Mittelmeergebiet gebracht wurden.

Als eine direkte Selektion über viele Jahrhunderte ist die Zucht in den Klöstern anzusehen. Hier wurden nur besonders schöne und kleine Hunde behalten und weiter verpaart. Größere Exemplare wurden meist nach außerhalb verschenkt oder ausgesetzt. Es entstand so eine Wechselbeziehung zwischen Klöstern und Viehbauern. Letztere schenkten den Klöstern ausnahmslos schöne und kleine Hunde als Huldigungsbeweis und erhielten dafür die größeren Tiere, die dort nicht mehr verwendet wurden.

Besonders der Lhasa Apso und der Shih Tzu wurden in den Klöstern auf »klein« gezüchtet. Aber auch Tibet Terrier und Tibet Spaniel unterlagen diesem Ausleseverfahren, und diesem Zuchtprinzip verdanken wir die heutige Form der schönen, exotischen Tibethunderassen.

Der Standard für Rassehunde

Die Rassestandards für die anerkannten Hunderassen werden nach international einheitlichen Richtlinien aufgestellt. Die Weltorganisation der Kynologen, Fédération Cynologique Internationale (FCI), bestätigt und erkennt die von den zuständigen nationalen Hundeverbänden erarbeiteten Rassestandards an, nachdem sie auf den kynologischen Weltkongressen beraten wurden. Für den Entwurf und eventuelle spätere Änderungen von Rassestandards ist jeweils der Landesverband zuständig, dessen Land als Ursprungsland der betreffenden Rasse anerkannt ist.

Die derzeit gültige Form für die Standardisierung enthält für die objektive Beurteilung der Hunde folgende acht Positionen:

1. Allgemeine Kennzeichen mit Angaben über die Gesamterscheinung, Eignung und Fähigkeiten der Rasse und die mögliche Verwendung
2. Beschreibung der einzelnen Körperteile, auch im Längs- und Querprofil
2.1. Kopf: Schädel, Stirn, Fang (einschließlich Nase und Gebiß), Augen, Ohren, Hals
2.2. Rumpf: Rücken, Lende, Kruppe, Brust, Bauch (einschließlich Flanken), Rute
2.3. Vorder- und Hintergliedmaßen, Durchbildung und Stellung der einzelnen Abschnitte
2.4. Haarkleid: Haarart, Farbe (einschließlich Abzeichen)
3. Fehler
4. Gründe der Disqualifizierung
5. Wesensbeschreibung der Rüden und Hündinnen
6. Charakteristik von Jagdhunden
7. Durchschnittliche, eventuell ideale Körpermaße (Widerristhöhe, Gewicht)
8. Punktebewertung der nach 2. bezeichneten Körperteile

Die meisten Standards entsprechen noch nicht dieser neuen Form und sind noch nach den auf dem Weltkynologenkongreß 1934 in München aufgestellten ähnlichen Grundsätzen aufgebaut. Viele der bestätigten Standards sind jedoch in mehr oder weniger Einzelheiten aufgeschlüsselt. Einige Rassen werden weitestgehend im Detail beschrieben, wäh-

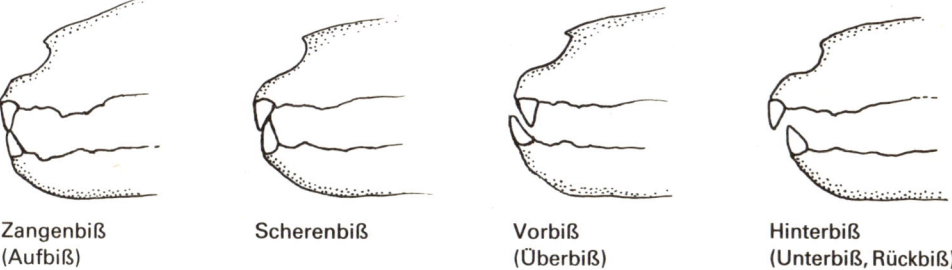

Zangenbiß   Scherenbiß   Vorbiß   Hinterbiß
(Aufbiß)   (Überbiß)   (Unterbiß, Rückbiß)

Die verschiedenen Bißstellungen der Schneidezähne

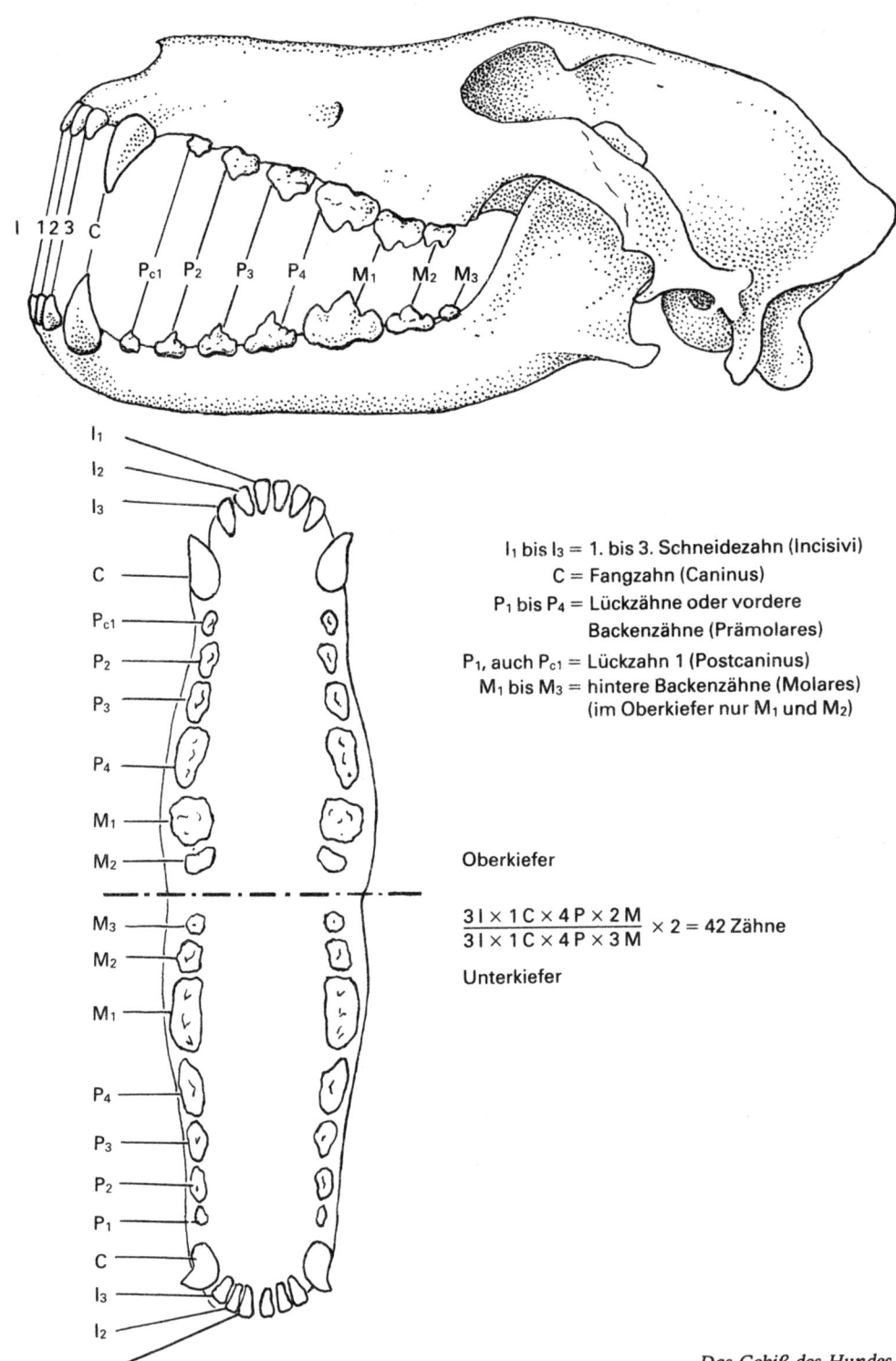

I_1 bis I_3 = 1. bis 3. Schneidezahn (Incisivi)
C = Fangzahn (Caninus)
P_1 bis P_4 = Lückzähne oder vordere
Backenzähne (Prämolares)

P_1, auch P_{c1} = Lückzahn 1 (Postcaninus)
M_1 bis M_3 = hintere Backenzähne (Molares)
(im Oberkiefer nur M_1 und M_2)

Oberkiefer

$$\frac{3\,I \times 1\,C \times 4\,P \times 2\,M}{3\,I \times 1\,C \times 4\,P \times 3\,M} \times 2 = 42\ \text{Zähne}$$

Unterkiefer

Das Gebiß des Hundes

rend andere nur ungenügend und relativ schematisch abgehandelt werden. Teilweise gibt es auch nationale Unterschiede, und die nationalen Verbände folgen nicht vollständig dem internationalen Standard.

Der Rassestandard beschreibt ein Idealbild der jeweiligen Rasse, das praktisch kaum oder selten erreichbar ist. Eine gewisse Variationsbreite der einzelnen Rassemerkmale wird deshalb immer zu tolerieren sein. Für zuchttaugliche Tiere einer Rasse gelten jedoch in der Variationsbreite der Merkmale engere Grenzen als für jene, die nur ins Zuchtbuch der Rasse als anerkannte Rassevertreter eingetragen werden.

Anatomische Hauptmerkmale der tibetischen Kleinhunde

Die entscheidenden anatomischen Unterschiede der vier tibetischen Kleinhunderassen beziehen sich hauptsächlich auf die charakteristischen Kopfformen, während im Knochenbau und in der Bemuskelung trotz verschiedener Laufhöhe generelle Ähnlichkeiten bestehen.

Für alle Kynologen ist die Kopf- bzw. Schädelausbildung das wesentlichste anatomische Merkmal, zumal damit gewisse Rückschlüsse auf die Entwicklungen der Rassen möglich sind. Oft wird dazu als Beispiel der Gegensatz zwischen dem Schädel des Mopses und dem des Windhundes angeführt. Gleichzeitig lassen sich auch daraus bestimmte Eigenschaften der Rassen in begrenztem Umfang ableiten.

In der Abbildung auf Seite 30 sind die Kopf-, Schädel- und Gebißformen der vier tibetischen Kleinhunderassen gegenübergestellt. Dabei handelt es sich um die idealisierten Standardvorstellungen, die wir heute bei den Rassen sehen möchten. Festlegungen dieser Art sind notwendig, um die typischen Kopfformen, Fangausbildungen, Gesichtsausdrücke und anderen Merkmale der Rassen zu erhalten.

So ist beispielsweise beim *Tibet Terrier* davon auszugehen, daß sein leicht keilförmiger Schädel (wobei Gesichts- und Hirnschädel etwa gleichlang sind) der ursprünglichen Schädelform der Wildcaniden weitgehend entspricht. Das korrekte Gebiß ist ein Scherengebiß, bei dem die Schneidezähne des oberen Bogens scherenschenkelartig über die Außenseiten der unteren Schneidezähne gleiten. Die Fangzähne des Unterkiefers greifen jeweils in die Lücke zwischen dem äußersten Schneidezahn (I_3) und dem Fangzahn des Oberkiefers. Der dadurch vorhandene feste Schluß des Gebisses sichert ein mögliches Verbeißen in das Beutetier unter maximaler Ausnutzung der anatomischen Möglichkeiten. Alle davon abweichenden Gebißformen sind anatomisch gesehen Gebißfehler, auch wenn sie heute teilweise rassetypische Merkmale darstellen.

Fast alle Tibet Terrier, die in den zwanziger und dreißiger Jahren von Frau Dr. Greig aus den Himalaja-Randstaaten nach England importiert wurden, hatten jedoch Vorbiß. Diese Gebißstellung wurde auch überwiegend an den tibetischen Originaltieren festgestellt. Vorbiß ist bei verkürztem Gesichtsschädel, wie z. B. beim Shih Tzu, Pekinesen oder Boxer, die typische Gebißstellung. Für die natürlichen Caniden mit den normalen Schädelproportionen ist es ein Gebißfehler. Beim Tibet Terrier löst sich dieser Widerspruch so auf, daß durch den Vorbiß ein Erfangen und Festhalten des langhaarigen Felles der zu behütenden Hochlandtiere leichter möglich ist als mit Scherenschluß. Außerdem entwickelt sich bei Vorbiß ein kräftigerer Unterkiefer, der wiederum als Rassemerkmal gilt. Ein leichter Vorbiß ist deshalb auch heute noch eine erlaubte Gebißstellung beim Tibet Ter-

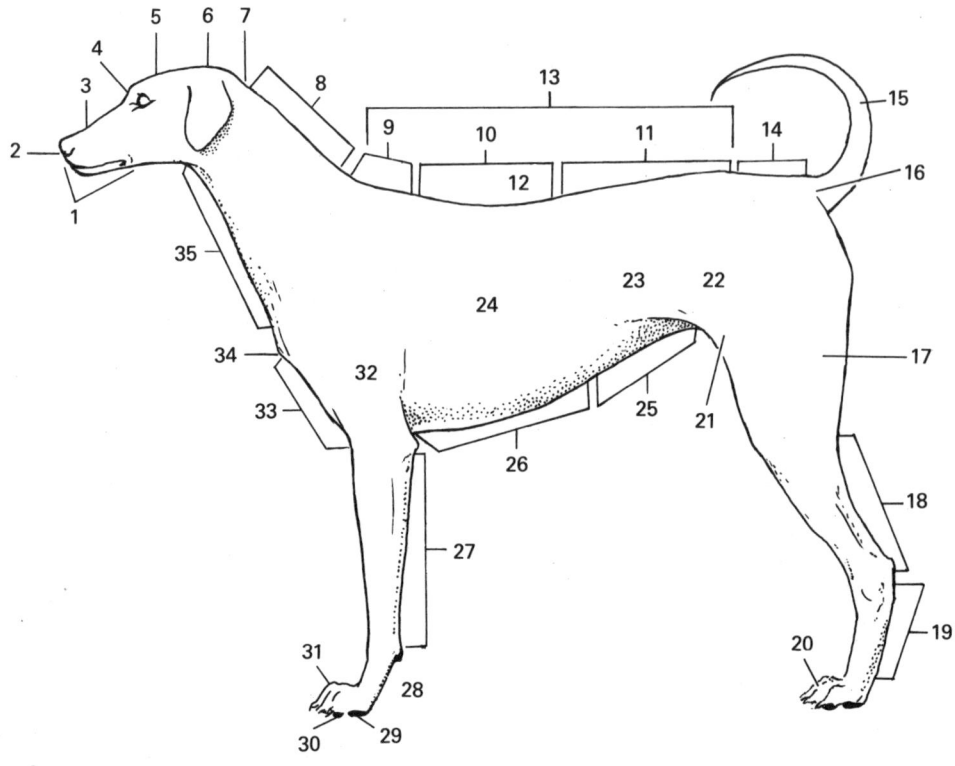

Anatomische Bezeichnungen des Hundes am Beispiel des Tibet Terriers
1 Fang; 2 Nasenspiegel; 3 Nasenrücken; 4 Stop oder Stirnansatz; 5 Stirn; 6 Hirnschädel; 7 Genick;
8 Nacken; 9 Widerrist; 10 Rist, eigentlicher Rücken; 11 Lenden- oder Nierenpartie; 12 Rückendelle;
13 Rücken (gesamter); 14 Kruppe; 15 Rute; 16 Rutenansatz; 17 Oberschenkelgegend oder Keule; 18 Unter-
schenkel; 19 Hintermittelfuß; 20 Hinterpfote; 21 Leistengegend; 22 Flanke; 23 seitliche Bauchwand;
24 seitliche Brustwand; 25 Unterbauch; 26 Unterbrust; 27 Unterarm; 28 Vordermittelfuß, oft auch
fälschlich »Fessel« genannt; 29 Sohlenballen; 30 Zehenballen; 31 Vorderpfote; 32 Oberarmgegend;
33 Vorderbrust; 34 Brustbeinspitze; 35 Kehlrand des Halses; 36 Unterkiefer; 37 Oberkiefer; 38 Stirn-
höcker; 39 Hirnschädeldecke; 40 Jochbogen; 41 oberer Schulterblattrand; 42 Hüfthöcker; 43 Becken,
Hüftbein; 44 Sitzbeinhöcker; 45 Oberschenkelbein; 46 Sprunggelenkhöcker oder Fersenhöcker; 47 erstes
Zehengelenk; 48 zweites Zehengelenk; 49 Sprunggelenk; 50 äußerer Schienbeinknochen; 51 Kniegelenk;
52 Rippenbogen; 53 Ellenbogenhöcker; 54 Zehenglied (erstes bis drittes); 55 Vorderfußwurzelgelenk;
56 Elle; 57 Speiche; 58 Ellenbogengelenk; 59 Schulter oder Buggelenk; 60 Schulterblatt

rier, obwohl die Scherenstellung der Schädelform entspricht. Als optimaler Mittelweg
wurde deshalb früher auch bei dieser Rasse der Zangenbiß standardisiert. Diese Zwi-
schenstellung zwischen Schere und Vorbiß ist züchterisch durchgängig nicht zu halten
und mehr als Ausnahme zu betrachten. Das übliche Gebiß ist nun das Scherengebiß, bei
dem jedoch die Gefahr besteht, daß der Unterkiefer und damit der gesamte Fang zu spitz
und zu schmal geschnitten entwickelt werden. Das ist rasseuntypischer als der Vorbiß,
der aber nicht zu stark sein darf. Die Zucht auf den typischen Fang des Tibet Terriers ist
somit ein ständiges Abwägen zwischen den beschriebenen Merkmalen, und meist sind
nur Annäherungen an das Idealbild möglich. Bei geringfügig verkürztem Gesichtsschä-

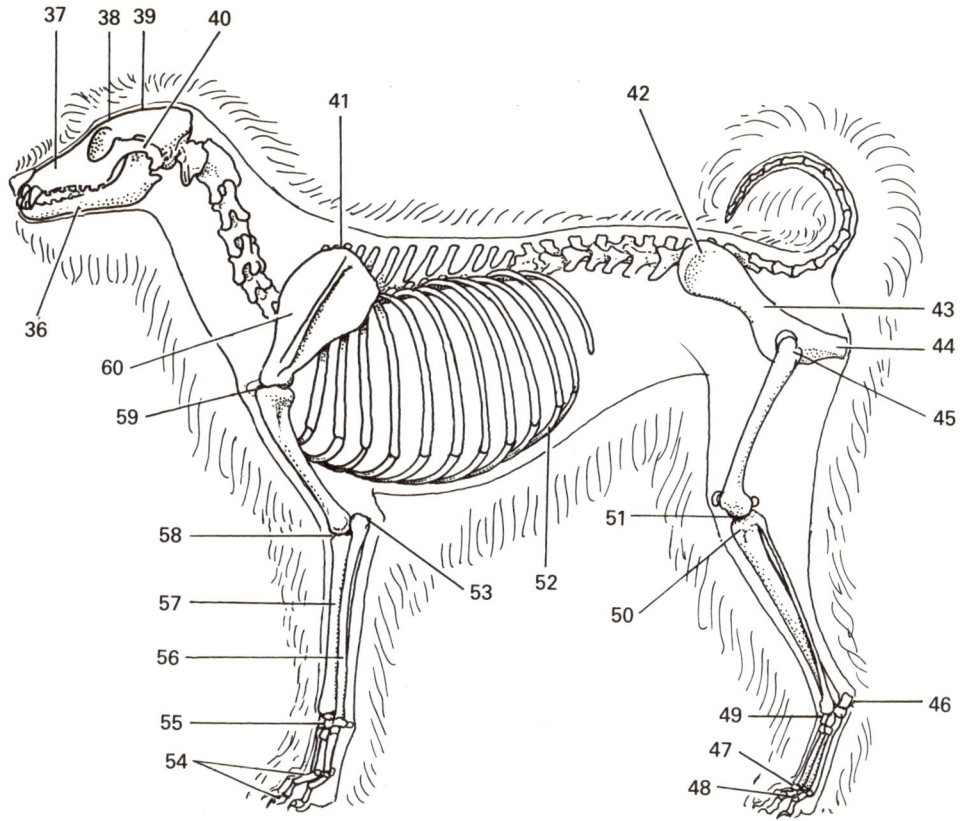

del (etwa 20% kürzer als der Hirnschädel) wirkt der Kopf des Tibet Terriers auch bei Scherenbiß rassetypischer und erscheint weniger lang und schmal ausgebildet. Diese Schädelproportionen sind deshalb durchaus erwünscht. Die sanft keilförmige Schädelform wird durch die gebogenen Jochbeinknochen betont, und die ausgeprägten Schläfenmuskeln unterstützen den breiten Oberkopf.

Wesentlich ist ein natürlicher Gesichtsausdruck des Tibet Terriers. Die Nasenposition ist dabei von vorn gesehen deutlich unter der Augenlinie. Der Abstand von Nase zu Auge ist genauso groß wie der vom Auge bis zum obersten Schädelpunkt.

Beim *Lhasa Apso* wird die Kopfform durch den kürzeren Gesichtsschädel geprägt, der nur ein Drittel der Gesamtschädellänge ausmacht, also im Verhältnis 1:2 zum Gehirnschädel steht. Die Kurzköpfigkeit (Brachycephalie) nimmt in der Reihenfolge Lhasa Apso, Tibet Spaniel, Shih Tzu zu und erreicht beim Pekinesen eine extreme Form. Über die Entwicklung der verkürzten Gesichtsschädel gibt es zahlreiche Spekulationen. Beim Lhasa Apso wurde sie mit Sicherheit durch langwierige Selektierung aus dem Süd-Kun-Lun-Berghund erreicht, während der Pekinese sehr gezielt aus dem Tibet Spaniel bzw. aus einer Vorform dieser Rasse auf das extrem flache Gesicht gezüchtet wurde. Der Shih Tzu erhielt seine Kopfform mit hoher Wahrscheinlichkeit dagegen aus den Kreuzungen mit Vorformen des Pekinesen bzw. Tibet Spaniels. Eine Rückverfolgung auf die Ausgangstiere ist jedoch nicht möglich, da die Wettbewerbszuchtpraxis an den Herrscherhäusern in Tibet und besonders in China zahlreiche, nicht reproduzierbare Kombinationen zuließ. Beim Lhasa Apso befinden sich Ober- und Unterkiefer auf gleicher Höhe

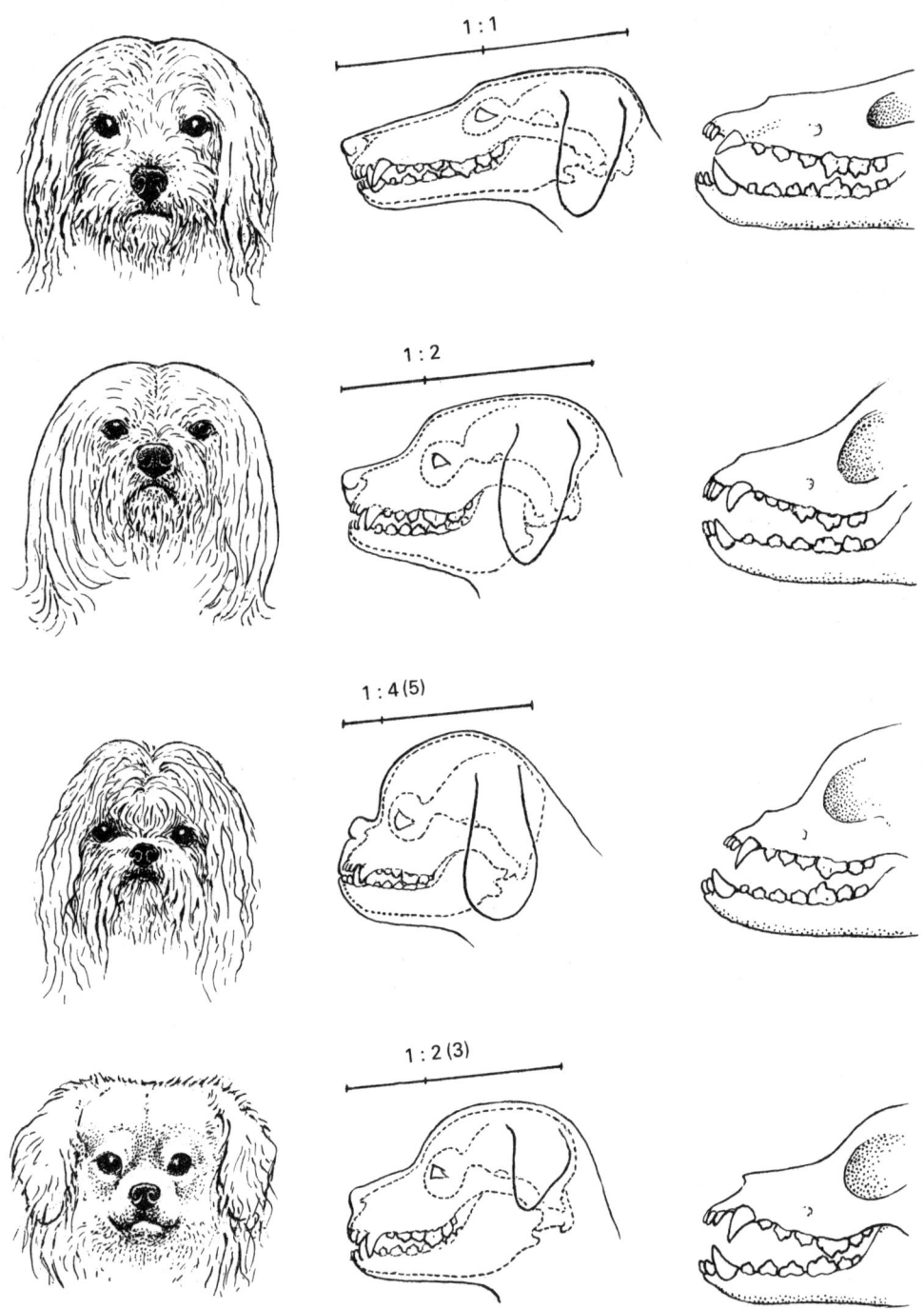

Gegenüberstellung der Kopf-, Schädel- und Gebißformen der vier tibetischen Kleinhunderassen. Von oben nach unten: Tibet Terrier, Lhasa Apso, Shih Tzu, Tibet Spaniel. Die Kopfbehaarung ist zur besseren Unterscheidung stark reduziert dargestellt

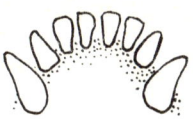 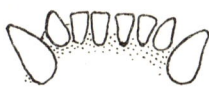

hufeisenförmige (konvexe) Stellung beim Tibet Terrier

gerade Stellung beim Lhasa Apso, Shih Tzu und Tibet Spaniel

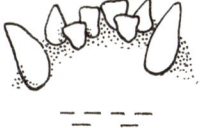 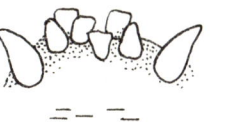 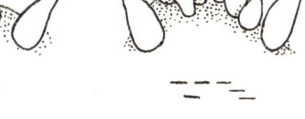

häufig anzutreffende Stellung mit zurückgesetzten I₃ beim Lhasa Apso

Kulissenstellung mit zurückgesetzten I₂ beim Shih Tzu

Kulissenstellung und unregelmäßige Reihung

Optimale Schneidezahnstellungen der tibetischen Rassen und häufig anzutreffende Zahnanomalien in Form der Kulissenstellung der Incisivi (besonders beim Shih Tzu)

und bewirken den exakten Schluß, der einen Zangenbiß ergibt oder einen leichten Vorbiß. Der verkürzte Gesichtsschädel läßt den Unterkiefer deutlicher hervortreten und damit eine stumpfe Schnauzenpartie entstehen, die durch die gerade Reihung der Schneidezähne noch verstärkt wird. Beim Tibet Terrier sind dagegen die Schneidezähne leicht hufeisenförmig bzw. konvex angeordnet. Andererseits muß der Fang des Lhasa Apso länger als breit sein und darf nicht, wie beim Shih Tzu, quadratisch wirken. Ein zu langer und damit zu spitz geschnittener Fang ist aber auch unerwünscht und beeinträchtigt die stumpfe und zugleich schmale Erscheinung der Schnauzenpartie.

Der Stop des Lhasa Apso ist noch steiler als beim Tibet Terrier geformt, trennt Gesichts- und Hirnschädel deutlich, bildet aber im Vergleich zum Shih Tzu einen relativ leichten Bogen, einen noch sogenannten »offenen« Stop. Der vergleichsweise schmale Hirnschädel fällt hinter den Augen charakteristisch ab, und der Oberkopf ist nur leicht gewölbt.

Der typische Gesichtsausdruck des Lhasa Apso fordert die Position des oberen Nasenrandes in Höhe des unteren Augenlides. Beim Tibet Terrier liegt der obere Nasenrand wesentlich tiefer, beim Shih Tzu höher.

Die Kopfform des *Shih Tzu* wird durch den noch stärker verkürzten Gesichtsschädel und die damit verbundene quadratische Erscheinung der gesamten Schnauzenpartie charakterisiert. Die Länge des Gesichtsschädels beträgt nur etwa 1/5 der Gesamtschädellänge, also ein Verhältnis von etwa 1 : 4 bis 1 : 5. Die breite und runde Kopfform liegt etwa zwischen der des Lhasa Apso und der des Pekinesen. Der Stop ist besonders markant ausgebildet, und im Gegensatz zum Lhasa Apso steigt die Schädellinie nach den Augenbrauen weiter nach oben an. Die gut gewölbte Schädeldecke trägt zur allseitig runden Erscheinung des Kopfes bei.

Wesentlichen Einfluß auf den Gesichtsausdruck des Shih Tzu haben auch Nase und Augen. Der Nasenrücken ist nur etwa 2,5 cm lang, und durch die möglichst etwas nach oben verlaufende Nasenpartie wirkt das Gesicht leicht arrogant. Die großen runden

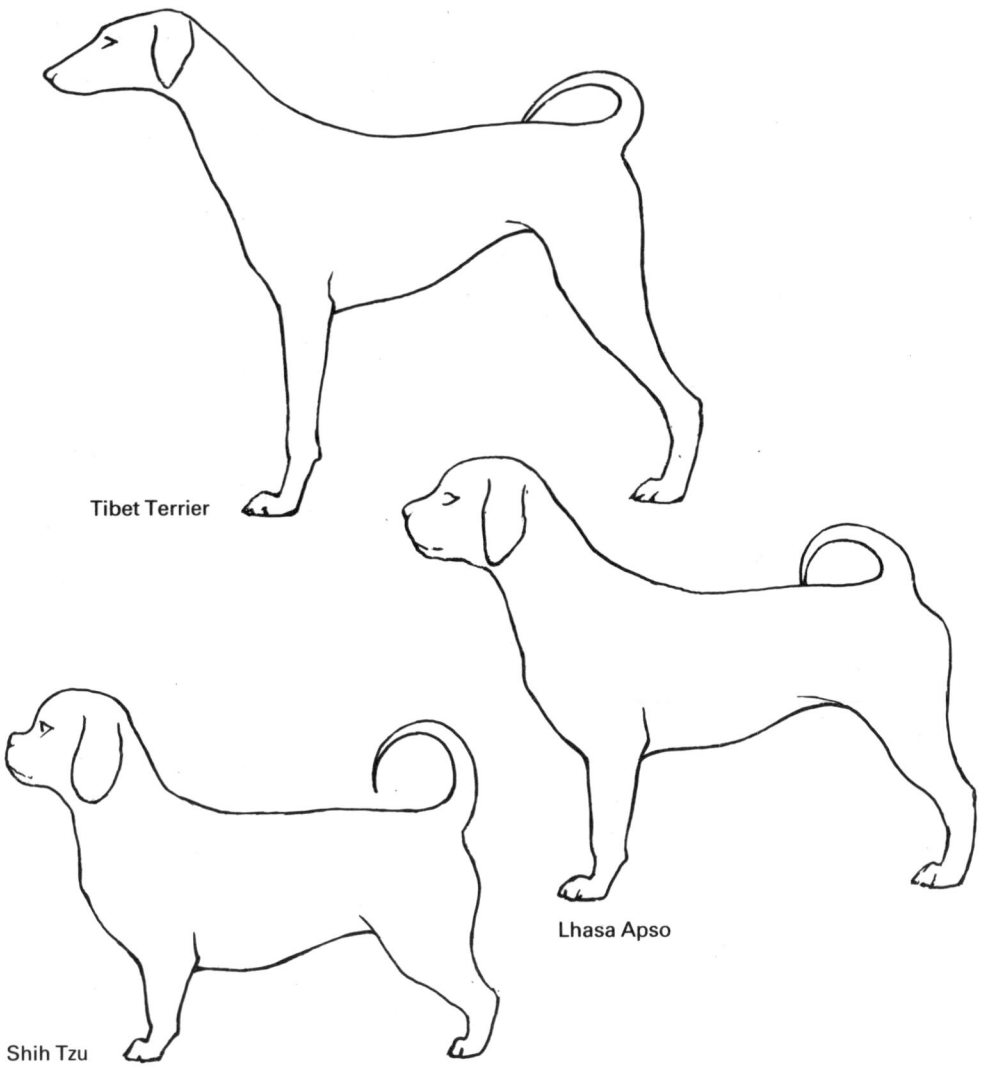

Tibet Terrier

Lhasa Apso

Shih Tzu

Die Körperproportionen des Tibet Terriers, Lhasa Apso und Shih Tzu (ohne Fell)

Augen liegen relativ weit auseinander und sitzen wie bei Nachttieren weit vorn in gerader, paralleler Blickrichtung. Beim Tibet Terrier liegen die Augen vergleichsweise wesentlich seitlicher am Schädel und vergrößern damit das Gesichtsfeld, während der Lhasa Apso zwischen beiden Extremen liegt.

Nasenrand und Augenwinkel bilden beim Shih Tzu, von vorn gesehen, etwa eine Ebene, so daß er damit die am höchsten sitzende Nase aller tibetischen Kleinhunde hat. Diese Nasen- und Augenposition bewirken einen »affenähnlichen« Gesichtsausdruck, der für diese Rasse typisch ist.

Die Bißverhältnisse sind aufgrund der Schädelform als Vorbiß oder auch noch als Zangenbiß ideal, wobei die vorderen Schneidezähne wie beim Lhasa Apso zur Betonung der stumpfen Schnauzenpartie in einer geraden Reihe stehen (s. Abb. S. 25 und 31).

korrekter, gerader Rücken
mit hohem Rutenansatz

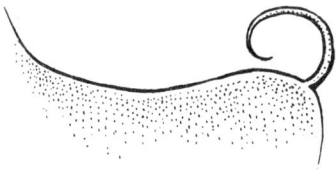

durchhängender Rücken

aufgekrümmter Rücken,
auch Karpfenrücken genannt

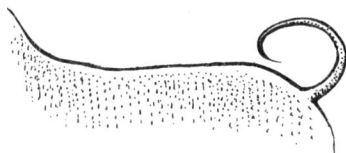

untypisch stark
abfallende Kruppe

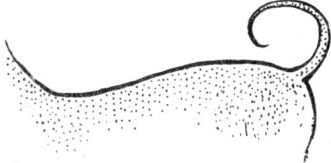

nach hinten zu stark
ansteigender Rücken

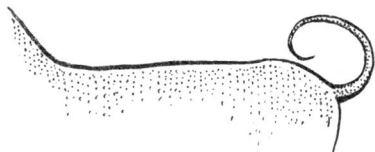

zu tief angesetzte
Rute

Optimale Rückenlinien der tibetischen Rassen und einige nicht erwünschte Formen

Der Kopf des *Tibet Spaniels* steht wegen seiner anatomischen Merkmale etwa in der Mitte aller zuvor erläuterten Rassen, also nahe dem Lhasa Apso. Da der Tibet Spaniel wahrscheinlich die älteste tibetische Kleinhunderasse darstellt, könnten seine Vorformen als Urväter der tibetischen Rassen mit verkürztem Gesichtsschädel angesehen werden. Das ist und bleibt jedoch Hypothese, da das Phänomen der Parallelbildungen bei Haustieren eine recht häufig anzutreffende Erscheinung ist. Die Schädeldecke ist leicht aufgewölbt, also weder flach wie beim Pekinesen noch so stark wie beim Shih Tzu. Ebenso ist der Stop deutlich betont, aber nicht so stark wie beim Shih Tzu und doch etwas stärker als beim Lhasa Apso. Der Nasenrücken ist gerade und wie beim Lhasa Apso etwa 4 cm lang. Die verlängerte Nasenlinie liegt kurz unter dem unteren Augenlid. Der Fang ist eben und entspricht weitgehend dem des Lhasa Apso. Ein deutliches Kinn, verbunden mit gerade nach vorn stehenden, ausdrucksvoll leuchtenden Augen erzeugen ebenfalls einen affenartigen Gesichtsausdruck. Jedoch sind im Gegensatz zum Shih Tzu die Augen nicht rund, sondern deutlich oval. Das markierte Kinn wird nur bei leichtem Vorbiß oder Zangenbiß optimal geformt. Wie beim Lhasa Apso stehen die Schneidezähne in gerader Reihe zwischen den Fangzähnen. Die Ohren sind besonders hoch angesetzt.

Auf Seite 31 sind die gewünschten Schneidezahnstellungen gegenübergestellt sowie einige öfter anzutreffende Kulissenstellungen mit teilweise unregelmäßiger Reihung, die besonders beim Shih Tzu als zuchtausschließender Mangel gelten. Diese Kulissenstellung der Schneidezähne geht meist mit schmalen und spitzen Kieferausbildungen einher, die eine korrekte Zahnreihung nicht mehr zuläßt.

Die Körperproportionen der drei Rassen Tibet Terrier, Lhasa Apso und Shih Tzu sind in der Abb. auf Seite 32 dargestellt. Tibet Spaniel und Lhasa Apso unterscheiden sich nur unwesentlich.

Generelle Übereinstimmungen bei den vier Kleinhunderassen gibt es vor allem bezüglich einer guten und kräftigen Bemuskelung des Rumpfes, eines breiten und deutlich gewölbten Brustkorbes zur Aufnahme des großen Lungenvolumens, eines strammen, festen Rückens mit einer schönen, geraden Rückenlinie und hoch angesetzter Rute. Die Unterschiede der Körperproportionen sind in den Umrißzeichnungen ohne Felldarstellung leicht zu erkennen. Sie beziehen sich auf die Höhe der Läufe und die Haltung des Halses. Der Tibet Terrier soll quadratisch gebaut sein – also Widerristhöhe und Rumpflänge sind gleich –, während Lhasa Apso, Tibet Spaniel und Shih Tzu eine größere Rumpflänge im Verhältnis zur Widerristhöhe haben. Da der Rumpf aller vier Rassen relativ ähnlich ist, unterscheiden sie sich in der Höhe der Läufe. Es gibt, außer beim Tibet Terrier, keine festgelegten Verhältnisse von Rumpflänge und Widerristhöhe, vielmehr ist der harmonische und rassetypische Gesamteindruck bei den niederläufigen Rassen entscheidend. Auf Seite 33 sind der korrekten Rückenlinie mit hohem Rutenansatz einige öfter anzutreffende untypische Formen gegenübergestellt.

Tibet Terrier

Der Tibeter bezeichnet einen wuschelig-langhaarigen Kleinhund, also auch den Tibet Terrier, allgemein nur als »Apso«, ohne ihn näher zu spezifizieren. Wir unterscheiden jedoch zwischen dem großen Apso – Tibet Terrier – und dem kleinen Apso – dem Lhasa Apso. Die kleine Form des Apso lebte hauptsächlich in den Palästen Lhasas, so daß die Bezeichnung »Lhasa Apso«, die die Tibeter nicht verwenden, zunächst nur die Heimat der niederen Form näher bestimmte.

Der große Apso ist im gesamten Gebiet Tibets und auch in den Grenzgebieten Nepals, Bhutans, Sikkims und Kashmirs verbreitet.

Die Herkunft und der Ursprung der beiden Apsoformen sind eng miteinander verknüpft. Es gilt als gesichert, daß der Tibet Terrier die Owtscharka-Rassen Innerasiens als Vorfahren hat. Auf die Ähnlichkeiten mit dem ungarischen Puli, der ebenfalls aus diesen Siedlungsgebieten asiatischer Nomadenvölker stammt, wurde schon hingewiesen. Diese kleinen, unermüdlichen Hütehundformen haben sich über Jahrtausende als besonders wendige, kletter- und springgewandte Begleiter der Viehherden vorrangig in Gebirgsregionen bewährt und im Erscheinungstyp kontinuierlich gefestigt. Bei den als direkte Nachfahren der Owtscharka-Rassen geltenden Mongolenhunden gab es bereits kleinere Formen, die als Begleithunde vorzügliche Eigenschaften hatten. Im Typ des Mandschurischen Schneehundes findet sich ein derartig kleiner Begleithund, der ein besonders dickes Fell mit langen, weißen Haaren gehabt haben soll. Seine Schnauze war quadratisch, und er hatte Hängeohren. Wesentliche Hinweise über die Ausbreitung der kleinen Begleit- und Hütehunde ergaben die schon erwähnten archäologischen Funde von Prof. Ludwig von Schulmuth in Zentralasien. Dadurch bestätigte sich auch die Ansicht mehrerer Kynologen (z. B. Fiennes, Ligthon, Wood), daß es Verbindungen zwischen den mongolischen Siedlungsgebieten und dem tibetischen Bergland gegeben hat. Entlang den über Jahrtausende bestehenden ständigen Handelswegen waren kleine, ausdauernde Hütehunde unersetzliche Karawanenbegleiter. Die Karawanenrouten aus den mongolischen Gebieten führten durch Nord- nach Süd-Kuku-Nor, weiter über das nördliche und südliche Kunlun-Gebirge nach Lhasa. Diesen Verbindungen folgend, lassen sich die Entwicklungsstufen des Tibet Terriers über den »Nord-Kunlun-Berghund« zum Innermongoleihund zurückverfolgen. Die Ausbreitung über diese Linie läßt sich von 800 bis 500 v. u. Z. einordnen. Zuvor dürften jedoch mit der Besiedlung des tibetischen Hochlandes von Nordosten her ebenfalls Hütehunde verschiedenen Typs mit den nomadisierenden Viehzüchtern in das »Land des Schnees« gekommen sein. Dazu ist eine tibetische Erzählung über die Herkunft der Tibet Terrier erwähnenswert. Danach stammen alle jetzigen Exemplare von einer Zucht ab, die unverändert über 2 000 Jahre in einem einsamen Kloster im sogenannten »Verlorenen Tal« betrieben wurde. Das Kloster wurde vor einigen hundert Jahren durch ein Erdbeben von den übrigen Siedlungsgebieten abgeschnitten. Jedem geistigen Würdenträger, der dieses Kloster besuchte, wurde für seinen langen, gefährlichen Nachhauseweg zu seinem religiösen Zentrum ein Tibet Terrier als Begleiter und Bewacher mitgegeben. Nur bei seltenen Ereignissen wurde ein Hund dieser Rasse als besondere Wertschätzung auch einer weltlichen Person geschenkt. Ebenso bei besonders umfangreichen, wichtigen Dienstleistungen für das Kloster konnte ein Tibeter, der nicht Lamapriester war, einen solchen Hund erhalten. Nach dieser Erzählung wurden beim Einfall der Chinesen in Tibet im Jahre 1720 alle Tibet Terrier aus Lhasa und Umgebung in entfernte Klöster gebracht, um diese Rasse sicher zu erhalten. Zu dieser Zeit gab es im Gebiet um Lhasa keinen Tibet Terrier mehr. Nach den Aussagen der Tibeter befanden sich damals die Tibet Terrier vorrangig im Gebiet von Ladakh, dem westlichsten Zentrum des Lamaismus, das auch »Klein Tibet« genannt wird und Teile von Kashmir mit umfaßt. Die Hauptstadt dieses Gebietes ist Leh, ein wichtiges Glaubens- und Handelszentrum der Tibeter über Jahrhunderte. Südlich von Leh, in einem abgelegenen Seitental des Himalaja, das auch das »Versteckte Tal« genannt wird, befindet sich das Kloster Hemis. Es existiert seit dem 17. Jahrhundert unzerstört und blieb unberührt von Eroberern und Besuchern. Sicher gibt es noch weitere derart einsame Himalajaklöster, die ungestört von äußeren Einflüssen die Zucht der Apsohunde über lange Zeiträume sicherten. Die Versorgung der Klöster erfolgte durch die Produkte der klostereigenen Viehherden, die durch Hirten und Viehzüchter-Nomaden betreut wurden. Das war der vorrangige Lebensraum des Tibet Terriers, und daraus entwickelten sich die ständigen Wechselbeziehungen zwischen Kloster und Hirten in Form des Schenkens und Abgebens von Hunden. Nach Berichten der Lamas erhielten sie von den Hirten und Viehzüchtern die kleinsten Welpen der Würfe, besonders weiße und goldfarbene als »Glücksbringer« und Huldigungsgeschenk. Die Mönche der Klöster wiederum gaben die größten Exemplare eines Wurfes an ihre für sie sorgenden Hirten. Die kleineren Apsos dienten als Wachhunde und Standessymbol in ihren religiösen Zentren oder wurden an andere Geistliche aus befreundeten Klöstern weitergegeben, die sie dann zur eigenen Zucht benutzten. So genoß auch der Tibet Terrier als Löwenhund die Achtung im Sinne des Lamaismus und war in reiner weißer Farbe als »Sengge«, was mit »Schneelöwe« zu übersetzen ist, besonders geschätzt.

Die Tibet Terrier bei den Viehherden und Karawanen hatten ein härteres Leben und galten als unermüdliche und besonders aufmerksame Begleiter. Ihr ausgeprägtes Kletter- und Springvermögen ermöglichte das Behüten von Yaks und Schafen in höchsten und steilsten Regionen. Besonders erwähnt wurde das ausgezeichnete Verhalten beim Begleiten von Lastkarawanen. Dabei trieben die Tibet Terrier die Lasttiere ständig an, bissen notfalls in die Beine und hielten ständig Ausschau nach fremden Tieren und Menschen, die scharf signalisiert wurden. Nachts schliefen die Hunde stets bei den Lasttieren im Schnee und bewachten das Transportgut. Waren die Begleiter durch Trunkenheit oder Schwäche in den Schnee gefallen, nötigten sie diese durch heftige Attacken zum Aufstehen. Im Gegensatz zu Menschen, Pferden und anderen Hunden, die in den Schnee einsanken, fiel es dem Tibet Terrier leicht, sich auf dem Schnee zu bewegen. Seine verhältnismäßig großen und breiten Pfoten verhinderten das Einsinken, und teilweise benutzten sie ihren Schwanz als Stütze und Ruder bei Drehbewegungen im Schnee. Die Tibeter, die im Zelt wohnen und nomadisierend die Hochflächen durchstreifen, loben besonders die guten Wach- und Meldeeigenschaften der Tibet Terrier, die zum Teil mit der Tibet Dogge in Zusammenarbeit ein regelrechtes Frühwarnsystem bilden. Die Beweglichkeit, das Klettervermögen und die Intelligenz waren für die Arbeitsleistung des Tibet Terriers im Hochgebirge notwendige Eigenschaften und machten seine Überlegenheit aus. In seinen Bewegungen wird er mit der Katze verglichen, da er sich nicht nur katzenähnlich bewegen kann, sondern auch riskante Klettertouren sicher beherrscht.

Wertvolle Dienste leistete er auch als zäher Wächter und Verteidiger der Zelte, in denen die nomadisierenden Viehzüchter mit ihrem Hausrat lebten. Meist wurden die Tibet Terrier dafür paarweise verwendet. Nur in Gegenwart des Herrn war das Betreten der Zelte möglich, und nachts durften weder Tier noch Mensch in die Nähe kommen. Der Tibeter trennte sich selbst bei Hungersnot eher von allen anderen Besitztümern, aber nie von seinem Tibet Terrier. Für ihn war es der wertvollste Besitz. Manchmal wurden die Hunde im Sommer geschoren, um das wärmende Haar mit in die Kleider zu weben. Außer Weiß waren als Farben Gold, Grau, Rotweiß, Schwarzweiß und Schwarz geschätzt.

Die eigentliche Zucht des Tibet Terriers nach europäischen Zuchtvorstellungen wurde durch die Engländerin Dr. A. Greig 1924 in Nordindien begründet. Sie erhielt ihren ersten Tibet Terrier als Dankgeschenk von einer tibetischen Händlerfamilie. Dr. Greig hatte die Frau des tibetischen Händlers erfolgreich operiert und durfte sich, wohl als erste Ausländerin überhaupt, einen Welpen aus einem Wurf auswählen, der während des Krankenhausaufenthaltes der Tibeterin gefallen war. Sie entschied sich für eine goldweiße Hündin, die sie »Bunti« nannte und die die gesamte weitere Zucht der Tibet Terrier begründen sollte. Ein Jahr später erhielt Frau Dr. Greig von der gleichen tibetischen Familie einen Rüden, der wie die Hündin von einer Zucht tibetischer Zeltbewohner, also Hirten, stammte. Mit Zustimmung und auf Empfehlung des indischen Kennel Clubs, der die Hunde zunächst als Lhasa Terrier registriert hatte, züchtete sie den ersten offiziellen Wurf, der am 25. 12. 1924 in Indien fiel. Das war gleichzeitig die Geburtsstunde der Tibet Terrier-Zucht für die spätere Entwicklung der Rasse in Europa. Danach erhielt Frau Dr. Greig weitere Tibet Terrier von tibetischen Lamas, die aus reinen Klosterzüchtungen kamen und als »heilige Hunde« in Indien nur dem Namen nach bekannt waren.

In den folgenden Jahren setzte Frau Dr. Greig die Zucht der Tibet Terrier in England erfolgreich fort, und die Verwechslung mit dem Lhasa Terrier wurde 1931 beendet. Der Tibet Terrier wurde als größere Langhaarrasse vom englischen Kennel Club anerkannt und vom kleineren Lhasa Terrier unterschieden, der später Lhasa Apso benannt wurde. Leider hat der große Tibet Apso seinen Terrier-Beinamen bis heute behalten, obwohl er mit einem Terrier absolut nichts gemein hat. Er wurde ursprünglich nur aufgrund seiner Größe und Vitalität mit einem Terrier verglichen.

In den dreißiger Jahren wurde die Rasse in englischer Zucht, auch durch weitere Importe aus Tibet und Indien, gefestigt, und 1939 gelangten die ersten Tibet Terrier als Zuchttiere nach Deutschland und Italien. Der in Berlin gegründete Zwinger »von Tiergartenbrück« erzielte unter Verwendung weiterer Importe Anfang der vierziger Jahre sehr wertvolle Zuchterfolge. Leider wurde der gesamte Bestand Opfer der Kampfhandlungen 1945 in Berlin. Der weitere Zuchtfortgang nach dem zweiten Weltkrieg ist eng mit dem Namen Dr. Mary Täuber verbunden. Sie schaffte die Basis für neue Zuchtlinien, die durch verschiedene Importe systematisch aufgebaut wurden. Weitere Exporte von Tibet Terriern aus England nach Dänemark, Holland, Persien und Indien vermehrten ihre Verbreitung bereits vor dem zweiten Weltkrieg. Danach trat, bedingt durch die Kriegs- und Nachkriegsereignisse, eine Stagnation der Zuchtentwicklung in Europa ein. Selbst in England gab es bis Ende der fünfziger Jahre wenig entscheidende Fortschritte, obwohl aus den Himalajagebieten immer wieder neue Tiere importiert wurden. Die Zahl der registrierten Tibet Terrier lag in den fünfziger Jahren in England zwischen 20 und 50 und sank 1960 sogar auf nicht mehr als 22 Tiere ab. Es existierten nur die zwei Zuchtlinien des Lamleh- und des Luneville-Zwingers. Seit 1962 setzte eine rege Zuchttätigkeit ein, es wurden viele neue englische Zwinger gegründet, und 1970 gab es bereits 136 registrierte Tibet Terrier, deren Zahl sich bis 1975 auf 297 erhöhte. Wesentlichen Anteil an der rasch wachsenden Popularität der Tibet Terrier in Großbritannien, den europäischen Ländern sowie den USA und Kanada hatte die 1967 gegründete »Tibetan Terrier Association«. Außer in die vorgenannten Länder wurden englische Tibet Terrier 1956 nach den USA, 1959 nach Schweden, 1960 nach Kanada und weitere nach Österreich, Frankreich, Australien, in die Schweiz und andere Staaten exportiert. Die vermehrte Zucht der Tibet Terrier in diesen Ländern setzte ebenfalls erst parallel zu den britischen Zuchtaktivitäten in den sechziger und siebziger Jahren ein. Es erfolgten auch zusätzlich direkte Importe aus den Randstaaten des Himalaja, besonders aus Nepal und Indien. Die Tibet Terrier in der Sowjetunion sind überwiegend direkt und über Persien (Iran) ins Land gekommen, während die Zuchtlinien der DDR und der Tschechoslowakei aus skandinavischen, österreichischen und englischen Linien stammen.

Derzeit gewinnt der Tibet Terrier aufgrund seiner bemerkenswerten Eigenschaften und Fähigkeiten rasch zunehmend mehr Liebhaber, die auch sein elegantes Aussehen und die bequeme Haltung zu schätzen wissen.

Internationaler Standard des Tibet Terriers (FCI) Nr. 209 a vom 18. 1. 1980

Charakter: Aufmerksam, lebhaft, intelligent, mutig-entschlossen, abweisend und zurückhaltend gegenüber Fremden, weder aggressiv, wild noch kampflustig.

Allgemeine Erscheinung: Ein gut bemuskelter, mittelgroßer Hund, ähnlich wie ein kleiner Bobtail erscheinend.

Kopf und Schädel: Schädel mittellang, nicht breit oder grob, von den Ohren zu den Augen zu etwas schmaler werdend, zwischen den Ohren weder gewölbt noch ganz flach. Die Jochbeinknochen sind gebogen, jedoch nicht überbetont, um nicht hervorstehend und aufgewölbt zu erscheinen. Der Stop ist deutlich vor den Augen markiert, aber nicht überbetont. Das Kopfhaar reichlich und lang über die Augen fallend. Kleiner, aber nicht übertrieben starker Bart am Unterkiefer. Die Länge von den Augen zur Nasenspitze ist gleich der Länge von den Augen zur Schädelbasis, weder zu lang noch zu massig. Nase schwarz.

Augen: Groß, dunkel, weder hervorstehend noch eingesunken; Augenlider dunkel.

Ohren: V-förmig, nicht zu groß und nicht zu dicht am Kopf herabhängend, stark befedert.

Gebiß: Scherenbiß, leichter Vorbiß gestattet; Kiefer zwischen den Fangzähnen gut bogenförmig.

Hals: Keine besonderen Merkmale nach Standard.

Vorderläufe: Gerade und reichlich behaart; Vordermittelfuß etwas schräg.

Rumpf: Kompakt und kräftig; Rückenlänge gleich Widerristhöhe, gut aufgerippt; Lendenpartie leicht aufgezogen.

Hinterläufe: Reichlich behaart; tiefsitzendes Sprunggelenk; Hinterhandkniegelenk gut gebogen. Hinterläufe etwas länger als Vorderläufe, um den waagerechten Rücken zu erzielen.

Pfoten: Groß, rund, reichlich behaart, auch zwischen den Zehen und Ballen. Gut und satt auf den Ballen aufstehend.

Rute: Mittellang, ziemlich hoch angesetzt und vergnügt geringelt über den Rücken getragen; sehr gut befedert und manchmal nahe dem Ende geknickt.

Fell: Doppelschichtig mit feiner Unterwolle und sehr reichem Deckhaar, das fein, aber nicht seidig oder wollig ist; lang; entweder schlicht gerade oder gewellt fallend.

Farbe: Weiß, golden, creme, grau, rauchfarbig, schwarz, besonders auch zwei- und dreifarbig; schokoladenbraun bzw. leberfarbig ist als einzige Farbe nicht gestattet.

Größe und Gewicht: Rüden 35,5 bis 40,5 cm, Hündinnen etwas kleiner. Gewicht: keine Angaben.

Fehler: Zu spitzer Fang; Fehlen der Unterwolle oder des Deckhaars; kleine, schmale Pfoten; starker Vorbiß; Katzenpfoten.

Erläuterungen und Anmerkungen zum Standard

Die Beschreibung des Tibet Terriers mit dem Standard kann nur, wie bei jeder anderen Rasse auch, eine kurze Zusammenfassung von Einzelmerkmalen zu einem Idealtyp der Rasse sein, die mehr eine Richtschnur als eine komplette Darstellung ist. Das bringt besonders beim Tibet Terrier Probleme hinsichtlich seiner Bewertung auf Ausstellungen mit sich. Obwohl er immer vorwiegend ein Arbeitshund war, wird er aufgrund seines eleganten Äußeren oft als Luxushund, zumindest aber als attraktiver Haus- und Wohnungshund behandelt und vorgestellt. Das lange und reichliche Haarkleid bietet sich regelrecht zu modischen Spielereien und Variationen an, die das äußere Erscheinungsbild sehr unterschiedlich werden lassen können und damit ästhetische Merkmale über funktionelle Charakteristiken stellen. Der Tibet Terrier hat sich über lange Zeiträume unter rauhesten klimatischen Bedingungen vorwiegend als Gebrauchshund zu seiner heutigen optimal funktionellen Form entwickelt, und so sollte er auch eingeschätzt werden, ohne einen guten Pflegezustand unterzubewerten. Diese Rasse soll sich als wohlausgewogen und bewegungsfreudig vorstellen, die mit bedachten und effektiven Bewegungsabläufen eine gewisse Perfektion und Selbstsicherheit ausstrahlt, die sich evolutionär entwickelte und damit trotz individueller und altersmäßiger Unterschiede Vollkommenheit repräsentiert.

Somit ist die Gesamterscheinung stets höher zu bewerten als einzelne, im Standard beschriebene Merkmale, ohne damit Mängel und Fehler zuzulassen. Es ist deshalb erforderlich, die einzelnen Standardmerkmale etwas zu erläutern.

Charakter: Als aufmerksamer, wachsamer und intelligenter Hund hat er sich über Jahrhunderte in Klöstern und Häusern, aber auch an den Zelten einen guten Ruf als Bewacher verdient, der abweisend und zurückhaltend gegenüber Ankömmlingen und Fremden ist. Er wird nicht kopflos wild bellen, wahllos angreifen und seine Kräfte bei der ersten Begegnung mit Fremden in übereilten Angriffsattacken verausgaben, wie das meist bei »Terriern« zu beobachten ist. Diese Eigenschaft macht den Tibet Terrier bereits zu einem angenehmen Haushund, denn nach dem Melden der Angekommenen und deren Begleitung bis zum Hausherrn ist seine Aufgabe vorerst beendet. Er wendet sich ab und läßt trotzdem fremde Personen nie aus dem Auge, ehe sie nicht wieder sein Territorium verlassen haben. Außer zu den ihm vertrauten Personen ist er zu allen anderen Anwesenden neutral und zurückhaltend, aber nicht unfreundlich. Im Gegensatz zum Terrier ist er ein ruhiger, abwartender Hund, der niemals grundlos herumbellt und auch keine Löcher in die Erde wühlt. Sobald sich jemand unfreundlich oder aggressiv dem Tibet Terrier nähert, entfaltet er jedoch eine starke Verteidigungsaktivität und ist bis zur Klärung der Situation nicht mehr zu beruhigen.

Erscheinung: Der Vergleich zum Bobtail bezieht sich nur auf den flüchtigen Eindruck von vorn, vornehmlich in sitzender Position. Der Bobtail wirkt plumper, hat einen Stummelschwanz und im Vergleich zum Tibet Terrier viel zu kleine Pfoten, auf denen er sich schwerfälliger bewegt. Der quadratisch gebaute Tibet Terrier bewegt sich wesentlich leichter und federnder in den Gelenken.

Kopf, Fang, Augen und Ohren: Der Schädel ist in seinen Proportionen dem der natürlichen Caniden am ähnlichsten im Vergleich zu den anderen tibetischen Kleinhunderassen. Oberkopflänge und Nasenlänge sind in der Horizontalen etwa gleichlang. Das ist ein entscheidendes Rassemerkmal des Tibet Terriers. Zwischen den Ohren hat er einen leicht gewölbten Schädel, der nicht so flach wie beim Pekinesen, aber nicht so stark gewölbt wie beim Tibet Spaniel ist. Die geforderten gebogenen Wangenbein- oder Jochbeinknochen entsprechen der gewünschten Schädelform, die insgesamt sanft-keilförmig erwünscht ist. Im Profil soll der deutliche Stop bemerkbar sein, der jedoch nicht zu stark ausgeprägt sein darf. Ein zu langer Nasenrücken und ein schmaler Vorderschädel erzeugen einen zu spitzen Gesichtsausdruck, der als schwerer Fehler gilt. Der gewünschte natürliche Gesichtsausdruck des Tibet Terriers erfordert eine von vorn gesehene Nasenposition unterhalb der Augenlinie. Die Augen müssen genau in der Mitte des Gesichtes und weit auseinander sitzen. Der Abstand Nase zu Auge ist gleich dem vom Auge zum höchsten Schädelpunkt. Zu erwähnen ist dazu eine anschauliche Beschreibung der Inder zu dieser Rasse: »Der Charakter des Tibet Terriers zeigt sich deutlich durch den Ausdruck der Augen und des Gesichtes, wie er seine Ohren und seinen Schwanz trägt und in seiner gesamten Pose.«

Der Kopf des Tibet Terriers darf weder zu groß noch zu klein, sondern sollte zur Gesamtgröße des Hundes gut ausgewogen sein, so daß er als kleiner Hund exakt die Proportionen eines großen Hundes hat.

Unklarheiten gibt es oft über die richtigen Bißverhältnisse des Tibet Terriers. Eigentlich fordert der Originalstandard Zangenbiß. In den meisten Ländern wird jedoch Scherenbiß als ideal anerkannt. Der Standard gestattet auch leichten Vorbiß. Ursprünglich zeigten alle kleinen Tibetrassen, auch fast alle Tibet Terrier von Frau Dr. Greig, bis in die dreißiger Jahre einen Vorbiß. Der Vorbiß war auch ursprünglich bei dieser Rasse in der tibetischen Heimat vorhanden. Unter natürlichen Bedingungen, bei der Abwehr anderer Raubtiere, sind diese Bißverhältnisse am vorteilhaftesten, da ein besseres Erfassen anderer Tiere möglich ist und auch ein »Anhängen« an den Angreifer bei Abwehrattacken mehrerer Hunde.

Als leichter Vorbiß sind Bißverhältnisse zu werten, bei denen die sechs Schneidezähne des Oberkiefers noch die des Unterkiefers von innen berühren, also noch ein enger Kontakt gewährleistet ist. Viele Kenner der Rasse bevorzugen diesen leichten Vorbiß, um den kräftigen Unterkiefer nicht zu verlieren, da sonst auch der Gesichtsausdruck zu spitz und zu schmal wird. Speziell bei Scherenbiß findet man oft eine zu lange Schnauze, die dann als Mangel gilt. Als Gebißfehler sind in jedem Fall ein starker Vorbiß und ein ebensolcher Rückbiß zu bewerten, bei denen ein Spalt zwischen den Schneidezähnen sichtbar wird. Die Schneidezahnleiste zwischen den Fangzähnen muß gleichmäßig gerundet sein, und die mittelgroßen bis großen Schneidezähne sollen dicht und gerade nebeneinander stehen. Oft bekommt der Tibet Terrier relativ spät seinen Zahnwechsel, der normalerweise nach fünf Monaten einsetzt.

Die Augen sollen nach dem Standard ziemlich weit auseinander angeordnet sein. Sie sind sehr ausdrucksstark und geben der Rasse mit den bezeichneten Merkmalen eines großen, dunklen Auges mit dunklen Lidern und langen Wimpern, das jedoch nicht glotzartig hervorstehen darf, den gewünschten Gesichtsausdruck.

Die Ohren dürfen weder zu lang noch am Ende zu spitz sein und sollen in guten Proportionen zum Kopf stehen.

Die Nase muß eine dunkle, möglichst schwarze Farbe aufweisen. Braune und leberfarbene Nasen werden nicht akzeptiert, sie sind meist an ein schokoladenbraunes Fell gebunden und damit außerhalb des Standards. Bei hellen Tieren (creme, hellgold, weizen) kann die Farbe des an sich dunklen Nasenspiegels jahreszeitlich etwas schwanken und hellere Tönungen zeigen.

Hals: Augenscheinlich hat der Tibet Terrier einen kurzen Hals. Dieser Eindruck entsteht durch die Haarfülle im Nackenbereich und am Kehlrand des Halses bis zur Vorderbrust. Der Hals ist stark bemuskelt und relativ weit vorgebeugt. Diese gut ausgewogenen Proportionen ermöglichen die kraftvollen und uneingeschränkten Bewegungen bei Abwehrattacken.

Rumpf: Kompakt und kräftig, quadratischer Körperbau, gut bemuskelt und aufgerippter Brustkorb, das ist die Kurzbeschreibung des für einen Arbeitshund relativ kleinen, aber kraftvollen Körpers, der nicht klobig wirken soll. Dieser Körperbau ist das Produkt der Anpassung an die rauhe Umwelt bei geringen Futteransprüchen und einer erforderlichen extremen Beweglichkeit mit langer Ausdauer. Derartig zweckmäßige Körperproportionen ergeben in Verbindung mit den Fellanlagen die Grundlage für die Schönheit des Hundes und seine heute meist im Vordergrund stehende Eleganz. Der quadratische Körperbau unterscheidet sich deutlich vom längeren Körper des Lhasa Apso im Verhältnis zu seiner Höhe. Deshalb ist diesbezüglich der Vergleich mit dem Bobtail zulässig, der ebenfalls quadratisch gebaut ist und die gleiche Fellstruktur hat. Im Gegensatz zum Bobtail hat der Tibet Terrier einen fast geraden Rücken. Untrainierte Tiere können aber auch eine aufgewölbte Rückenlinie zeigen, während bei zu weichen Wirbelsäulen ein Durchhängen zu beobachten ist. Die gerade Rückenlinie ist für die charakteristischen gleichförmigen und geraden Gehbewegungen sehr wichtig. Wesentliches Merkmal ist weiterhin der gut aufgerippte, also gewölbte Brustkorb, der die erforderliche große Ausdehnung der Lungenflügel in den extremen Höhenlagen ermöglicht, ohne daß die Bewegungsfreiheit der Vorderläufe eingeschränkt wird. Flache Rippenpartien sind rassefremd.

Die Lenden sollen kurz und kräftig sein, aber so flexibel, daß plötzliche Dreh- und Wendebewegungen ohne Behinderung möglich sind.

Bezüglich der Größe der Tibet Terrier ist eine Widerristhöhe von 14 bis 16 Zoll genannt, also ca. 35,5 bis 40,5 cm für Rüden. In den Jahren vor 1950 waren noch 17 Zoll gestattet, also 43 cm. Es ist keine Seltenheit, daß besonders Rüden über 42 cm groß werden, ohne daß es rassenachteilig wäre. Trotzdem sollten die Standardmaße für gute Zuchttiere eingehalten werden. Hündinnen können auch kleiner als 35,5 cm sein, jedoch ist mit 33 cm das unterste zuchttaugliche Maß zu setzen.

Der Standard gibt keine Gewichtsgrenzen an. Erfahrungsgemäß wird ein zwei- bis vierjähriger Hund von ca. 40 cm Widerristhöhe zwischen 11,5 und 13,5 kg wiegen und ein ca. 36 cm großer Hund zwischen 8 und 9,5 kg.

Läufe, Gang und Rute: Die Vorderläufe sind gerade und werden durch kräftige Muskeln gehalten. Während der Wachstumsperiode sind sie besonders zu schonen, um eine gerade Ausbildung nicht zu beeinträchtigen. Das Hochheben der Welpen an den Vorderläufen, das Herumdrehen an einem Bein und Sprünge nach unten sind deshalb zu vermeiden. Die Hinterläufe haben ebenfalls gerade Knochen, sind jedoch in den Gelenken relativ stark gewinkelt. Die Gelenke sind alle gut geformt und kräftig. Die optimale Winkelstellung der Gelenke bestimmt maßgeblich die Ausdauer des Tibet Terriers beim Laufen, Klettern und Springen. Durch diese für die Rasse typische Winkelung, speziell der Hinterhand, ist einem Ermüden weitgehend vorgebeugt. Die stark gewinkelte Hinterhand ist im gestreckten Zustand relativ lang und begründet das besondere Sprungvermögen mit. Das wird jedoch ursächlich von den so tief wie möglich sitzenden Sprunggelenken ermöglicht, einem besonderen Merkmal dieser Rasse. Dazu gehören die ebenso charakteristischen flachen Pfoten, die überdurchschnittlich groß sind und vollständig mit Ballen und Zehen auf dem Boden aufliegen. Die Zehen sind nur wenig gekrümmt. Durch den flachliegenden Mittelfuß wird die markante tiefe »Sprungstellung« ebenfalls noch betont. Die großen, runden Pfoten sind mit reichlich Haar zwischen Zehen und Ballen versehen, so daß der Hund in der Lage ist, ohne einzusinken über Schneeflächen des Hochgebirges ebenso wie über Sandflächen zu laufen. Die genannten anatomischen Merkmale der Läufe gestatten die besondere Kletterfähigkeit der Rasse. Jedes Tier kann sich mit den Zehen festkrallen und dadurch auch Bäume und steile Hänge erklimmen. Alle Merkmale sind auf einen gebirgstypischen Hund hin ausgerichtet, und oft wird ein Vergleich zum Afghanen gezogen, der eine ähnliche Ausbildung der Läufe aufzuweisen hat. Durch den Bau seiner Läufe wird die Gangart des Tibet Terriers im wesentlichen bestimmt. Wie bereits erwähnt, sind alle seine Bewegungen äußerst ökonomisch und so auch sein perfekt koordinierter und kraftvoller Gang. Im Bewegungsablauf ist ein gerader Gang auf einer Spur gefordert, d.h., Vorderläufe und Hinterläufe berühren auf einer geraden Linie ohne seitliche Abweichung den Boden. Im normalen Gang läuft er flüssig leicht und locker federnd, fast fliegend. Ebenso wirken seine kraftvollen Sprünge in schnellem Tempo spielerisch leicht, und es ist erstaunlich, wie geschickt er über Geröllflächen und unwegsames Gelände laufen und springen kann.

Zum Gesamteindruck beim Laufen gehört auch die lustig über den Rücken getragene und leicht eingerollte Rute, die etwas seitlich aufliegen kann. Durch die starke Befederung integriert sie sich augenscheinlich mit in das füllige Deckhaar des Rückens.

Fell: Das Haarkleid besteht aus zwei Schichten, der feinen Unterwolle und dem langen, reichlichen Deckhaar. Das Deckhaar ist dem menschlichen Haar ähnlich und soll glatt oder gewellt fallen. Seidiges oder gelocktes Deckhaar ist unerwünscht, genauso wie zu langes Deckhaar, das bis in Bodennähe reicht. Es verkürzt außerdem optisch die Beinlänge und verwischt den quadratischen Körperbau. Das Kopfhaar fällt lang über das Gesicht und bedeckt die Augenpartie. Die langen Augenwimpern verhindern ein Berühren des überfallenden Haares mit dem Auge, so daß ein ungehindertes Sehen durch das lange Kopfhaar gewährleistet ist.

Als Haarfarbe ist außer einem Schokoladenbraun, also einem mittleren bis dunklen Braun, alles gestattet. Es gibt viele besonders schöne zwei- und dreifarbige Tiere. Oft ist dunkles Haar auch meliert, oder helles Haar weist dunkle, rauchige Spitzen auf und wirkt zobelartig. Tiere mit durchweg dunklerem braunen Fell sind nicht in der Lage, in ihrem Körper schwarzes Pigment zu erzeugen und haben deshalb eine hellbraune bis leberfarbene Nase, die als fehlerhaft gilt.

Fehler: Alle im Standard genannten Fehler sind für den Tibet Terrier erhebliche Mängel in seinem ursprünglichen Lebensraum und würden dort seine Aktivitäten stark beeinträchtigen. Sie sind deshalb zuchtausschließende Faktoren, auch wenn dadurch der Hund als Haus- und Begleithund im heutigen Sinne keine Nachteile für seinen Halter aufweist. Es sind also keine ästhetischen Fehler, sondern ursprünglich funktionsbedingte.

Eigenschaften und Verhalten des Tibet Terriers

Die bekannte Kynologin Dr. Täuber schrieb schon vor 40 Jahren über den Tibet Terrier: »Keine andere Rasse der Welt besitzt diesen ausgeglichenen Frohsinn wie dieser kleine Hund aus dem Tibet ..., dessen stets freundliches, gutartiges Wesen wie das Lächeln eines Sonnenstrahls anmutet ...«

Dieses bildlich geschilderte, sonnige Wesen des Tibet Terriers ist eine der herausragenden Eigenschaften, die viele bisherige Liebhaber anderer Hunderassen immer wieder besonders erstaunt. An Lustigkeit und Ausgeglichenheit scheint er unübertrefflich zu sein und ist deshalb für aufwachsende Kinder ein idealer und vorbildlicher Kamerad. Auch diese Rasse besitzt die zurückhaltende und abweisende Art gegenüber Fremden und Ankommenden wie alle Tibethunde. Hinzu kommt das ständige Wachen und Aufpassen auf alle Ereignisse und Bewegungen um das anvertraute Anwesen oder Plätzchen rundherum. Diese uralte und geschätzte Wachfunktion erfüllt er mit Leidenschaft, und er genießt gern dafür eine lobende Anerkennung. Ankommende werden unter heftigem Gebell bis zur Begegnung mit dem Hausherrn begleitet und diesem übergeben. Ab diesem Zeitpunkt hat sich seine Wachfunktion erledigt, und das Bellen verstummt sofort, der Besucher wird akzeptiert. Der Tibet Terrier ist kein Beller wie etwa richtige Terrier.

Sehr ernst nimmt er auch übertragene Hüteaufgaben. Ständig und unermüdlich die zu behütenden Tiere umkreisend, beobachtet er auch scharf die Umgebung weiter. Störrische Tiere werden kurz in die Hinterbeine gebissen und dadurch genötigt, weiterzugehen. Das hat der Verfasser beim Behüten seiner Schafe oft beobachtet, und darüber gibt es auch viele Berichte. Die Tibet Terrier nehmen sich von allein der Aufgabe an, ohne daß die Hütearbeit mit den Hunden geübt werden mußte. Das gleiche Hüteverhalten ist auch bei Wanderungen und Spaziergängen zu beobachten. Ständig umläuft der Tibet Terrier unauffällig die Fußgängergruppe und achtet auf den Zusammenhalt. Scheinbar immer jeden einzelnen beobachtend, achtet er auf jede ungewöhnliche Bewegung.

Besonders wohl fühlt er sich im Gebirge oder an steilen Hängen. Steiles Gelände wird in allen Richtungen mit Bewegungsfreude durchquert, wobei er seine Kletter- und Sprungfähigkeit regelrecht genießt. Der anatomische Bau mit den tiefsitzenden Sprunggelenken und den großen Pfoten ist darauf speziell ausgelegt. In Küstenlandschaften nutzt er mit Vergnügen die Steilküsten für seine Klettertouren. Die oft erwähnte Kletterfähigkeit auf Bäume hängt von den Gegebenheiten ab und ist seltener zu beobachten. Allerdings mußte der Verfasser auch schon eine Tibet Terrier-Hündin von der Spitze eines astreichen Apfelbaumes herunterholen, da sie einer flüchtenden Katze nachgeklettert war. Den besten Beweis, daß der Tibet Terrier nicht zu den Terriern gehört, liefert sein Verhalten im Garten. Er wühlt nicht wie die Terrier tiefe Löcher in den Gartenboden und jagt nicht kreuz und quer durch die Anlagen. Vorrang hat für ihn ein hochgelegener Ausschauplatz zur Absicherung seines Territoriums.

Der enge menschliche Kontakt ist dem Tibet Terrier besonders wichtig, und ohne eine spezielle individuelle Kommunikationsform mit seinem Herrn ist er kein richtiger Tibet Terrier. Er liebt und versteht Dialoge ebenso wie der Tibet Spaniel und ist deshalb auch ein dankbarer und treuer Einmannhund. Obwohl er nicht gern länger als fünf bis sechs Stunden allein ist, läßt er sich auch das Alleinbleiben anerziehen im Gegensatz zum Tibet Spaniel, der aufgrund seiner Verwendung und Haltung in Tibet nie allein sein mußte.

Der Zeitsinn und die Ordnung des Tagesablaufes sind für einige Tibet Terrier-Besitzer manchmal belastend. Aufsteh- und Ausgehzeiten sind, abgesehen von Futterzeiten, fest programmiert und lassen sich nur schwer ausreden. Geräuschunterscheidungen von Autotypen und Ankunftszeiten von Familienmitgliedern werden verblüffend gespeichert.

Hervorzuheben ist außerdem der Orientierungssinn dieser Rasse. Außer in seinem Stammterritorium findet er sich sehr schnell in neuen Gegenden zurecht und erinnert sich sofort bekannter Gebiete, auch wenn er längere Zeit nicht dort herumstreichen konnte. Das sind Eigenschaften, die durch jahrhundertelange Hütearbeit in unterschiedlichen Weidegebieten geprägt wurden und sich bis heute erhalten haben.

Ebenso wie die anderen Tibetfreilandhunde liebt er Schnee über alles, allerdings fühlt er sich in trockenem und kaltem Schnee am wohlsten. Bei nassem Schnee, den es in Tibet kaum gibt, bilden sich im Langhaarfell und an den Pfoten Schnee- und Eisklumpen, die ihm sehr hinderlich werden können. Weniger Interesse zeigt der Tibet Terrier für Wasser. Auch das erklärt sich aus seinem Leben im wechselnden und rauhen Hochgebirgswetter. Ein nasses oder gar durchfeuchtetes Fell kann im Himalaja für das Tier tödlich sein, da Temperaturstürze und plötzlich einsetzende Schnee- und Sandstürme eine gefährliche Unterkühlung bewirken würden. Trotzdem gibt es einzelne Exemplare, die leidenschaftlich gern in Teichen und Seen schwimmen. Das hängt vorrangig von Umgebung und Erziehung der Tiere ab.

Wichtig für den Tibet Terrier ist ein weiter Auslauf, sei es in Form langer Spaziergänge oder in Form des freien Auslaufes im Garten. Ohne seine kraftvolle Bewegungsfreudigkeit ist der Tibet Terrier kein Tibet Terrier.

Lhasa Apso

Über den Ursprung und die Herkunft des Lhasa Apso gibt es unterschiedliche Meinungen und Spekulationen. Teilweise wird er sogar als chinesischer Hund bezeichnet. Dafür existieren jedoch keine Beweise. Bewiesen ist vielmehr, daß die Manzhu-Kaiser der Qing-Dynastie (1644–1911) seit Beginn ihrer Herrschaft über China vom tibetischen Herrscherhaus des Dalai Lama öfter Apso-Hunde als Geschenk erhielten. Ob es sich bei den kleinen Löwenbegleithunden am Hofe des chinesischen Kaisers Chubilai Chan (1260 bis 1294) um Lhasa Apsos gehandelt hat, ist aus Marco Polos Reiseerzählungen nicht zuverlässig ersichtlich. Er berichtet aber auch von den kleinen goldfarbenen Hunden, die wie kleine Löwen aussehen und von hochgestellten tibetischen Familien in ihren Häusern gezüchtet werden. Dafür deutet der Name Lhasa Apso in jeder Form der Auslegung auf tibetischen Ursprung der Rasse hin.

»Apso« nennt der Tibeter jeden wuscheligen, langhaarigen Hund ganz allgemein. Die Rückführung auf das Wort »Abso« ergibt »bellender Posten« oder »kläffende Wache«

und könnte für den wachsamen Klosterhund ebenso zutreffen wie auch die geläufige Ableitung des »Apso« aus »Rapso«, was tibetisch eine Art zottig-langhaarige Bergziege bedeutet.

Bei den kleinen langhaarigen, löwenähnlichen Hündchen, die die chinesische Prinzessin Wencheng nach ihrer Hochzeit 641 mit dem Tibetherrscher Srongtsen Gampo ihren Eltern an den Hof Chinas schicken ließ, dürfte es sich mit Sicherheit um Apsos gehandelt haben. Der Tibeter nennt die Lhasa Apsos nur Apsos, aber auch Abso Seng Kye, was »bellender Löwenhund« bedeutet, oder Seng Tru, die Bezeichnung für Löwenjunges.

Die heutige Form des Lhasa Apso ist der besonders kleine und niedrige Apso, der in Lhasa gezüchtet wurde. Tatsächlich ist ja der Übergang des Lhasa Apso zum Tibet Terrier in Tibet nicht immer streng zu trennen. Aus jüngeren Berichten tibetischer Lamas, die im Ausland leben, bestätigt sich die Art der Züchtung der kleinen Lhasa Apsos im Kloster, so wie es zu Anfang dieses Jahrhunderts von den Tibetreisenden berichtet wurde. Danach behielten die Klöster jeweils nur die kleinsten Exemplare eines Wurfes, die »Gompa Apsos«, die größeren gelangten als Geschenk unter die Tibeter außerhalb der Klöster oder wurden einfach in Dörfern ausgesetzt und »Leute-Apsos« genannt, tibetisch »Patos«. Diese Apsos waren stets größer und teilweise vom Tibet Terrier kaum zu unterscheiden. Andererseits wurden ja auch kleine Exemplare der Tibet Terrier als Huldigungsgeschenke von Tibetern an die Klöster gegeben. So ist es heute nur zu verständlich, daß in den zwanziger Jahren noch arge Verwirrung bezüglich der zwei Rassen bestand, die gemeinsam als Lhasa Terrier bezeichnet wurden.

Der Ursprung des Lhasa Apso und der des Tibet Terriers liegen eng beieinander. Die archäologischen Funde von Prof. Ludwig von Schulmuth in Zentralasien geben dafür entsprechende Hinweise. Danach dürften beide Rassen von den Owtscharka-Rassen Innerasiens ihren Ausgang genommen haben. Die aus den Owtscharka-Rassen stammenden Mongolenhunde weisen schon sehr unterschiedliche Formen auf und variieren von kleinen Begleithunden bis zu großen Hütehunden. Als eine kleine Begleithundrasse weist sich der Mandschurische Schneehund aus, der mit dem Pudel verglichen wird. Er soll ein dickes Fell mit dichten, langen und weißen Haaren gehabt haben. Seine Schnauze war quadratisch, und er hatte Hängeohren. Die Verbindung der Vorfahren des Pudels zu den Hütehunden Zentralasiens wird auch von vielen anderen Kynologen gesehen. Obwohl es Spekulation ist, die beschriebenen Rassen direkt auf diese Grundform der mongolischen Herdenhunde zurückzuführen, wissen wir von der beträchtlichen Erweiterung der innerartlichen Variation der Hunde in bestimmten Gebieten.

Die weitere Entwicklung des Lhasa Apso von der Mongolenhundgruppe über die Berghunde des südlichen Kunlun-Gebirges zum tibetischen Wohnungs- und Klosterhund würde sich in die jahrtausendealte Handelskarawanenbeziehung zwischen diesen Gebieten gut einordnen. Dabei ist immer davon auszugehen, daß sich das Erscheinungsbild der Rasse stetig in Veränderung befunden hat und durch unterschiedliche Einkreuzungen auf den Karawanenwegen stark variierte. Das bestimmende Zuchtziel in seiner tibetischen Heimat garantierte jedoch schon in frühen Zeiten die Selektion der kleinen, löwenähnlichen Hunde. Sichere Beweise für die kleinen langhaarigen Apsohunde liefern älteste Teppichmuster, Wandgemälde in Klöstern und figürliche Darstellungen. So beziehen sich die Erwähnungen der kleinen Löwenhunde Tibets von 800 bis 500 v. u. Z. durchaus auf echte Apsos in der damaligen Erscheinungsform. Die bereits erwähnte Zuchtpraxis in den Klöstern bestimmte die entscheidenden Entwicklungsformen des Lhasa Apso zu seinem heute festgeschriebenen Typ.

Die von Lamas beschriebene Aufzuchtmethode erscheint uns heute für die Zuchtpraxis fast grausam, zumindest aber mangelhaft. Danach werden die tragenden Apsohündinnen nur mit geringsten Futtermengen versorgt, die sie gerade nötig haben. Die Welpen erhalten in der Aufzuchtperiode vor dem sechsten Monat absolut kein Fleisch, sondern höchstens etwas Fleischbrühe. Hauptsächlich werden die Welpen mit Gemüse, Gerstenmehl (Tsampa) und Milch ernährt. Die mögliche »fremde« Beeinflussung des Lhasa Apso durch chinesische Einkreuzungen oder durch die Verknüpfungen, die über die Hundegeschenke zwischen den Herrscherhäusern bestanden, ist nicht sicher beweisbar. Es scheint zwar zunächst naheliegend und logisch, daß die Verkürzung des Gesichtsschädels beim Lhasa Apso auf die kurzköpfigen chinesischen Rassen, vor allem den Peking-Palasthund, zurückzuführen wäre. Dagegen spricht jedoch die absolut isolierte Haltung der Pekinesen im Kaiserpalast und das Zuchtziel auf extrem verkürzten Schädel, so daß eine Einkreuzung mit längerem Schädel kaum stattgefunden haben dürfte. Parallelen zum Shih Tzu sind für den Lhasa Apso sicher nicht zutreffend. Aus der Entwicklungsgeschichte der Hunde ist ja bekannt, daß sich verkürzte Gesichtsschädel gleichzeitig in verschiedenen geographischen Gebieten der Erde entwickeln können (z. B. Chincha-Bulldogge in Nordperu).

Oft wird der Lhasa Apso als Kreuzung zwischen Tibet Terrier und Tibet Spaniel bezeichnet. Das würde auf einfache Art manches Merkmal erklären, und tatsächlich gibt es ja bei Lhasa Apso-Würfen gelegentlich kurzhaarige Welpen. Das kann jedoch auch beim Tibet Terrier auftreten und ist deshalb eher eine Mutation als ein Erbrückschlag. Andererseits werden Lhasa Apso und Pekinese als Kreuzungseltern des Tibet Spaniel angesehen. Diese Abstammungsrechnungen gehen jedoch nicht auf. Von allen ostasiatischen Rassen vererbt der Tibet Spaniel am saubersten, so daß er mit zu den ältesten Rassen zählen dürfte. Da auch beim Pekinesen Erbrückschläge hinsichtlich eines längeren Gesichtsschädels und längerer Beine auftreten, dürfte er mit dem Tibet Spaniel gemeinsame Vorfahren haben. Wenn wir beim Lhasa Apso von »fremden« Einflüssen sprechen, dann kommt nur der Tibet Spaniel mit seinen Vorformen in Frage. Die Verbreitung des kleinsten Lhasa Apso und des Tibet Spaniel decken sich weitestgehend. Lhasa und die nordöstlichen Gebiete nahe Zentralchina waren ihre Heimat. Die schöne goldene Farbe der Tibet Spaniels und der niedrige Körperbau ließen ihre Vorfahren für eine Kreuzung mit Apso-Kleinformen durchaus als geeignet erscheinen. Das Zuchtziel war ja immer ein kleiner löwenähnlicher Hund.

Außerhalb von Lhasa war der heutige Typ des Lhasa Apso auch kaum zu finden. Ausnahmen waren nur die von Kloster zu Kloster geschenkten Hunde, die üblicherweise paarweise als Glücksbringer überreicht wurden. So blieben echte Lhasa Apsos eine wertvolle Seltenheit.

Die Tibeter erzählen sich eine hübsche Sage über die Herkunft der Apsos in ihrem Land. Danach lebte vor langen Zeiten eine weißköpfige Tiergottheit, die gleitend fliegen konnte und »Sako« hieß. Sie hatte ihr Nest im hohen Fels und aß Knochen. Jedes Jahr wurde von ihr ein Junges mit Flügeln und eines ohne Flügel geboren. Das Junge ohne Flügel war ein kleiner Apso und wurde von der Mutter im Nest gefüttert. Das geflügelte Junge konnte sich selbst Nahrung suchen. Nachdem ihre ersten Apsos aus dem Nest fielen, nahm die Mutter eines Tages ein kräftiges Apso-Junges auf den Rücken und flog hinab ins Tal. So kamen die Apsos nach Tibet. Viele Leute in Tibet sahen die kleinen Apsos von der Art, die die Tiergöttin »Sako« zur Erde gebracht hatte ...

Wann die ersten Lhasa Apsos nach Europa kamen, ist nicht mehr genau festzustellen, da mit den ersten Tieren offensichtlich keine planmäßige Zucht betrieben und weitere registrierte Nachkommen nicht bekannt wurden. Es gibt Berichte, daß bereits 1854 die ersten Exemplare nach England gekommen sind. Im Jahre 1901 wird in der englischen Kennelzeitschrift eine Beschreibung dieser Hunde, die damals Bhutias genannt wurden, veröffentlicht und über ausgestellte Lhasa Apsos berichtet. 1906 wurde ein weiterer Lhasa Apso aus Shigatse nach England importiert. Zu dieser Zeit hatte auch schon die bereits erwähnte Younghusband-Expedition, die 1904 Lhasa erreichte, mehrere Exemplare dieser Rasse mit nach England gebracht, die als Lhasa Terrier bezeichnet wurden. Man erkannte jedoch bald, daß diese Lhasa Terrier recht unterschiedliche Größen sowie verschiedene Nasenlängen hatten. Darüber gibt es Berichte von Bush und Darstellungen von Drury in seinem Buch über englische Hunde von 1903, in dem Vergleiche einmal zum Skye Terrier und andererseits zum Japan Spaniel vorgenommen werden. Mit Sicherheit waren nach diesen Beschreibungen damals schon Tibet Terrier als Lhasa Apsos angesehen worden, obwohl sie bis 1928 weiterhin alle unter dem Namen Lhasa Terrier geführt wurden. Auch das von Frau Dr. Greig importierte Tibet Terrier-Pärchen wurde 1926 vom britischen Kennel Club als Lhasa Terrier bezeichnet und registriert. Andererseits hielt Frau Dr. Greig bereits vor ihrer Bekanntschaft mit den Tibet Terriern seit 1923 Lhasa Apsos und Tibet Spaniels mit in ihrem Wohnbungalow in Cownpore in Nordindien und kannte diesen Rassenunterschied genau. Erst mit den Importen durch den bekannten britischen Oberst Bailey im Jahre 1928 und der von ihm mitgebrachten Bezeichnung »Apso« für seine kleineren Tibethunde begann sich die Verwirrung um diese zwei Rassen zu klären, und 1934 erkannte der Kennel Club die heutige Rassebezeichnung offiziell an. Mit den von der Familie Bailey mitgebrachten Apsos begann die eigentliche Zucht dieser Rasse in Europa. Erwähnenswert ist die Begebenheit, wie Familie Bailey zu den ersten Apsos in Tibet kam, da es eine Parallele zu den Ereignissen um den Erwerb der ersten Tibet Terrier von Frau Dr. Greig ist. Frau Bailey bekam ein Pärchen Apsos von einem Oberst des indischen medizinischen Dienstes bei ihrem jährlichen Besuch ihres Mannes in Tibet geschenkt. Dieser hatte die Apsos vom obersten tibetischen Militärkommandeur als Dankgeschenk für die medizinische Hilfe erhalten. Mit viel Mühe züchtete Frau Bailey unter Verwendung weiterer Apsos von wohlhabenden Tibetern im nordindischen Grenzgebiet zu Tibet die ersten Würfe. Mit sechs Lhasa Apsos dieser Würfe begann dann der Zuchtaufbau in England. Es waren vor allem britische Offiziere, die weitere Apsos mit nach England brachten. Von Oberst Duncan wird in seinem Buch bestätigt, daß es sehr schwer war, in Tibet einen Lhasa Apso zu sehen oder gar zu erhalten. Da die Tiere je nach Landstrich in Tibet sehr verschieden aussahen, gab es über den eigentlichen Typ noch immer Unklarheiten. Duncan berichtet, daß sehr viele Lhasa Apso-ähnliche Hunde in Dörfern und als Karawanen-Begleiter zu sehen, die kleinen Tiere des wahren Typs jedoch nur in Klöstern und in den Häusern kultivierter Familien zu finden seien. Die »wertvollsten« Apsos gab es auch nach 1930 nur in Lhasa. Das waren fast ausschließlich goldfarbene und hellere bis rötlichgelbe Tiere. Ganz schwarze Exemplare waren ebenfalls selten und sehr wertvoll. Parallel zur Zuchtlinie der Bailey-Importe züchtete auch Frau Dr. Greig auf der Grundlage eigener Importtiere Lhasa Apsos und brachte in den dreißiger Jahren Spitzentiere hervor, die eine rötlich goldgelbe Farbe hatten. Vielfach wurde vor dem zweiten Weltkrieg die Ansicht vertreten, daß nur goldfarbene Tiere Apsos seien. Besonders verwirrend wurde das Bild, als die ersten Shih Tzus verschiedenster Färbung importiert und häufig mit den Lhasa Apsos verwechselt wurden.

Gleichzeitig mit den europäischen Zuchtentwicklungen entstand in den USA eine separate Lhasa Apso-Zuchtlinie auf der Grundlage von Originalimporten aus dem Potala in Lhasa. Der Amerikaner Cutting nahm 1925 an der Roosevelt-Expedition nach Westchina teil und besuchte von dort aus mehrmals Tibet. Es gelang ihm, mit dem 13. Dalai Lama in Kontakt zu kommen, woraus sich später eine herzliche Freundschaft entwikkelte. Cutting schickte dem tierliebenden Dalai Lama ein Pärchen Dalmatiner und ein Pärchen Deutsche Schäferhunde. Leider verstarben die Hunde bald infolge einer Infektion. 1933 schenkte der Dalai Lama der Familie Cutting ein Pärchen schwarzweißer Lhasa Apsos mit der Bitte um beste Pflege. Interessant ist die Mitteilung der Familie Cutting, die bis 1937 mehrmals Tibet durchreiste, daß sie im Sommerpalast des Rimpoche im Norbu Linka außer gepflegten Tibet Doggen auch mehrere sehr schöne Pekinesen und sogar einen ganzen Wurf sah. Insgesamt fünf Lhasa Apsos, die die Familie Cutting als Geschenk erhalten hatte, bildeten die Zuchtgrundlage in New Jersey, die als Hamilton-Linie berühmt wurde. Noch 1950 erhielten die Cuttings ein Pärchen Lhasa Apsos vom 14. Dalai Lama als Geschenk, das auf einer abenteuerlichen Reise mit Yaks nach Kalkutta geritten wurde und per Flugzeug nach New Jersey kam. Die Hamilton Farm bestand bis 1961 und exportierte Spitzentiere in alle Welt, so daß heute viele Stammbäume diesen Zwingernamen als Ausgangspunkt haben.

In die BRD wurden Mitte der fünfziger Jahre einige Lhasa Apsos von Himalajareisenden mitgebracht, die aus der Zucht des Mount Everest-Besteigers Tensing Norkay aus Darjeeling stammten. Dieser bekannte Sherpa hatte seine Zuchttiere ebenfalls aus dem Rimpoche Kloster in Tibet als Geschenk erhalten. Die Zuchtlinien in der BRD entstanden jedoch erst durch die Importe von Herrn Miebach aus Indien und Frau Dr. Täuber aus England, die später durch weitere Importe anderer Liebhaber gefestigt wurden. Dänemark, Schweden, Niederlande, Kanada und Australien sind weitere Länder mit inzwischen bekannten und erfolgreichen Zuchtlinien.

Internationaler Standard des Lhasa Apso Nr. 227 von 1963

Charakter: Fröhlich, selbstbewußt, aber zurückhaltend zu Fremden.

Kopf und Schädel: Markante, lang und schön über die Augen fallende Kopfbehaarung; deutlicher Kinn- und Backenbart; Hirnschädel schmal und hinter den Augen deutlich abfallend; oben nicht ganz flach, aber auch nicht kuppel- oder gar apfelförmig gewölbt; Gesichtsschädel gerade und mittellang; Nase schwarz und knapp 4 cm lang; die Länge des Vorderkopfes von der Nasenspitze bis zu den Augen soll etwa $\frac{1}{3}$ der Gesamtkopflänge (von der Nase bis zum Hinterkopf) betragen.

Augen: Dunkelbraun, nicht zu groß und vorstehend, aber auch nicht zu klein und eingefallen.

Ohren: Hängend; stark befedert, dunkle Ohrenspitzen erwünscht.

Mund und Fang: Kiefer exakt schließend (Zangenbiß) oder leichter Vorbiß; Scherenbiß gilt als Fehler. Gerade vordere Zahnreihe. Schnauze mittellang, nicht eckig bzw. quadratisch, was als fehlerhaft gilt.

Hals: Kräftig, mit dichter Mähne reichlich bedeckt, die bei Rüden deutlicher als bei Hündinnen ausgeprägt ist.

Vorderläufe: Gerade und stark behaart.

Körper: Die Länge vom oberen Punkt des Schulterblatts (Widerrist) bis zum Spitzbeinhöcker ist größer als die Widerristhöhe. Gut aufgewölbter Brustkorb; Lendenpartie fest; gut ausgebildete Hüften und Oberschenkel. Gut proportionierte und kompakte Gebäude bevorzugt.

Hinterläufe: Gut entwickelt, stark behaart.

Pfoten: Rund und katzenpfotenähnlich mit kräftigem Ballen und gut behaart.
Rute: Gut und reichlich befedert, gerundet und gefällig über dem Rücken getragen. Oft ist nahe dem Rutenende ein Knick. Herabhängend getragene Rute ist ein schwerer Fehler.
Fell: Dicht und schwer, gerade fallend, hart, weder wollig noch seidig, reichlich lang. Dichtes Unterhaar.
Farbe: Golden, sand-, honigfarben, dunkelgrau meliert, schiefergrau, rauchfarben, gemischtfarbig mit Weiß, Schwarz und auch Braun. Die eigentliche Farbe als Löwenhund ist golden oder löwenfarbig und wird deshalb bevorzugt.
Größe: 23 bis 26 cm Widerristhöhe bei Rüden; Hündinnen etwas kleiner.
Zuchtausschließende Fehler: Hochläufigkeit; über 27 cm und unter 22 cm Widerristhöhe; Nasenrücken kürzer als 3 cm; Scherenbiß; gebogene Zahnreihe.

Erläuterungen und Anmerkungen zum Standard

Die Beschreibung des Lhasa Apso mit dem Standard ist relativ sparsam und erfaßt die Einzelmerkmale noch weniger als bei anderen tibetischen Rassen. Da die Lhasa Apsos in ihrer Heimat schon recht unterschiedliche Formen aufweisen, ist eine Standardisierung auf einen Typ auch schwieriger. Deutlich sollten auch die Unterschiede zum Shih Tzu herausgestellt werden, da es häufig Shih Tzus mit dem Gesichtsausdruck eines Lhasa Apso gibt und umgekehrt, wodurch Unklarheiten entstehen können.
Charakter und Wesen: Der Lhasa Apso ist eine zähe und widerstandsfähige Wachhundrasse und kein verspielter Schoßhund. Trotzdem hat er eine fröhliche Art, bewegt sich frei und lebhaft und bringt sich entsprechend stolz zur Geltung. Die etwas arrogante Haltung gehört zu seinen wichtigen Wesensmerkmalen und paßt gut zu seiner Aufmerksamkeit und Wachsamkeit. Er ist trotzdem ein intelligenter und neugieriger Hund, der wie alle tibetischen Wachhunde erst beruhigt ist, wenn Fremde von seinem Herrn begrüßt worden sind. Nervosität und unausgeglichenes Temperament sind ihm absolut fremd. Er macht sich aber jederzeit selbst zum Wächter des Hauses und der Familie, und so will er auch beachtet sein. Wie der Tibet Terrier, so ist auch er gegenüber Fremden abweisend und sehr zurückhaltend. Das kann teilweise zu Problemen bei Ausstellungen und Ringauftritten des Lhasa Apso führen. Er zeigt sich dann ebenfalls deutlich abweisend und kann den Schwanz als Zeichen der Abneigung hängen lassen. Trotzdem gehört dieses Verhalten mit zu seinen über Jahrhunderte erworbenen wesentlichen Merkmalen.
Kopf, Schädel und Fang: Der Kopf des Rüden unterscheidet sich deutlich von dem der Hündin, indem er kräftiger und bestimmender wirkt. Dagegen zeigt sich der etwas zierlichere Hündinnenkopf sichtbar lieblicher. Der etwas verkürzte Gesichtsschädel, der etwa $\frac{1}{3}$ der Gesamtschädellänge beträgt, ist das typische Merkmal des Lhasa Apso. Mit dieser Verkürzung wird oft der »fremde Einfluß« auf diese Rasse bewiesen. Man könnte damit die Einkreuzung des Tibet Spaniel untermauern. Aber wer und was ist der fremde Einfluß? Wie bei der Rasseentwicklung schon beschrieben, ist nachweisbar die Entwicklung eines verkürzten Gesichtsschädels keine einmalige Leistung der Evolution, sie fand parallel in mehreren Verbreitungsgebieten statt, und keiner Rasse ist das Primat dafür zu geben. Geschickte, zielbewußte Auslese brachte mit den Pekinesen eine besonders extreme Verkürzung zustande, die aber nun nicht zum Ausgangspunkt aller anderen verkürzten Gesichtsschädel gemacht oder als Urform angesehen werden kann. Im Gegensatz dazu liegen beim Shih Tzu die Verhältnisse etwas anders, und der Unterschied beider Rassen in der Schädelausbildung ist auch das wesentlichste Erkennungsmerkmal. Der Lhasa

Apso hat einen relativ schmalen Hirnschädel, der hinter den Augen abfällt und damit keinen deutlichen Stop markiert. Ebenso unterscheidet ihn die flache Wölbung des Oberkopfes zwischen den Ohren von den anderen Rassen chinesischen Einflusses.

Insgesamt soll die Schnauzenpartie kurz und stumpf wirken und damit das typische, gerade Vorgesicht formen. Das wird noch besonders durch die Lage der Nasenspitze in Höhe des unteren Augenlides betont. Der Fang soll länger als breit sein und darf nicht quadratisch wie beim Shih Tzu ausgebildet sein. Ein zu langer Fang wirkt zu spitz geschnitten und ist unerwünscht. Wichtig ist der deutlich hervortretende Unterkiefer, der mit dem Oberkiefer einen exakten Schluß auf gleicher Höhe gestattet und damit den Zangenbiß ergibt. Durch den Stand der Schneidezähne in einer geraden Linie zwischen den Fangzähnen entsteht der stumpfe Schnauzenausdruck. Verschiedentlich wird ein leichter Vorbiß dem Zangenbiß vorgezogen, da dadurch der Unterkiefer noch mehr betont wird und der Gesichtsausdruck entsprechend deutlich erscheint. Starker Vorbiß gilt jedoch ebenso wie Rückbiß als schwerer Fehler. Bei geschlossenem Fang darf kein Zahn zu sehen sein.

Augen: Die Augen sollen weder zu groß noch zu klein sein, jedoch kräftig dunkelbraun in der Farbe und auch im Sonnenlicht dunkel erscheinen. Bevorzugt wird eine ovale, dem Menschenauge ähnliche Form, jedoch keinesfalls eine runde. Die Augen müssen gut proportioniert zum Kopf passen.

Ohren: Die sehr reichlich befederten, aber nicht zu großen Ohren erscheinen mit dem langen Nackenhaar integriert und hängen sehr lang herunter. Der Eindruck wird verstärkt, wenn das Ohr möglichst weit hinten angesetzt ist und leicht zusammengerollt fällt.

Hals: Der mittellange, kräftige und muskulöse Hals wird relativ steil, fast aufrecht getragen und ergibt damit die charakteristische stolze Haltung des Kopfes und Nackens. Eine kräftige Nackenmähne soll bei Rüden den löwenähnlichen Ausdruck unterstreichen und deshalb besonders gut entwickelt sein.

Rumpf und Läufe: Der Lhasa Apso wird meist als kurzbeiniger, langer Hund bezeichnet, der jedoch kompakt gebaut sein soll. Wichtig ist vor allem eine gute Ausgewogenheit dieser Proportionen. Das heißt, daß die Körperlänge vom oberen Punkt des Schulterblattes bis zum Rutenansatz etwas länger ist als die Widerristhöhe. Über das Verhältnis gibt es jedoch keine Festlegungen. Keinesfalls soll der Lhasa Apso jedoch zu lang sein, da dann auch der kompakte Eindruck verlorengeht. Ein kürzerer Rumpf ist deshalb einem zu langen vorzuziehen. Andererseits gestattet ein zu kurzer Rumpf nicht die typische Bewegung des Lhasa Apso. Die erwünschte gleichmäßig ebene Bewegung wird auch durch die fast gerade Rückenlinie mitbestimmt. Tiere mit zu langer oder weicher Wirbelsäule neigen zu einer durchhängenden Rückenlinie. Ebenso ist es ein Fehler, wenn die Rückenlinie vorn tiefer liegt und nach hinten ansteigt. Der Rutenansatz beeinflußt den optischen Eindruck der Rückenlinie ebenfalls. Eine fehlerhaft zu tief angesetzte Rute erzeugt einen nach hinten abfallenden Eindruck. Der hohe Rutenansatz gehört mit zu den Merkmalen, die im Standard nicht erwähnt werden.

Der Brustkorb soll gut gewölbt sein, um das erforderliche große Lungenvolumen aufzunehmen, ohne jedoch massiv und breit zu wirken. Eine flache Rippenpartie gilt als Mangel. Die korrekten Vorderläufe des Lhasa Apso verlaufen gerade von der Schulter nach unten, und die Ellenbogen liegen gut an. Eine Verdrehung des Ellenbogens nach außen ist ebenso wie eine ausgestellte oder nach innen gedrehte Vorderpfote als mangelhaft zu bewerten. Die Vorderläufe sollen beim Laufen gerade nach vorn ausgestreckt werden. Der normale Bewegungsablauf der Vorderhand hängt wesentlich von der korrekten Stellung des Schulterblattes ab. Eine zu steile Stellung der Schulter schränkt die Bewegung der Vorder- und Hinterläufe ein, es entsteht durch die geringe Frontreichweite ein zu kurzer Schritt. Die zu flache Stellung des Schulterblattes bewirkt durch den großen möglichen Öffnungswinkel ein zu starkes Durchpendeln der Vorderläufe, eine Art Schlenkern oder Rudern.

Die Vorderpfoten sind rund, katzenpfotenähnlich und haben einen kräftigen Ballen. Eine gute und reichliche Behaarung gehört ebenso zur korrekten Pfote wie die gerade Stellung. Die Hinterhandaktion ist beim Lhasa Apso besonders wichtig. Eine ruhig fließende, vorwärtstreibende Bewegung ist Merkmal der korrekten Bewegungsabläufe der Hinterhand. Dazu darf sie nicht zu stark gewinkelt sein und damit zu lang ausgebildete Knochen und eine zu flache Kruppe haben. Es würde sich sonst eine zu weit nach hinten ausgestellte Hinterhand ergeben. Die Hinterhandaktion wirkt dann übertrieben, und es entsteht eine unnötige Belastung des Hüftgelenks über die Oberschenkelköpfe durch Drehbewegungen. Außerdem bewirkt eine zu weit nach hinten ausgestellte Hinterhand wegen der übernormalen Knochenlänge ein Ansteigen des Beckens und damit eventuell einen einfallenden Rücken. Ein extremes Hochwerfen der Pfoten und damit hochfliegendes hinteres Haarkleid ist für diese alte Rasse mit optimal effektiven Bewegungsabläufen untypisch. Andererseits neigen alle Rassen mit hohem Rutenansatz und damit flacher Kruppe zu einer hinteren Drehbewegung. Ein zu flaches, eventuell sogar fast waagerechtes Becken limitiert die Hinterhandbewegung direkt unter dem Körper, und es kommt zu verstärktem hinterem Drehen, da die Hüften genug Bewegungsraum haben und das übertriebene Fliegen der Läufe nach hinten ermöglichen. Das starke Ausschwingen der gut bemuskelten Hinterhand wird oft als typisches Merkmal gefordert. Die Ballen sollen dabei sichtbar sein. Die Erhaltung der ursprünglichen und effektiven Bewegungsabläufe beim Lhasa Apso hat für ein natürliches, nicht überzüchtetes Erscheinungsbild einen wesentlichen Anteil.

Das Fell des Lhasa Apso ist mit sein wesentlichstes Merkmal und aufgrund seiner fast überreichen Fülle am augenfälligsten. Gleichzeitig fordert es neben der notwendigen Pflege auch zu modischen Varietäten heraus, die nicht immer zu der robusten Rasse alter Züchtung passen. Besonders extreme Haarlänge kann nicht als Kriterium für ein besonders gutes Tier gewertet werden. Andererseits sollten die besonders schönen natürlichen Anlagen des Apsofelles durch menschliche Pflege voll zur Geltung kommen.

Das Haar sollte so lang sein, daß die Haarspitzen gerade bis zum Boden reichen und noch einen Lichtschein durchlassen, also nicht so stark den Boden berühren, daß es mit umgeknickten Spitzen den Fußboden fegt. Diese besonders in den USA angestrebte Überfülle des Langhaares entfernt den Lhasa Apso von seiner ursprünglichen Fellanlage und macht ihn unfähig, sich im Gelände oder Schnee frei zu bewegen.

Die Unterwolle soll reichlich und wollig-weicher als das Deckhaar sein und sich in der Struktur deutlich von diesem unterscheiden. Die Länge der Unterwolle kann 4 bis 5 cm erreichen. Dagegen ist das Deckhaar hart und gerade und möglichst nicht wollig oder seidig. Die Unterwolle und das Deckhaar sollen jedoch in guten Proportionen zueinander stehen, also reichliche Unterwolle gestattet auch eine größere Fülle an dichtem, schwerem Deckhaar guter Länge. Bei Tieren mit dem weniger erwünschten seidigen Deckhaar ist die Unterwolle nur mäßig ausgebildet. Haar korrekter Textur hängt schwer und gerade herunter, ohne zu kräuseln oder Wellen zu zeigen. Das Fell des Lhasa Apso kann alle Farbtöne aufweisen, der Standard nennt nur die bevorzugten oder häufigsten. Bei einem gescheckten Fell sollten die Flecken über den Körper gleichmäßig verteilt sein. Dunkle Ohr-, Bart- und Schwanzspitzen sind besonders erwünscht.

Eigenschaften und Verhalten des Lhasa Apso

Oft wird der Lhasa Apso als charmant und anmutig charakterisiert. Das ist jedoch nur eine Seite der vielen vorzüglichen Eigenschaften dieser intelligenten und stolzen Rasse. Als besonderes Merkmal des Lhasa Apso muß vor allem seine Charaktervielfalt genannt werden. Durch dieses Wesensmerkmal werden in diesen Tieren auch viele menschliche Züge gesehen, und selbst erfahrene Kynologen und Liebhaber anderer Rassen erkennen den besonderen Charakter an. Eine bestimmte Funktion nimmt dabei seine überzeugende Selbständigkeit ein. So kann eventuell auftretende Unterwürfigkeit oder vorhandene Unterordnungsbereitschaft schon als rasseuntypisch beurteilt werden. Dieses Verhalten darf man jedoch nicht mit der charakteristischen Vorsichtigkeit der Lhasa Apsos verwechseln, die nichts mit Scheu oder Ängstlichkeit zu tun hat. Das insgesamt eher egozentrische Charakterbild des Lhasa Apso ist deshalb weniger hundetypisch und erklärt manche erstaunliche Verhaltensreaktion. Alle Wesensmerkmale spiegeln seine geborgene Lebensweise in der Geschichte seiner Rasseentwicklung wider. Die ständige Gegenwart der Lamas in den Klöstern, ihr Verhalten zu den »Löwenhunden« und der Ablauf des Klosteralltags waren prägende Einflüsse für Eigenschaften, die den Lhasa Apso als treuen und liebenswürdigen Haushund so wertvoll machen. Teilweise zeigt er sogar Verhaltensweisen eines Schoßhundes. Seine Härte, Ausdauer und Anpassungsfähigkeit wurzeln dagegen im rauhen Leben mit den Nomadenhirten. Durch die ständige Wechselbeziehung zwischen Klöstern und den tributpflichtigen Viehbauern erfolgte auch der bereits geschilderte Austausch der gezüchteten Klöster- und Hirtenapsos, und damit festigten sich sehr verschiedene Eigenschaften. So konnte der charakterisierende Einfluß durch das harte und gefahrvolle Leben mit den Viehherden ständig während der Rasseentwicklung wirken. Die zwei zunächst gegensätzlich erscheinenden Grundcharakteristiken des Lhasa Apso beruhen auf diesen unterschiedlichen Lebensumständen.

Intelligenz, Stolz und teilweise Arroganz gehen bei einigen Rassevertretern so weit, daß sie unsympathischen Personen bewußt fernbleiben und sie teilweise sogar mißachten. Sympathie und Antipathie werden vom Lhasa Apso mit Stolz und Leidenschaft vorgetragen. Angenehm ist dabei die Art der Ausdrucksweise seiner Abneigung zu bewerten. Er kläfft nicht herum und attackiert diese Personen auch nicht, sondern beachtet sie einfach gar nicht. Die Ausdrucksformen der Zuneigung sind dagegen vielfältig und oft rührend. Auch dabei ist die prägende Wirkung des ständigen menschlichen Kontaktes in der Geschichte deutlich feststellbar. Nicht zu Unrecht sagen deshalb die Tibeter, daß der Apso nicht ohne engen und vertrauten Kontakt mit dem Menschen gedeihen kann. Er will stets so nah wie möglich am Menschen sein und zeigt seine Zuneigung auf verschiedenste Art. Dabei nimmt er auch unbequeme Körperhaltungen, wie z. B. das Auflegen des Kopfes auf den Fuß, in Kauf, um den unmittelbaren Kontakt zu erhalten. Diese ständige Gemeinschaft mit dem Menschen hat in ihm einen hohen Intelligenzgrad entwickelt, hat das Selbstbewußtsein fast bis zur Persönlichkeit gestärkt und beweist sich in bemerkenswerter Treue. Menschen seiner Zuneigung kann er voll für sich in Beschlag nehmen, und gegenüber anderen Personen und auch Hunden beansprucht er dann diese Beziehung voll für sich. Viele Besitzer dieser Rasse können darüber immer neue kuriose Begebenheiten berichten. Diese Wesensmerkmale machen auch den Lhasa Apso, ähnlich wie alle anderen ostasiatischen Rassen, menschengebundener, als das von den übrigen Hunderassen bekannt ist. Hinzu kommt seine Ausgeglichenheit. Obwohl immer wieder seine Abneigung gegenüber Fremden hervorgehoben wird, werden aus solchen Begegnungen keine anstrengenden Auftritte. In angemessener Form wird durch Bellen die Ankunft der fremden Personen angezeigt. Sobald Vertreter der eigenen Familie den Ankommenden begrüßt haben, verstummt das Bellen. In scheinbar schlafender Position wird der Fremde jedoch scharf im Auge behalten. Wildes Herumjagen und anhaltendes Kläffen, das bei vielen Rassen auftritt, sind dem Lhasa Apso fremd.

Aufgrund seiner ausgeprägten Aufmerksamkeit und seines guten Hörvermögens ist er ein ausgezeichneter Wachhund, dem nichts entgeht. Diese Eigenschaft hat sich beim Wachen im Kloster ebenso wie beim Bewachen der Nomadenzelte besonders gut entwickelt. Er wird deshalb auch vielfach als »selbsternannter Wachmann« des Hauses bezeichnet. Trotz seiner vergleichsweise kleinen Körpermaße gehört er zu den kräftigen, ausdauernden und abgehärteten Rassen. Die kräftige Bemuskelung seiner Gliedmaßen und die große Lungenkapazität bilden dazu die körperlichen Voraussetzungen. Sein aufgeschlossenes Temperament verleiht ihm die stete Bereitschaft zum ausgiebigen Herumtollen in der Natur oder zu langen und auch strapaziösen Wanderungen. Der bekannte Mount Everest-Besteiger Tensing Norkay hat Ausdauer und Härte dieser Rasse bei seinen Himalaja-Klettertouren geprüft und bestätigt. Für diese Hunde waren die Touren weniger beschwerlich als für viele Bergsteiger. Bemerkenswert ist die gute Anpassungsfähigkeit. Ohne Problem werden neue Aufenthaltsorte, neue Situationen und andere Umgebungen akzeptiert. Auf seine Bezugsperson möchte der Lhasa Apso dabei allerdings nicht verzichten. Er genießt es, verwöhnt zu sein, und ganz besonders das Gefühl, ständig aufmerksam versorgt und liebevoll behandelt zu werden. Dadurch kann er leicht zum Schoßhund werden, was aber auf die Dauer allen seinen Veranlagungen und äußeren Merkmalen äußerst abträglich ist. Andererseits umsorgt er auch gern schwächere Tiere und beschützt sie leidenschaftlich. Das entspricht seinem gern gezeigten Verantwortungsgefühl. Der Spiel- und Sammeltrieb sind sehr ausgeprägt. Auch ältere Tiere spielen gern mit allerlei Gegenständen, und ihr Spiel wird oft mit dem der Katzen verglichen. Für eine bequeme Lagerstätte werden wie beim Nestbau gern geeignete Textilien und andere Gegenstände zusammengetragen.

Ebenso wie der Shih Tzu erlernt der Lhasa Apso schnell und gern kleine Kunststückchen, wie Stehen und Gehen auf den Hinterläufen, Pfotengeben, Springen und kuriose Drehbewegungen. Erkennt er erst einmal die Beachtung dieser Leistungen, dann wiederholt er freiwillig und mit Ausdauer seine Darbietungen.

Seine Eigenschaften und sein Verhalten machen ihn zu einem idealen Haus- und Wohnungshund, der die Gesellschaft des Menschen sucht. Obwohl er die Geselligkeit einer großen Familie besonders liebt, eignet er sich auch als Einmannhund. Dabei fordert er die volle Inanspruchnahme der Bezugsperson und duldet kein längeres Alleinsein.

Tibet Spaniel

Jemtse Apso heißt der Tibet Spaniel in seiner tibetischen Heimat, was soviel wie »geschorener Apso« im Hinblick auf sein kurzes Fell bedeutet. Seine Herkunft wird in vielen Nachschlagewerken als Kreuzungsprodukt von Pekinese und Lhasa Apso angegeben. Dafür gibt es weder Beweise noch Motive. Alle bekannten Fakten über den Tibet Spaniel, die Rückschlüsse auf seine Rassenbeständigkeit zulassen, bestätigen vielmehr, daß es sich um eine sehr alte Rasse handeln muß. Die Rasse hatte zwar in Tibet eine beachtliche Variationsbreite hinsichtlich Größe und Farbe, jedoch vererbt nur der Tibet Spaniel von allen tibetischen und chinesischen Rassen gleichbleibend sauber. Die territoriale Abgeschiedenheit der verschiedenen Siedlungsgebiete Tibets ließen natürlich über die langen Zeiträume differenzierte Formenentwicklungen zu, wie das bei den anderen Rassen auch der Fall war, besonders beim Lhasa Apso. So waren die Tibet Spaniels aus der Gegend um Leh in Westtibet größer und hatten längeres Fell als jene aus Lhasa. Auch die Länge des Nasenbeines war territorial verschieden. In Klöstern nahe der chinesischen Grenze waren die Tibet Spaniels mit den kürzesten Nasenbeinen, und nach Süden zu, an der Grenze zu Bhutan, gab es Tiere mit längeren Nasenrücken.

Über das Alter der Rasse gibt es nur wenig Hinweise. Nach den bereits erwähnten Knochenfunden von Prof. Ludwig von Schulmuth in Zentralasien ergaben Vergleiche der Schädelknochen, daß eine ähnliche Form des Tibet Spaniels schon im 1. Jahrtausend v. u. Z. in diesem Gebiet gelebt hat. Schulmuth sieht darin den Vorfahren der anderen kurznasigen Rassen in Asien, wie Mops, Pekinese und Japan Chin. Das wird dadurch bestätigt, daß besonders bei den Pekinesen immer wieder in den Würfen Exemplare vorkommen, die kurzhaariger sind, längere Beine und längere Nasenrücken haben. Andere Hinweise über diese Rasse gibt es aus dem 8. Jahrhundert aus Korea. Auch dort existierten Hunde, die dem Tibet Spaniel sehr ähnelten und möglicherweise der Ausgangspunkt für den Japan Chin waren. Der Süden Koreas und Japan standen in engen Beziehungen, und nach Aufzeichnungen sollen im Jahre 732 dem Kaiser Japans einige dieser Tiere als Geschenk übergeben worden sein. Aus diesem Grundstock entstand nach Auffassung mehrerer Kynologen der heutige Typ des Japan Chin.

In seiner tibetischen Heimat wurde der Tibet Spaniel in höhergestellten Familien als ausgesprochener Haushund gehalten, wobei auch bei dieser Rasse die kleinsten und schönsten Exemplare als Gunstgeschenke an die Mönche der Klöster gegeben wurden. Als Freilandhund ist er in Tibet aufgrund seiner hasenartigen schmalen Läufe nicht geeignet. In Klöstern übernahm er ebenfalls Wachfunktionen und kündigte Besucher und Feinde an. Bekannter aber wurde seine Verwendung als sogenannter »Bethund«. In der lamaistischen Prägung des Buddhismus werden Gebetsmühlen benutzt, um mit den darin eingelegten Gebetsaufzeichnungen das Gebet optimal zu verrichten. Bei vielen Lamas in Tibet war es Brauch, die Trommeln der Gebetsmühlen von kleinen Hunden antreiben zu lassen. Für diesen Zweck richteten die lamaistischen Mönche vor allem den Tibet Spaniel ab. Aufgrund seines aktiven und lebhaften Wesens war er dafür besonders geeignet. Bevorzugt wurden die kleinsten Exemplare, die zum Teil weniger als 2 kg Körpermasse hatten. Auch beim Tibet Spaniel schätzte man, besonders in gläubigen Kreisen, vorrangig die goldene Farbe des Fells, aber auch eine mehr rötliche Farbe war sehr begehrt.

Obwohl der Tibet Spaniel kaum in den Kreis der »Löwenhündchen« paßt, hat er sich seit ältesten Zeiten im tibetischen Hochland aufgrund seiner angenehmen Eigenschaften in einer recht urwüchsigen Form fast unverändert behaupten können. In Tibet bestand im Gegensatz zu China niemals die Mode und das Bestreben, groteske und unnatürliche Formen im Pflanzen- und Tierreich zu erzwingen. Außerdem waren in Tibet die kleinen, sogenannten »toy«-Hunde oder Schoßhündchen nicht nur im Herrscherpalast zu finden, sondern stets auch in Familien verschiedener gesellschaftlicher Stellung. Damit war im Gegensatz zu China ein breiter Bestand der Rasse gesichert. Wie schon erwähnt, benötigte der Ackerbauer Chinas keinen Hund, und die Haltung exotischer Hunde war zudem in China immer nur auf den Kaiserpalast beschränkt und unter harten Strafen außerhalb der Palastmauern strengstens verboten. So ist es erklärlich, daß sich die Ahnenform des Pekinesen in China selbst nicht mehr findet, in Tibet jedoch in Form des Tibet Spaniels immer eine weite Verbreitung hatte. Besonders häufig ist er nach Auskunft von Tibetkennern im Chumbital anzutreffen gewesen. Er hat sich auch zum südlichen Himalajaabfall hin weit verbreitet und ist besonders in Nepal, im Darjeeling-Gebiet in Sikkim und in Bhutan anzutreffen. In Bhutan wird er bzw. eine Modifikation dieser Rasse auch direkt als Bhutan Spaniel bezeichnet. Die europäische Benennung »Spaniel« für den tibetischen Jemtse Apso hängt ursächlich mit der Anerkennung als Rasse im britischen Kennel Club zusammen und ist unzutreffend, da die Stöberhundeigenschaften der eigentlichen Spaniels aufgrund seiner tibetischen Mentalität auch nicht zu erwarten sind.

Wann die ersten Tibet Spaniels nach Europa kamen, kann nicht mehr genau festgestellt werden. Es wird vermutet, daß schon etwa 200 v. u. Z. über die Seidenstraße die ersten Exemplare von Tibet nach Europa gelangten. Im 16. Jahrhundert werden auch schon die kleinen goldhaarigen, beweglichen Hunde aus dem Fernen Osten erwähnt, die wahrscheinlich mit Jesuitenpatern nach Europa kamen. Ende des 19. Jahrhunderts wurden erneut Tibet Spaniels mit nach England gebracht und auch schon ausgestellt. Weitere Tibet Spaniels brachte auch die Younghusband-Expedition von 1904 bis 1905 unter ihren zahlreichen Hunden mit. Wesentliche Zuchterfolge sind jedoch aus dieser Zeit nicht bekannt, und die Rasse verschwand, sicher auch als Folge des ersten Weltkrieges, immer mehr von den Ausstellungen. Erst Frau Dr. Greig brachte 1926 neben ihren Tibet Terriern und Apsos auch einige Tibet Spaniels mit, die sie schon mehrere Jahre mit in ihrem Wohnbungalow in Nordindien hatte. Bis Anfang der dreißiger Jahre brachte sie noch weitere Tiere mit, von denen allerdings viele schöne Exemplare und ganze Würfe durch Krankheiten verlorengingen. Speziell durch die Staupe, gegen die es damals noch keine Impfstoffe gab, entstanden die meisten Verluste.

Die direkt aus Tibet stammenden Tiere unterschieden sich, wie bereits erwähnt, beträchtlich in Größe und Haarkleid je nach Herkunftsgebiet. Diese Vielfalt spiegelte sich auch in all den Importen aus den Grenzgebieten Tibets und aus den Randstaaten Bhutan und Nordindien wider, die von Anfang des Jahrhunderts bis in die sechziger Jahre hinein gelegentlich erfolgten.

Die Tibet Spaniels von Frau Dr. Greig waren rot und rotweiß, ebenso wie die ersten Exemplare, die um 1900 nach England kamen. Einige davon hatten auch stehende Ohren. Viele der Tiere aus den Anfangszeiten der Zucht waren jedoch schwarz und schwarz mit weißen Abzeichen. Es war zu dieser Zeit schwer, einen Idealtyp zu beschreiben. Trotzdem wurde vom englischen Kennel Club schon 1934 ein Standard veröffentlicht. Offensichtlich waren die Tiere damals kleiner, denn als untere Gewichtsgrenze wurde nur etwa 2,3 kg angegeben. Viele dieser in den zwanziger und dreißiger Jahren importierten Tiere ähnelten mehr einem Papillon.

Der zweite Weltkrieg brachte wieder einen existenzbedrohenden Einschnitt für die Zuchtentwicklung dieser Rasse, und selbst in England gab es nur noch einen einzigen Tibet Spaniel. Doch bereits 1946 und 1947 gelangten aus Tibet und Nordindien wieder urwüchsig gezüchtete Exemplare nach Europa. 1957 wurde in England ein spezieller Tibet Spaniel-Verband gegründet und 1959 ein neuer Standard herausgegeben.

Es entstand besonders ab 1960 ein rasch zunehmendes Interesse an dieser liebenswerten Rasse ältesten Ursprungs. In der BRD wird diese Rasse erst seit 1967 gezüchtet. Besonders erfolgreiche Zuchtlinien gibt es in Dänemark, Schweden und in Finnland. In Finnland ist der Tibet Spaniel sogar der beliebteste Kleinhund überhaupt geworden, und es gibt eine Spezialausstellung nur für diese Rasse. Auch in Schweden zählt er mit zu den beliebtesten Kleinhunden und ist oft zahlenmäßig stärker auf Ausstellungen vertreten als die anderen tibetischen Rassen.

Internationaler Standard des Tibet Spaniels
Nr. 231 vom 22. 8. 1961

Wesen: Fröhlich und selbstsicher, sehr intelligent; abweisend gegenüber Fremden.

Allgemeine Erscheinung: Klein, aktiv und lebhaft. Die Gesamterscheinung soll gut ausgewogen sein. Die Körperlänge ist etwas größer als die Widerristhöhe.

Kopf und Schädel: Klein im Verhältnis zum Körper und stolz getragen, den Ausdruck eines edlen Wesens zeigend. Bei Rüden männlicher, aber frei von groben Zügen. Schädel leicht gewölbt, mäßig breit und lang. Stop leicht, aber deutlich. Mittlere Schnauzenlänge, stumpf, gepolstert und frei von Falten. Das Kinn soll Tiefe und Breite zeigen. Schwarze Nase bevorzugt.

Augen: Dunkelbraun und oval im Schnitt; leuchtend und ausdrucksvoll, von mittlerer Größe; ziemlich weit auseinanderstehend und vorwärts gerichtet mit einem affenartigen Gesichtsausdruck. Augenlider schwarz.

Ohren: Mittelgroß, hängend, gut befedert, ziemlich hoch angesetzt und eventuell seitlich etwas vom Schädel abstehend, jedoch keine Flatterohren. Große, schwere und tief angesetzte Ohren sind nicht typisch.

Fang: Leichter Vorbiß ist ideal, die oberen Schneidezähne passen genau hinter die unteren und berühren diese. Schneidezähne in gerader Reihe; Unterkiefer zwischen den Fangzähnen breit. Vollzahnigkeit ist erwünscht. Zangenbiß gestattet, vorausgesetzt, das Kinn ist genügend tief und breit, um die stumpfe Erscheinung der Schnauze zu gewährleisten. Zähne dürfen bei geschlossenem Fang nicht sichtbar sein.

Hals: Mäßig kurz, kräftig und gut angesetzt. Mit einer Mähne oder einem »Schal« von längerem Haar bedeckt, das bei Rüden reichlicher als bei Hündinnen ist.

Vorderläufe: Leicht gebogen, aber fest anliegend an der Schulter; mittlerer Knochenbau; gute Schulterlage.

Rumpf: Die Länge vom Widerrist bis Rutenansatz ist etwas größer als die Widerristhöhe; gut aufgerippt mit guter Tiefe; Rücken gerade.

Hinterläufe: Gut entwickelt und kräftig; tief sitzende Sprunggelenke; von hinten gesehen gerade; gut entwickelte Gelenke mit mäßigen Winkelungen.

Pfoten: Hasenpfoten, klein und zierlich mit langer Behaarung zwischen den Zehen, die oft über die Pfoten hinausragt. Weiße Abzeichen erlaubt.

Gang: Schnell, gerade, frei und eigensinnig.

Rute: Hoch angesetzt; reichlich befedert und in Bewegung fröhlich geringelt über dem Rücken getragen.

Haarkleid: Doppelschichtig von seidiger Textur; glatt und kurz im Gesicht und an den Vorderseiten der Läufe; von mittlerer Länge am Körper, jedoch ziemlich glatt anliegend. Ohren und Rückenseiten der Vorderläufe reichlich befedert, Rute und Hosen reich bedeckt mit langem Haar. Insgesamt nicht zu reich behaart, Hündinnen gewöhnlich schwächer behaart und mit weniger ausgeprägter Mähne.

Farbe: Alle Farben und Farbmischungen erlaubt.

Gewicht und Größe: Gewicht von 4 bis 6,8 kg ist ideal, Widerristhöhe bis 25,5 cm.

Fehler: Große, volle Augen; breite und flache Schnauze; sehr gewölbter oder flacher, breiter Schädel; zu stark betonter Stop; spitze oder gefaltete Schnauze, Rückbiß; langes, gerades, tiefes Vorgesicht ohne Stoß; sehr gebogene oder lose Front; steile Hinterhand; Kuhhessigkeit; Nervosität; Katzenpfoten; grober Typ; fehlender Gesichtsausdruck; leberbraune oder graue Pigmentierung; helle Augen; heraushängende Zunge.

Erläuterungen und Anmerkungen zum Standard

Allgemeine Erscheinung und Wesen: Die Vergleiche zum Pekinesen, die der Tibet Spaniel über sich ergehen lassen muß, sind nicht nur unangebracht, sondern gehen auch in die verkehrte Richtung. Diese sicher älteste Rasse des Fernen Ostens ist mit Sicherheit auch die intelligenteste Hunderasse, die wir kennen. Leider hat die 1930 vom indischen Kennel Club geprägte Bezeichnung für den Tibet Spaniel, er sei »ein Pekinese, der daneben gegangen ist ...«, zu viel Einprägung erfahren und wirkt leicht abwertend. In vielen Beschreibungen dieser Rasse, die von Kennern und nicht von Außenstehenden gemacht wurden, heißt es mit Recht: »Zeigt Adel«. Dieses stark ausgeprägte Selbstbewußtsein gehört zu seinem Charakter und auch zur allgemeinen Erscheinung. Dazu ist er quicklebendig und in ständiger Bereitschaft. Es sind seine uralten Wachfunktionen für Haus und Hof, die in ihm das unbestechliche und zugleich würdige Verhalten entwickelt haben. Er fühlt sich verpflichtet, vor jeder nahenden Gefahr und vor jedem Besucher zu warnen und nimmt diese Aufgabe sehr ernst. Das macht dann auch die beschriebene Verhaltensweise »abweisend gegen Fremde« aus. Er ist nicht feige oder unterwürfig, beißt nur in Bedrängnis und ist keinesfalls mürrisch oder etwa neurotisch. Er bellt deshalb nur, wenn es etwas zu melden oder zu warnen gibt, und beruhigt sich sofort, wenn sein Herr oder die Familie die Situation auch erkannt haben oder Besucher begrüßt worden sind. In seiner äußeren Erscheinung soll der Tibet Spaniel einen rundherum gut ausgewogenen Hund darstellen und nicht übertrieben oder gar grotesk wie ein Pekinese wirken. Alle Körperpartien sollen harmonisch zueinander passen und den natürlich gebauten Hund als einen gefälligen Typ erscheinen lassen. Der natürliche Bau erfordert weder zu kurze noch zu lange Beine und vor allem keinen zu langen Rücken. Es soll nichts überbetont oder gar übertrieben erscheinen, und deshalb darf er auch nicht zu kurz in der Nase sein. Wichtig ist, daß dabei die Größe in der Beurteilungsrangfolge zurücktreten muß, denn die gefällige, typische Ausgewogenheit steht im Vordergrund. Da man meist kleinere Hunde bevorzugt, besteht die Gefahr, daß untypische oder fehlerhafte Merkmale dafür in Kauf genommen werden. Gebäudefehler sind jedoch für den Tibet Spaniel der schwerwiegendste Mangel in der Gesamterscheinung.

Kopf und Schädel: Der Kopf charakterisiert den Tibet Spaniel am deutlichsten und macht den eigentlichen Typ aus. Dabei spielt die Ausgewogenheit von Schnauze und Schädel eine wichtige Rolle. Eine zu kurze Schnauze in Richtung eines Pekinesengesichts verschiebt die Proportionen ebenso wie ein zu fein geschnittenes Gesicht in der Art des Papillon oder auch ein zu breiter Schädel. Das sehr kurze Pekinesengesicht hat der in Tibet lebende Hund niemals gehabt, und es würde auch nicht zu den natürlichen Umweltbedingungen des rauhen Hochlandes passen. So sind auch Falten über der Nase, wie sie für den Pekinesen typisch sind, beim Tibet Spaniel ein grober Fehler.

Der Schädel soll ebenfalls nicht wie beim Pekinesen flach zwischen den Ohren sein, sondern leicht aufgewölbt, gerade eine leichte Kurve der Schädeldecke beschreibend. Stärker gewölbte Schädel oder gar breite und runde Formen wie beim Shih Tzu sind fehlerhaft. Trotz der ausbalancierten Gesamtproportion des Tieres ist der Kopf im Verhältnis zum Gesamtkörper etwas klein. Der in sich gut ausgewogene Kopf erfordert eine gut gepolsterte Schnauze, wobei die Länge von der Nasenspitze bis zum Stop etwa 4 cm betragen soll. Kleinere Exemplare können natürlich im entsprechenden Verhältnis kürzere Nasenrücken haben. Wichtig ist vor allem ein weder fallender noch steigender, sondern gerader Nasenrücken. Die verlängerte Linie der Nasenspitze liegt nur kurz unter dem unteren Augenlid.

Augen: Die mittelgroßen Augen müssen leuchtend und besonders ausdrucksvoll sein. Dazu trägt der ovale Schnitt, schon fast dreieckig wirkend, mit bei. Runde Augen wie beim Pekinesen oder Shih Tzu sind als Fehler zu bewerten. Das Auge muß eine tief dunkelbraune Farbe aufweisen, alle helleren Farbtöne sind mangelhaft. Trotz des geforderten weiten Abstandes der Augen voneinander sollen sie gerade nach vorn stehen, ohne jedoch hervorzutreten.

Ohren: Die Ohren unterstreichen den typischen, ausdrucksstarken Vorderkopf und geben den erforderlichen einrahmenden Effekt. Die Beschreibung der Ohren ist deshalb im Standard recht ausführlich. Wichtig ist vor allem ihr richtiger Ansatz, der keinesfalls zu tief und zu weit hinten sein darf, da sie dann als Flatterohren erscheinen. Andererseits kann ein zu hoher Ansatz eine Art Stehohreffekt erzeugen. Ein leichter seitlicher Abstand der herabhängenden Ohren ist ein weiterer wesentlicher Punkt für den besonders aufmerksamen und intelligenten Gesichtsausdruck dieser Rasse.

Fang: Der korrekte, leicht affenartige Gesichtsausdruck wird wesentlich vom deutlichen Kinn des Tibet Spaniels mitbestimmt. Das erwünschte Kinn ist wiederum von den richtigen Bißverhältnissen abhängig. Es wird nur bei leichtem Vorbiß oder Zangenbiß optimal erscheinen können. Obwohl leichter Vorbiß, bei dem die oberen Schneidezähne genau berührend hinter den unteren passend sitzen, im Standard als ideal bezeichnet wird, gibt es auch Ansichten, die den Zangenbiß (bei gleichzeitig reichlich Kinn) als ideal betrachten. Leider haben viele Tiere, vor allem mit Rückbiß, ein zu schwach ausgebildetes Kinn. Dies ist ein schwerer Fehler. Ein zurückweichender oder schmaler Unterkiefer geht immer mit einer fehlerhaften Bezahnung einher. Die Schneidezähne sollen in gerader Reihe zwischen den Fangzähnen stehen, um den stumpfen Gesichtsausdruck zu betonen. Wie bei allen kurznasigen Rassen ist die Vollzahnigkeit beim Tibet Spaniel ein Problem. Die Brachycephalie (Kurzköpfigkeit) bringt meist Zahnverluste mit sich, und so werden manchmal auch nur fünf Schneidezähne toleriert, wenn sonst das Tier fehlerfrei und der Kiefer nicht zu schmal ist. Die öfter auftretende Kulissenstellung der sechs Schneidezähne, also ihre versetzte Anordnung, und auch größere Zahnlücken sind fehlerhafte Merkmale. Ebenso sind sichtbare Zähne oder Zunge bei geschlossener Schnauze ein grober Fehler. Es gibt nur wenige Tibet Spaniels, die alle bevorzugten Merkmale der Schnauze und des Gebisses als Idealtyp vereinen.

Hals: Wichtig ist ein nicht zu kurzer Hals, der, korrekt angesetzt, eine sanfte Linie mit einem ausgeglichenen Übergang zur Schulter und zur Rückenlinie bildet. Insgesamt ist der Hals jedoch verhältnismäßig kurz und kräftig und darf nicht fehlproportioniert sein.

Rumpf: Der geforderte gut ausgewogene Körper soll etwas länger als die Widerristhöhe sein. Er darf keinesfalls quadratisch wirken oder zu lang sein. Abweichungen von den erwünschten Körperproportionen sind beim Tibet Spaniel aufgrund seines für tibetische Rassen relativ kurzen Fells sehr leicht sichtbar und stören den Gesamteindruck. Es ist eine gerade Rückenlinie gefordert, die zum Hinterteil nicht ansteigen darf. Infolge gerader Hinterlaufkniegelenke kann jedoch ab und zu ein etwas höher gestelltes Hinterteil beobachtet werden und damit ein leichter Anstieg der Rückenlinie nach hinten.

Auf einen guten Brustkorb, der nicht zu schmal sein darf, ist viel Wert zu legen. Die Rippen sollen gut gerundet und wohlgeformt sein. Jede Form abnormaler Brustkorbbildung führt zur Zuchtuntauglichkeit. Dazu gehört auch ein zu breiter und tiefer Brustkorb, wie er für den Pekinesen typisch ist.

Die Körpermasse und damit die Größe der Tibet Spaniels kann, wie schon erwähnt, doch recht unterschiedlich sein. Variierte bereits in ihrer Heimat die Größe stark, sind sie seit ihrer Zucht in Europa durchschnittlich größer geworden.

Vorderläufe, Hinterläufe und Pfoten: Eine gute Schulterlage hat wesentlichen Einfluß auf eine korrekte Vorderhandaktion. Bei zu steiler Schulterlage wird die Frontreichweite eingeschränkt. Die Oberarmknochen sollen leicht gebogen sein, jedoch fest in der Schulter sitzen. Ein stark gebogenes, loses Ellenbogengelenk ergibt fehlerhafte, pendelnde Vorderhandbewegungen. Der Unterarm steht dann weit gespreizt von der äußeren Linie des Brustkorbes.

Die Hinterhandkniegelenke müssen etwas gewinkelt sein und dürfen keinesfalls zu steil stehen, um die Gefahr von Ausrenkungen zu vermeiden und den Hinterhandschub zu schwächen. Auch ein zu stark gewinkeltes Kniegelenk und eine übertriebene Hinterhandaktion sind als fehlerhaft zu bewerten. Der Hinterhandschub muß deutlich ohne Übertreibung entwickelt sein und die gewünschten geraden und typisch flinken Bewegungen ermöglichen. Die Hinterläufe sind, von hinten gesehen, gerade und parallel. Gebogene oder kuhhessige Hinterläufe sind äußerst mangelhaft und verursachen zudem noch eine Beschränkung der Hinterhandbewegung. Die Sprunggelenke sitzen tief und sind kräftig. Bei mängelfreien Vorder- und Hinterläufen entfaltet sich das charakteristische freie Gangwerk des Tibet Spaniels in Form eines flinken, flotten und eifrig selbstbewußten Laufstiles. Zusammen mit der arroganten Kopfhaltung entsteht dann der erhobene »adlige« Eindruck dieser Rasse.

Die kleinen, zierlichen Hasenpfoten des Tibet Spaniels sind für ihn als einzige tibetische Rasse charakteristisch. Es sind längliche Pfoten, die lange Haarbüschel zwischen den Zehen und den Ballen haben. Die Krallen und die zum Teil zu langen Haarbüschel dürfen beschnitten werden, da sie hinderlich sein können.

Rute: Bei der Rute ist besonders der hohe Ansatz wichtig, da dadurch die gerade Rückenlinie entsprechend betont wird. Ein zu niedriger Ansatz ist nicht nur ein erheblicher Mangel, sondern gibt der Rückenlinie einen nach oben gekrümmten, fischrückenähnlichen Ausdruck und wirkt damit absolut untypisch. Die ideale Rutenform ist jedoch im Standard nicht beschrieben. Sie soll nur reich befedert sein und in Bewegung fröhlich über dem Rücken getragen werden. Zu beachten ist jedoch, daß die Rute wirklich hoch gebogen über dem Rücken gerollt ist und nicht wie beim Pekinesen auf dem Rücken aufliegt. Es sind verschiedene Rutenformen möglich. Sie kann, ähnlich wie beim Mops, eng geringelt oder wie beim Shih Tzu teekannenhenkelartig über die Rückenlinie gebogen sein. Gewünscht wird jedoch eine mit gutem Fell reich befederte Rute, die das lange Haar attraktiv auf einer Körperseite herunterfallen läßt. Ein leichter Knick nahe der Rutenspitze ist zulässig. Im Stand kann die Rute des Tibet Spaniels herunterhängen, ohne daß das als Mangel gilt. Das ist jedoch bei verschiedenen Rutenformen unterschiedlich, und eine mopsartig geringelte wird das kaum tun. Der geschickte Gebrauch einer Bürste läßt das Hochtragen im Stand stimulieren. Häufigeres Hochbürsten kann vor allem bei jungen Tieren sehr vorteilhaft sein.

Fell: Der Standard spezifiziert das Fell zwar relativ genau, sagt jedoch über die Fellänge am Körper nichts aus. Nicht erwünscht sind Haarlängen wie beim Shih Tzu oder Pekinesen. Obwohl das Fell des Tibet Spaniels auch doppelschichtig ist, darf die Unterwolle nicht zu kräftig entwickelt sein. Das Fell soll möglichst flach am Körper anliegen und von seidiger Textur sein. Es darf insgesamt kein üppiger Eindruck des Fells entstehen, obwohl die Mähne im Nacken- und Schulterbereich deutlich ausgebildet sein soll. Rüden weisen eine etwas gröbere Felltextur als Hündinnen auf. Bei Hündinnen ist die Mähne durch eine andere Haarfarbe und Haarlänge meist nur angedeutet. Die Rüden besitzen oft löwenartig kräftige Mähnen, die bis zu den Ellenbogengelenken fallen können und hinter dem Kinn eine latzartige, reichliche Brustbehaarung hervorrufen.

Farben: Prinzipiell sind alle Farben und Farbkombinationen gestattet. Unerwünscht ist aber eine leberbraune bzw. schokoladenbraune Färbung sowie deren Vermischung mit Weiß. Ähnlich wie bei den anderen tibetischen Rassen neigen so gefärbte Tiere zu bräunlichen und helleren Nasen und Augenlidern. Gefragte und häufiger auftretende Farben sind Goldzobel, Blaßcreme, Gelb, Graubraun, Mahagonirot, die auch mit schwarzen Masken und schwarzen Fellspitzen verschiedener Stärke vorkommen und begehrt sind. Schwarz, Silberzobel und »black and tan« kommen auch vor, oft verbunden mit einer silbernen bis silberzobelfarbigen Rutenfahne. Gefleckte Tiere sollen eine gefällige Zeichnung haben, wobei Weiß möglichst vorherrscht.

Eigenschaften des Tibet Spaniels

Neben dem bereits erwähnten starken Selbstbewußtsein des Tibet Spaniels ist seine Anhänglichkeit an den Menschen extrem deutlich ausgeprägt. Er bevorzugt den Menschen als Kameraden und möchte an allen Ereignissen und Handlungen teilhaben. Diese enge Verbindung zum Menschen entwickelt bei dieser Rasse auch ein starkes Mitgefühl für alle Vorkommnisse. Trotz ihres lustigen und aktiven Verhaltens sind diese kleinen Hunde keine Schoßhunde, obwohl ihr Äußeres dazu angetan ist. Sie übernehmen lieber eine wachsame, alles beobachtende und registrierende Begleiterfunktion, in der sie sich als vollwertiger Partner des Menschen beachtet wissen wollen. Damit verbunden ist ein starker Gerechtigkeitssinn, und der Hund fühlt sich gekränkt, wenn man seine Leistungen mißachtet. Obwohl Hunden generell Nachträglichkeit nicht eigen ist, werden bei dieser Rasse oft »Rachehandlungen« für solche eingebildete Kränkungen beobachtet. Sie produzieren sich dann mit abwertenden Handlungen an vertrauten Gegenständen des Herrn, wie Kratzen und Scharren auf dem Bett, auf Wäschestücken, auf Couchkissen oder Schuhen. Bevor sie jedoch den Herrn als »Leittier« bzw. Alphatier anerkennen, führen sie einen intelligenten Auseinandersetzungskampf mit äußerster Geduld. Bei unbedachten Erziehungsmaßnahmen, die den Hund physisch oder psychisch verletzen, ist allerdings wenig Aussicht auf weiteres harmonisches Verhalten. Gewalt verträgt dieser intelligente Hund nicht und verliert dadurch seine geschätzten Eigenschaften. Durchdachte und gezielte Erziehung machen den Tibet Spaniel jedoch zu einem äußerst liebenswerten Begleiter, der unbedingt gleichberechtigt im Familienverband leben will, was er mit einem ausgesprochenen Vertrauensverhältnis feinfühligster Art dankt. Deshalb ist diese Rasse nicht für jeden geeignet. Wer nur einen Hund möchte, der Befehlen folgt und ständig angezüchteten Gehorsam leisten soll, der sollte sich nicht für diese Rasse entscheiden. Es ist vielmehr eine Wechselbeziehung mit diesen Tieren notwendig, bei der man menschliche Liebe geben muß und viel Treue, Wachsamkeit, Liebe, feinfühliges Mitempfinden und Aktionsbereitschaft dafür erhalten kann. Man kann mit dem Tibet Spaniel regelrechte Dialoge führen, mit ihm sprechen und ihn auf alles aufmerksam machen. Er scheint alles zu verstehen und reagiert nahezu mit menschlicher Verständigkeit. Dazu hat er ein erstaunliches Gedächtnis über lange Zeiträume. Wer den ganzen Tag außer Haus ist oder den Hund in einen einsamen Zwinger sperrt, sollte sich diese Rasse nicht halten. Dagegen ist er für ältere Menschen als Begleiter und für Kinder als gleichberechtigter Partner ein besonders geeignetes Tier. Wie bereits erwähnt, hat er sich in Finnland und Schweden aufgrund dieser bemerkenswerten Eigenschaften als beliebtester Kleinhund für Haus und Wohnung durchgesetzt.

Seine Eigenschaften und sein Verhalten bestätigen, daß diese Rasse seit ältesten Zeiten immer eng mit dem Menschen zusammengelebt und auch die entsprechende Behandlung erfahren hat. Darauf beruht auch die hohe Sensibilität und die besondere Intelligenz dieser munteren Kleinhundrasse.

Shih Tzu

Von allen beschriebenen Rassen sind der Ursprung und die Herkunft dieser Form des Löwenhundes am schwersten nachzuverfolgen.

Der chinesische Name und die vorgefundenen Zuchtexemplare des Shih Tzu in China zu Beginn dieses Jahrhunderts bestätigen zumindest seine Entwicklung in chinesischer Linie. Von Chinakennern aus dieser Zeit wird berichtet, daß die Chinesen diese Rasse als »Tibetischen Löwenhund« oder »Lhasa Löwenhund« bezeichneten, im Gegensatz zum Pekinesen, der der eigentliche oder »Chinesische Löwenhund« war. Die Bezeichnung Shih Tzu oder auch Shih Tze Gôu kann als Shih für Löwe, Tze für klein (von Maus) und Gôu für Hund, also Löwenhündchen übersetzt werden.

Zur ersten Apso-Schau der Tibeter 1970 in Neu Delhi wurde unter anderem der Name Shih Tzu definiert, der mit Shih als die chinesische Bezeichnung für tibetisch und Tzu für Klasse oder Sorte als Tibetische Rasse zu übersetzen ist.

Mit Sicherheit ist der Shih Tzu aus den Geschenk- und Tributhunden hervorgegangen, die vom tibetischen Herrscherhaus den chinesischen Kaisern überbracht wurden. Die genaue zeitliche Einordnung der eigentlichen Rasseentstehung des heutigen Shih Tzu dürfte sehr schwer möglich sein. Da der Austausch der schönen, kleinen Langhaarhunde eine Wechselbeziehung der Herrscherhäuser war, ist die Herausbildung der heutigen Form sowohl in Tibet, dort vorrangig im Potala von Lhasa, als auch im Kaiserpalast Chinas möglich gewesen. Im chinesischen Herrscherhaus erreichte die Zucht der kleinen »Ha-pa«-Hunde oder Ärmelhündchen in der Zeit der Qing-Dynastie (1644–1911) unter dem Manzhu-Kaiser Daoguang (1821–1850) einen gewissen Höhepunkt. In dieser Periode dürfte die uns bekannte Form des Shih Tzu endgültig fixiert worden sein.

In welcher Form der Shih Tzu auf »klein« gezüchtet wurde, kann sicher nicht genau gesagt werden. Ob neben der gezielten Selektion kleiner Tiere zur Zucht auch die grausame Form des Einsperrens kleiner Welpen in enge Bambusstabkäfige bis Wachstumsende zur Erzielung von Zwergformen für diese Rasse angewandt wurde, muß Vermutung bleiben. Fest steht jedoch, daß diese grotesken Zwergzüchtungen in Tibet niemals durchgeführt wurden. Hinweise auf genaue Größen und Kopfformen der Shih Tzus sind aus der Zeit vor der Qing-Dynastie nicht zu finden. Die Vorformen des heutigen Shih Tzu waren jedoch auch schon in der Yuan-Dynastie (1271–1368) anzutreffen. Der zu dieser Zeit über China herrschende Mongolen-Chan Chubilai bekannte sich zum Lamaismus und hatte tibetische Lamas am chinesischen Hofe. Er hatte eine besondere Vorliebe für Löwen und Löwenhunde, die für seine Religion eine besondere Rolle spielten. Die aus Tibet mitgeführten Apsos und der laufend ergänzte Bestand der Apsos durch Tributgaben waren der Grundstock für Weiterzüchtungen am Kaiserhof. Zur Erzielung eines gedrungenen, breiten Vorgesichts, das löwenartiger wirken sollte, bot sich das Einkreuzen der damaligen Pekinesenformen mit ihrem bereits stark verkürzten Gesichtsschädel geradezu an. Die so gezüchteten Hunde waren eine neue wertvolle Form des immer erwünschten Löwenhündchens und gelangten auch als Geschenk wieder zu den Lamas im Potala in Lhasa. Die enge Verflechtung der tibetischen Lamas mit dem Mongolen-Chan als Herrscher über China läßt deshalb den Austausch der Herrscherhaushunde im

13.Jahrhundert bereits zu einem Höhepunkt kommen, während in der folgenden Zeit der Ming-Dynastie (1368–1644), in dem derzeit von Nanjing nach Peking verlegten Kaiserpalast, die Katzen mehr bevorzugt wurden. Auch Marco Polo erwähnt die »kleinen, flinken Hunde mit goldenem Fell, die die Leute gewöhnlich in ihren Häusern züchten« und gibt damit einen Hinweis auf Formen der Löwenhunde im 13.Jahrhundert, die dem Shih Tzu am ehesten zuzuordnen sind. Aus diesem Zeitraum gibt es von einem chinesischen Chronisten einen Hinweis, der immer wieder erwähnt wird. Danach habe ein wohlhabender Bürger namens Shen Heng Chi in seinem Haus einen Hund »Chin Ssu« (frei als »goldenseidig« zu übersetzen) gezüchtet, der nur etwa 30 cm lang und sehr intelligent war. Andere Auffassungen besagen, daß sich der Shih Tzu aus den tibetischen Geschenkhunden heraus entwickelt hat, die ursprünglich im Jahre 624 aus dem Byzantinischen Reich kamen. Dabei handelt es sich um Malteser bzw. um malteserähnliche Hunde, und sie wurden aus dem damaligen Fu-lin in der Türkei nach China geschickt. Erwähnt werden die türkischen Hunde auch in Verbindung mit den mopsartigen Hunden und »Ha-pa«-Hunden, die eine Beziehung zu den Shih Tzus als langhaarige Affenhunde haben könnten. Dazu gibt es eine Beschreibung der Verwaltungsbehörde aus der Provinz Shandong über langhaarige Hunde als »Affen-Löwenhunde«, die in dieser Gegend »Shih nung gôu« genannt werden, was mit zottig-langhaariger, affenartiger, gelber Wachhund zu übersetzen ist.

Neuerdings werden in Tibet die Shih Tzus als Nachfahren der Apsos angesehen, die seit der Yuan-Dynastie von den herrschenden Lamas Tibets den chinesischen Kaisern geschenkt wurden. Entsprechend den Angaben des Tibetkulturzentrums Samye-Ling in Schottland ist der Shih Tzu ein Haus- und Wohnungshund, wie der Apso auch. »Er ähnelt der symbolischen Figur des Schneelöwen Tibets (Gang Seng) sehr stark, der Teil ältester geistiger Vorstellung als der König der Tiere ist. Er ist so stark, daß bei seinem Brüllen sieben Drachen vom Himmel fallen. Die drei markanten Kräfte, die er hat, sind die Fähigkeit zu springen, sich augenblicklich umzudrehen und zurückzukommen, die Fähigkeit, in Nebel und Wolken zu gehen und die Fähigkeit der Stimme des Mittleren Weges, der Treue und Furchtsamkeit, die alles bändigt.«

Chinakenner und Züchter der Shih Tzus in China in den dreißiger Jahren wie Comtess d'Anjou, Mr.Young und Frau Lu Zee Yuen Nee bezeichnen den Shih Tzu als reine, originale Rasse, die in Tibet gezüchtet und den Herrschern Chinas seit dreihundert Jahren überbracht wurde.

Aus den bekannten Quellen schließt die eine Erkenntnis die andere nicht aus. Sicher ist, daß der Shih Tzu aus den Wechselbeziehungen des Hundeaustausches der Herrscherhäuser Tibets und Chinas entstanden ist, chinesischen Zuchteinfluß hat und aus den Apsos kleiner Prägung, die in Lhasa zu Hause waren, hervorgegangen ist. Beginnend spätestens in der Yuan-Dynastie (13./14. Jahrhundert) und kulminierend in der Zeit der lamaistischen Manzhu-Kaiser in China, wurde die Rasse des heutigen Shih Tzu allmählich, sicher vorrangig in chinesischer Linie, unter ständigem Einfluß der Apsos zur heutigen Form gezüchtet.

Die gedrungene Gesichtspartie mit dem verkürzten Nasenrücken machte den Shih Tzu sicher nicht zum idealen Hund für das rauhe, kalte Klima Tibets. Es ist jedoch erwiesen und durch die Art der Haltung in Tibet bedingt, daß der Shih Tzu, ebenso wie der Tibet Spaniel mit seinem verkürzten Gesichtsschädel, das Klima auf dem »Dach der Welt« recht gut verträgt.

Durch welche Einkreuzung der Shih Tzu seine Kurzköpfigkeit und damit den breiten, etwas affenähnlichen Gesichtsausdruck mit den beeindruckenden Augen bekam, ist nur zu vermuten. Die Hunde, die dazu in Frage kommen, waren jedoch mit Sicherheit Vorformen des Peking-Palasthundes, die noch einen etwas längeren Nasenrücken hatten und dem Tibet Spaniel nahegestanden haben dürften.

Die Mehrgleisigkeit der Zuchtführung durch eine Vielzahl der damit beauftragten und im ehrgeizigen Wettbewerb stehenden Eunuchen am kaiserlichen Hofe läßt eine Unzahl von Züchtungskombinationen vermuten, die eine Rückverfolgung auf bestimmte Ausgangstiere absolut unmöglich machen. So kann der heutige Typ des Shih Tzu als eine Zuchtkomposition zahlloser Tiere bestimmter Vorzugseigenschaften angesehen werden, die ursprünglich auch aus einem zähen Wettbewerb der Günstlinge am Hofe entstand. Das feinfühlige und zarte Empfinden der Chinesen für Aussehen und Wesen ihrer Hunde drückt sich in ihren bildreichen, fast poetischen Beschreibungen aus. Nach Legl-Jacobsson gab es besonders bezüglich der Farbkompositionen der Shih Tzu phantasievolle Formulierungen, die es wert sind, erwähnt zu werden. So war Kamelgelb als Farbsymbol des kaiserlichen China absolut bevorzugt. Hunde mit einheitlich kamelgelber Färbung nannte man Chin Chia Huang Pao – kostbares Cape goldener Farbe, während Fell mit weißem Hals oder Nacken Chin Pi Yu Huang Pao – goldener Umhang mit weißem Jadekragen hieß. Ein Hund mit gelbem Fell und weißer Mähne wurde mit Chin Pan To Yueh – goldene Schale, den Mond stützend, bezeichnet. Schwarze Hunde wurden Yi Ting Mo – ein Klumpen aus Tinte genannt, und Hunde mit schwarzem Körper, weißem Bauch und weißen Pfötchen nannte man schwarze Wolke über Schnee. Mehrfarbige Tiere hatten die Bezeichnung Hua Tse – blumiges Kind.

Ebenso bildliche Beschreibungen gab es von Körperteilen, und es wurden gern Vergleiche zu anderen Tieren gezogen. Der Kopf des Shih Tzu mußte wie der eines Löwen aussehen und das Gesicht rund wie das einer Ente sein. Die Augen sollten Drachenaugen ähnlich, groß, vortretend und glänzend, die Augenlider glatt und einheitlich gefärbt sein. Die untere Lippe sei von Haarbüscheln bedeckt und die ovale Zunge wie das Blütenblatt einer Pfingstrose. Er sollte eine Schnauze ähnlich dem Maul eines Frosches haben, wobei die »Reiszähne« nur dann hervorschauen, wenn der Hund Freude zeigt. Der Körper gleiche einem Bärenrumpf, der Rücken dem eines Tigers, der Hals sei kurz. Das Fell muß lang, weich und wollig sein, und erwünscht ist eine büschelige, kurze Rute mit langem Haar, die an eine Chrysantheme oder einen Phönix erinnert. Die elefantenartigen Beine müssen kurz und dick sein, und langes Haar unter dem Kinn sollte die Vorderbrust bedecken. Der Shih Tzu soll sich langsam wie ein Goldfisch im Wasser bewegen.

Über die bevorzugten Merkmale des Shih Tzu gibt es noch weitere klangvolle Vergleiche, die insgesamt Ausdruck einer besonderen Vorliebe für diesen »Tibetischen Löwenhund« in China sind.

Noch kurz vor dem Tod der chinesischen Kaiserin Tzu Hsi im Jahre 1908 besuchte der Dalai Lama den Kaiserhof in Peking und brachte einige tibetische Löwenhunde als Geschenk mit, die entweder Shih Tzus oder Lhasa Apsos waren. Mit dem Tod der Kaiserin ergab sich in China erstmals die Möglichkeit, daß Hunde von der eigentlichen Zucht aus dem Kaiserpalast nach außerhalb an chinesische Familien und Familien europäischer Diplomaten abgegeben wurden, da nach 1908 im Kaiserpalast niemand mehr direktes Interesse an der Nachzucht der zahlreichen Hunde hatte. Die eigentliche Weiterzucht geschah nun in China in den Familien von Europäern und bürgerlichen Chinesen. Aus diesen Züchtungen gelangten gelegentlich Einzeltiere während und nach dem ersten Weltkrieg nach Europa. Die Zucht der Shih Tzus in Europa begann jedoch erst ab 1930/31 mit der Rückkehr einiger englischer, irischer und dänischer Diplomaten aus China, die die ersten Zuchttiere mitbrachten. Die Namen Hutchins und Brownrigg sind mit dem

Aufbau der englischen Zuchtlinien eng verbunden, sie importierten den Grundstock der Rasse und waren die führenden Züchter bis zum Ausbruch des zweiten Weltkrieges 1939. Zu dieser Zeit existierten in England 183 registrierte Shih Tzus. Interessant ist, daß der chinesische Name für diese Rasse erst 1934 offiziell eingeführt wurde. Bis zu dieser Zeit nannte man sie nur Tibetische Löwenhunde, und sie wurden mit den Lhasa Apsos, die noch als Lhasa Terrier bezeichnet wurden und ebenfalls Tibetische Löwenhunde waren, zusammen als eine Rasse betrachtet. Die ersten gemeinsamen Ausstellungen dieser Rassen 1933 in England trugen dazu bei, daß die Apsos und Shih Tzus als getrennte Rassen erkannt und behandelt wurden. Bailay nannte seine aus Tibet importierten Löwenhunde seit 1930 bereits Apsos und trug zur Klarstellung der Rassenunterschiede bei. Zur gleichen Zeit gab es in China ebenfalls verschiedenste Bezeichnungen für tibetische Hunde, die auch der chinesische Hundeklub benutzte. Bekannt sind Rassebezeichnungen wie: Tibet Pudel, Shih Tzu Kou, Lhasa Terrier, Apso, Ha-pa Kou, Löwenhund.

Parallel zur Zucht in Großbritannien entwickelte sich in Norwegen auf Grundlage der 1932 aus China durch die dänische Diplomatenfamilie Kauffmann mitgebrachten Shih Tzus eine zweite europäische Zuchtlinie. Davon erhielt über die norwegische Königsfamilie die spätere Königin Elisabeth in England einen Welpen und trug damit zur Popularisierung dieser Rasse wesentlich bei. In den dreißiger Jahren wurden weitere Shih Tzus aus der norwegischen Linie nach England exportiert und dort zur Zucht verwendet. Die späteren skandinavischen Zuchtlinien bauten sich im wesentlichen auf dem norwegischen Grundstock auf, der etwas kleinere Tiere aufwies als der englische. Die englischen Tiere wurden auch von chinesischen Besuchern in England als zu groß bezeichnet. Zu erwähnen ist jedoch, daß sowohl die englischen als auch die norwegischen Ausgangstiere in China sorgfältig ausgewählt wurden. Dort gab es aber Unterschiede zwischen den im Kaiserpalast gezüchteten kleineren und den außerhalb in Familien gezüchteten größeren Exemplaren. Es wurde zwar vermutet, daß die kleineren im Kaiserpalast nicht zur Zucht verwendet wurden, das wäre jedoch ein Widerspruch zur traditionellen Zuchtpraxis (könnte allerdings mit Geburtsschwierigkeiten bei kleineren Tieren begründet werden).

Durch weitere Importe direkt aus China wurden die europäischen Zuchtlinien zu Ende der dreißiger Jahre weitergeführt.

Der zweite Weltkrieg wirkte sich auch für diese Rasse entwicklungsstagnierend aus, und erst Ende der vierziger Jahre bemühten sich die englischen Züchter wieder aktiv um den Zuchtfortgang. Es wurden weitere Tiere aus China importiert. Obwohl sich die Zucht dadurch festigte, gab es auch viele Tiere mit Fehlern, und 1952 wurde in England sogar einer Kreuzungsverpaarung mit einem Pekinesen zugestimmt, um diese Fehler zu eliminieren. Derartige Eingriffe in eine so alte Rasse dürften jedoch in keiner Weise vertretbar sein.

Ende der fünfziger Jahre hatte sich die Zucht durch Austausch mit den skandinavischen Linien weitgehend stabilisiert, und ab 1960 orientierte man sich auch in Großbritannien züchterisch mehr auf den kleineren Typ.

Seit den vierziger Jahren wurden auch in Dänemark Zuchterfolge mit den Shih Tzus erzielt, und ab 1950 züchtete man in Schweden. In der BRD wurde die Rasse ab 1959 auf Grundlage der skandinavischen Linie aufgebaut, und mit Importen aus Dänemark begann der bekannte Zwinger »Tschomo-Lungma« seine Zucht, die ab 1970 durch englische Importe aufgefrischt wurde. In Finnland begann die züchterische Arbeit ab 1955 auf Basis der norwegischen Linie. Seit 1954 wird die Rasse in Australien gezüchtet, und von dort gelangten Tiere nach Malaysia, Japan, USA, Singapore und anderen Staaten. Die amerikanischen Tiere jedoch stammten ursprünglich alle aus englischen Linien und wurden während des zweiten Weltkrieges von Militärs aus England mitgenommen. Bereits Ende der dreißiger Jahre gab es in den USA Shih Tzus, die jedoch als Lhasa Apsos registriert waren. Erst 1955 wurde dort die Rasse anerkannt, in die gemischte Klasse eingeordnet und seit 1969 zuchtbuchmäßig geführt.

Seit Mitte der sechziger Jahre gewinnt der Shih Tzu in aller Welt zunehmend Liebhaber, die neben dem exotischen Erscheinungsbild seine liebenswerten Charaktereigenschaften zu schätzen wissen.

Internationaler Standard des Shih Tzu
Nr. 208 vom 16.12.1957

Allgemeine Erscheinung: Sehr aktiv, lebhaft und wachsam, mit einer deutlich arroganten Haltung. Der Shih Tzu ist weder ein Terrier noch ein Schoßhund.

Kopf und Schädel: Kopf breit, rund und weit zwischen den Augen, schopfköpfig mit reichlich über die Augen fallendem Haar; starker Bart und Backenbart; das von der Nase aufwärts wachsende Haar ergibt einen deutlichen Chrysanthemen-Effekt. Schnauze quadratisch und kurz, aber nicht aufgefaltet wie beim Pekinesen, flach und behaart. Nase bevorzugt schwarz und ca. 2,5 cm lang von der Spitze bis zum Stop.

Augen: Groß, dunkel und rund, aber nicht vorstehend.

Ohren: Groß mit langem Behang und hängend getragen. Ansatz etwas unterhalb der Schädeldecke; so stark behaart, als wären sie mit den Nackenhaaren vermischt.

Gebiß: Zangenbiß oder leichter Vorbiß; starker Vorbiß ist nicht erwünscht; Schere gilt als fehlerhaft.

Vorderläufe: Beine kurz, gerade und muskulös mit kräftigen Knochen. In Anbetracht des Haarreichtums sollen sie ausdrücklich massiv wirken.

Rumpf: Die Körperlänge zwischen Widerrist und Rutenansatz ist größer als die Widerristhöhe. Festes und geschlossenes Gebäude; breiter und tiefer Brustkorb; feste Schultern; gerader Rücken.

Hinterläufe: Beine kurz und muskulös mit kräftigen Knochen und, von hinten gesehen, gerade. Oberschenkel gut gerundet und muskulös. Die Beine sollen durch die Haarfülle massiv wirken.

Pfoten: Fest und gut gepolstert. Durch die reiche Behaarung größer wirkend.

Rute: Reich befedert, über den Rücken geringelt und lustig getragen, hoch angesetzt.

Fell: Lang und dicht, nicht gelockt, sieht rauher aus, als es sich anfäßt.

Farbe: Alle Farben; hochgeschätzt sind weiße Blesse am Vorderkopf und an der Rutenspitze. Hunde mit leberbraunen Flecken dürfen dunkle leberbraune Nasen und etwas hellere Augen haben. Pigmentierung der gesamten Schnauze möglichst einheitlich.

Gewicht und Größe: 4,5 bis 8,2 kg; Idealgewicht zwischen 4,1 und 7,3 kg. Widerristhöhe nicht mehr als 27 cm. Typ und Zuchteigenschaften haben jedoch Vorrang und sind keinesfalls Größenabweichungen unterzuordnen.

Fehler: Schmaler Kopf; Schweineschnauze; zu langer, spitzer Fang; nichtpigmentierte Nasen und Augenlider; kleine oder helle Augen; Hochläufigkeit; schwache Fellentwicklung.

Bild 1. Der Potala in Lhasa, Zentrum des Lamaismus und Sitz des Dalai Lama

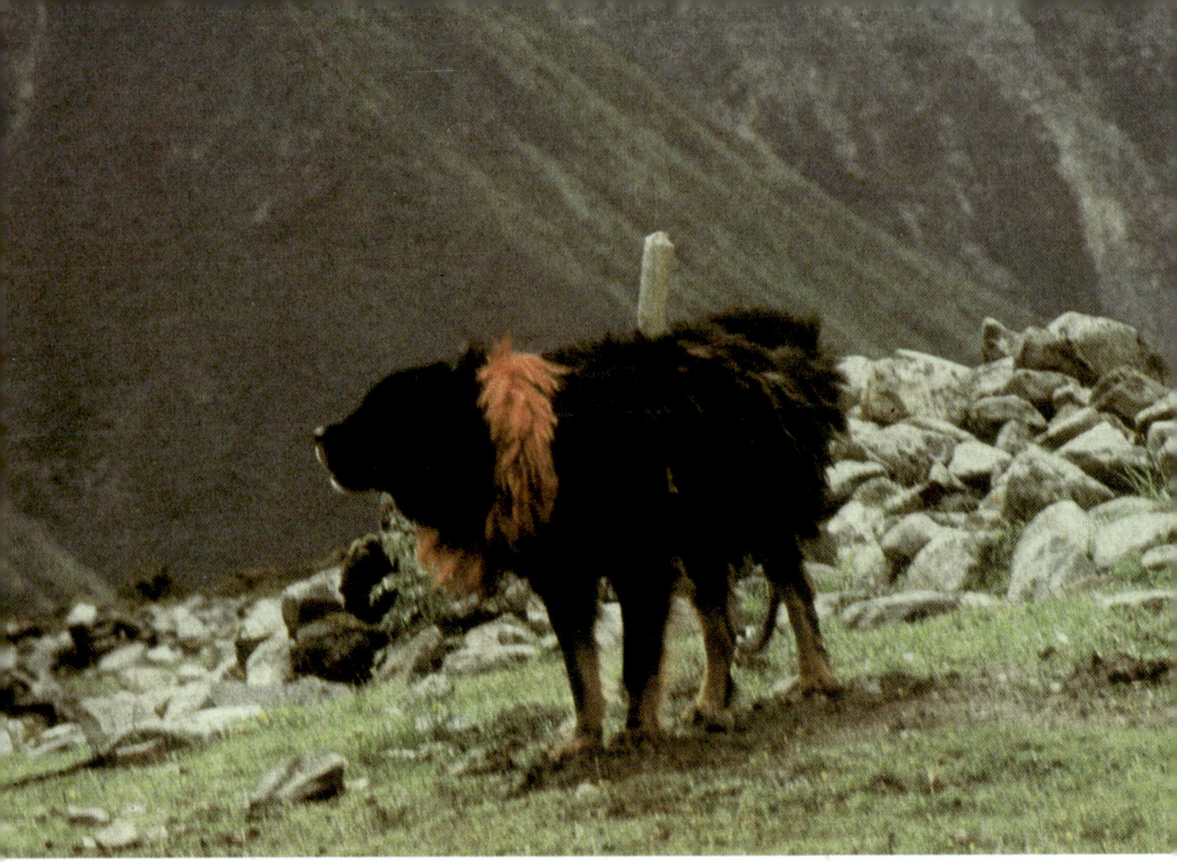

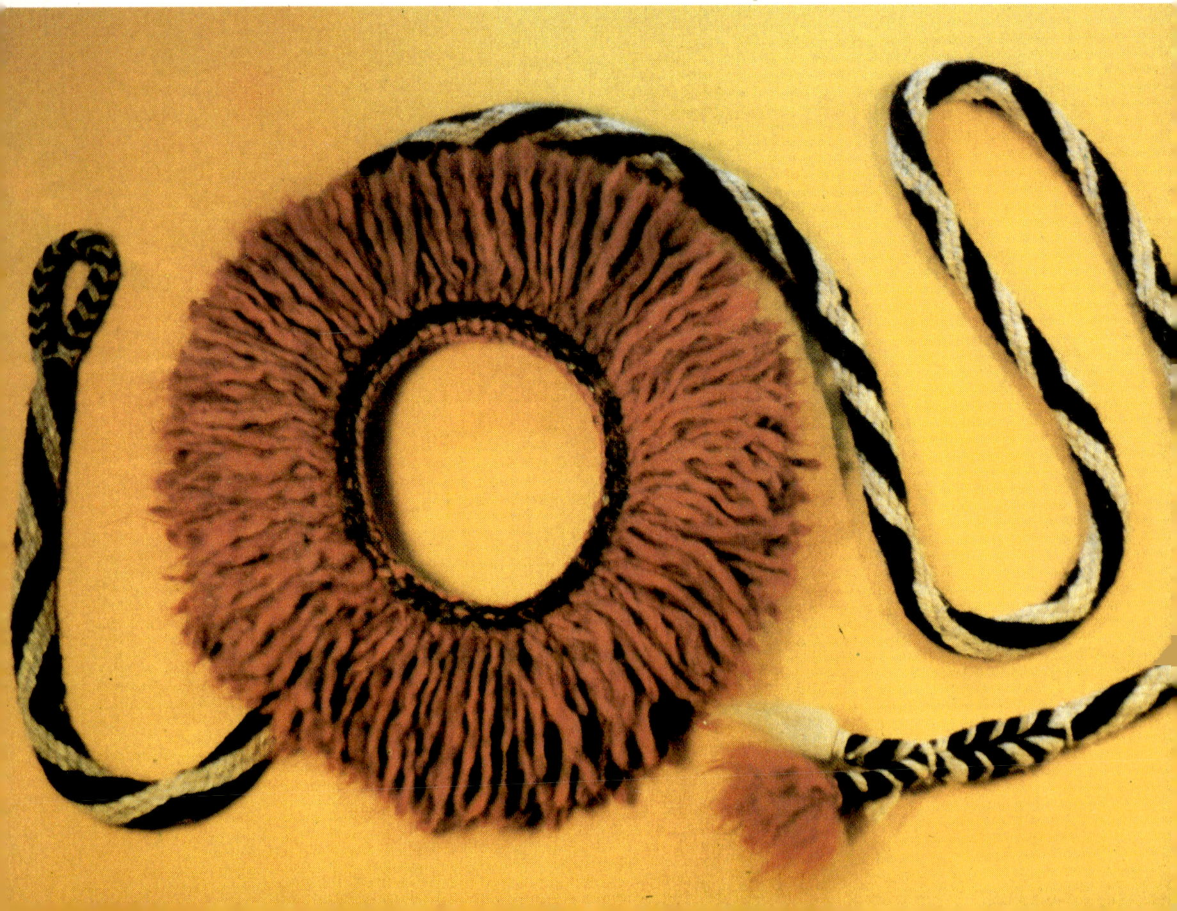

Bild 2. Eine Tibet Dogge im Himalaja mit der typischen roten Halskrause (Kekhor)

Bild 3. Traditioneller Halsschmuck (Kekhor) der tibetischen Hunde im Himalaja mit dazugehöriger Leine (Khyitag)

Tibet Terrier

Bild 4. Alle Ereignisse und Bewegungen auf dem anvertrauten Territorium werden aufmerksam registriert.

Bild 5. Lustig und ausgeglichen, ist der Tibet Terrier auch für Kinder ein idealer Gefährte. Hier ein Rüde im Alter von 15 Monaten

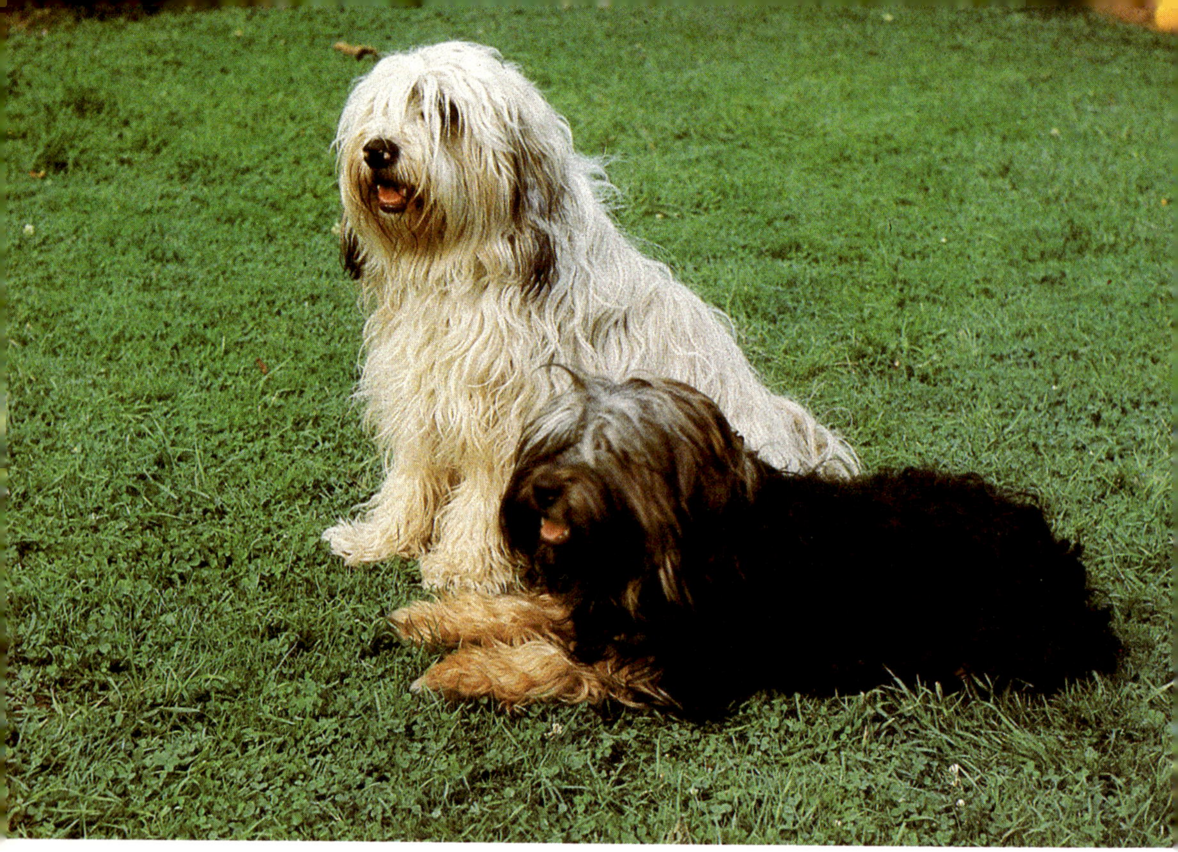
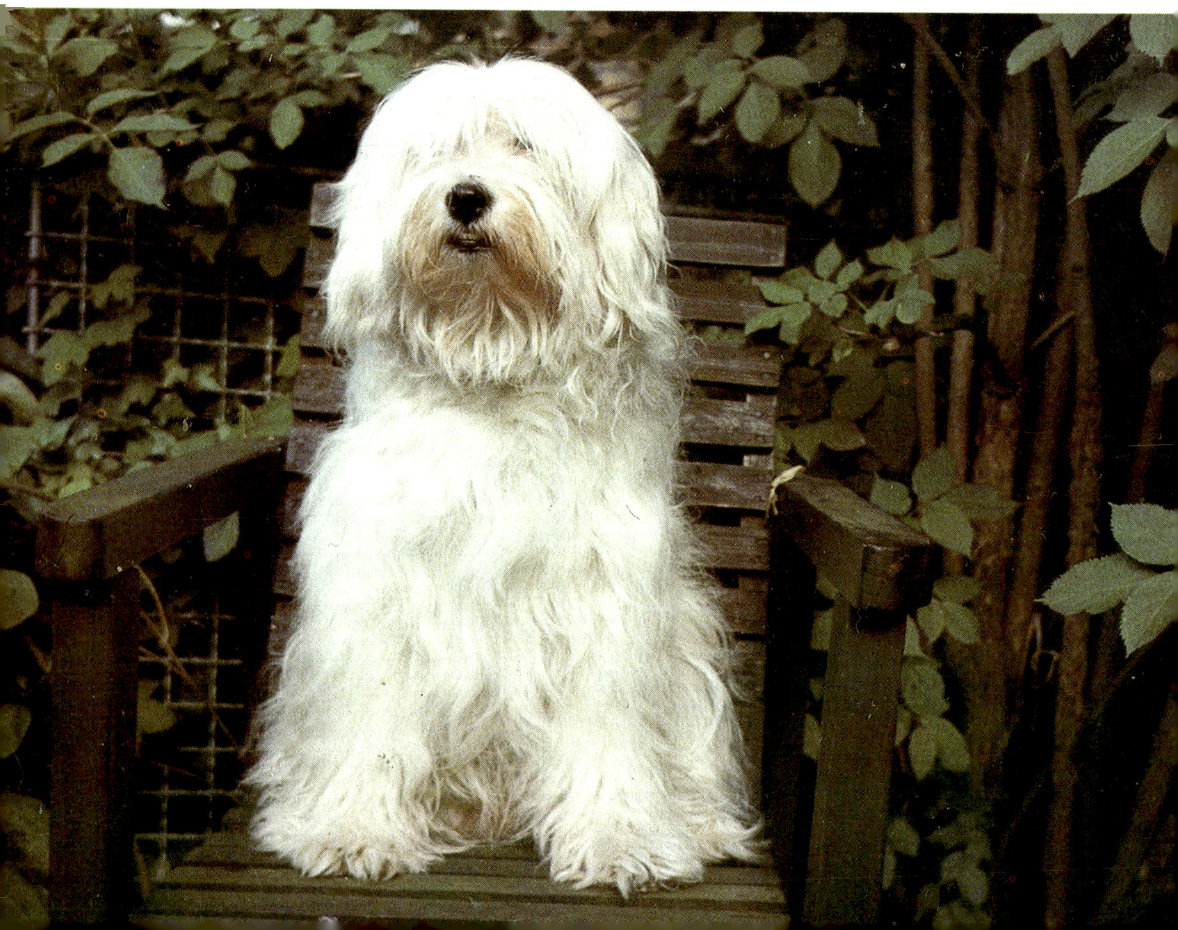

Bild 6. Ein schönes Pärchen: cremefarbener Rüde und Hündin in Tricolor

Bild 7. Aufmerksam beobachtet dieser Rüde seine Umgebung.

Bild 8. Im Schnee fühlt sich der Tibet Terrier besonders wohl.

Bild 9. Mit fünf Monaten sehen die Bewegungen der kleinen Hündin noch etwas tapsig aus.

Bild 10. Der Charakter des Tibet Terriers zeigt sich deutlich am Ausdruck der Augen und des Gesichtes.

Bild 11. Hohe Sprünge und kleine Kunststücke machen dem Tibet Terrier besonders viel Spaß.

Bild 12. Diese sieben Wochen alten Welpen schauen schon recht munter in die Welt.

Bild 13. Tibet Terrier
in der Farbe des
Schneelöwen sind in
ihrer Heimat beson-
ders wertvoll.

Bild 14. Rüde und
Hündin, ein ausge-
glichenes Gespann

Bild 15. Eine stolze
Familie

Bild 16. Der Tibet
Terrier braucht viel
Bewegung. Beson-
ders liebt er den Aus-
lauf im Garten.

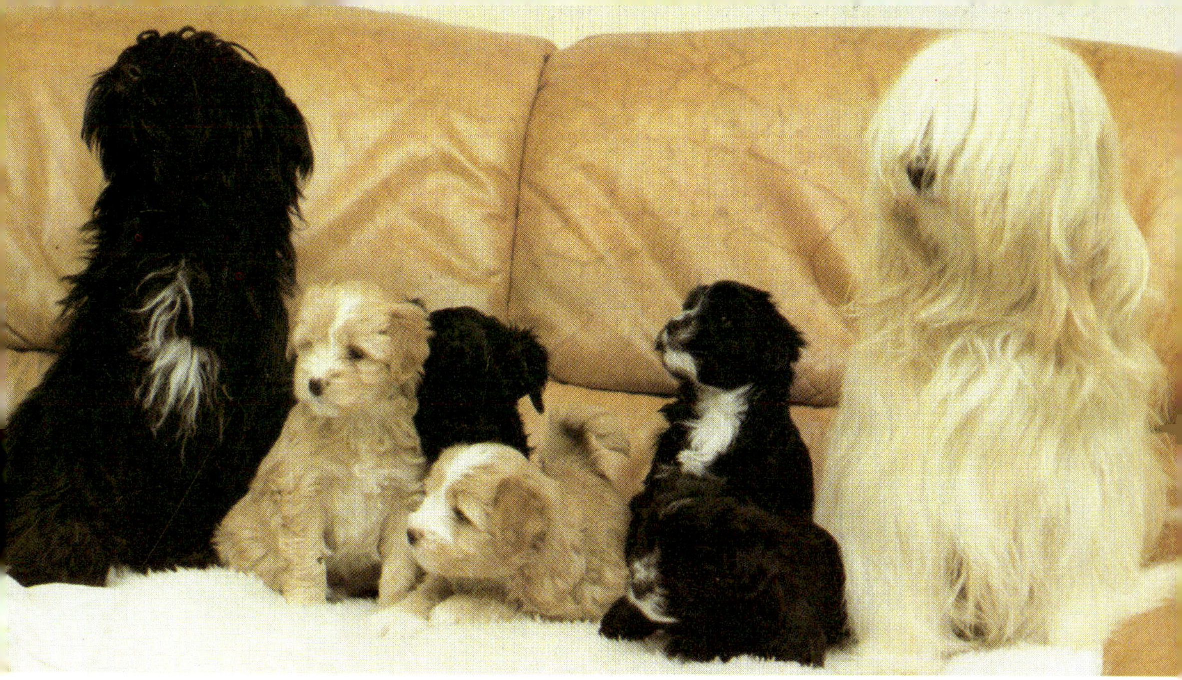

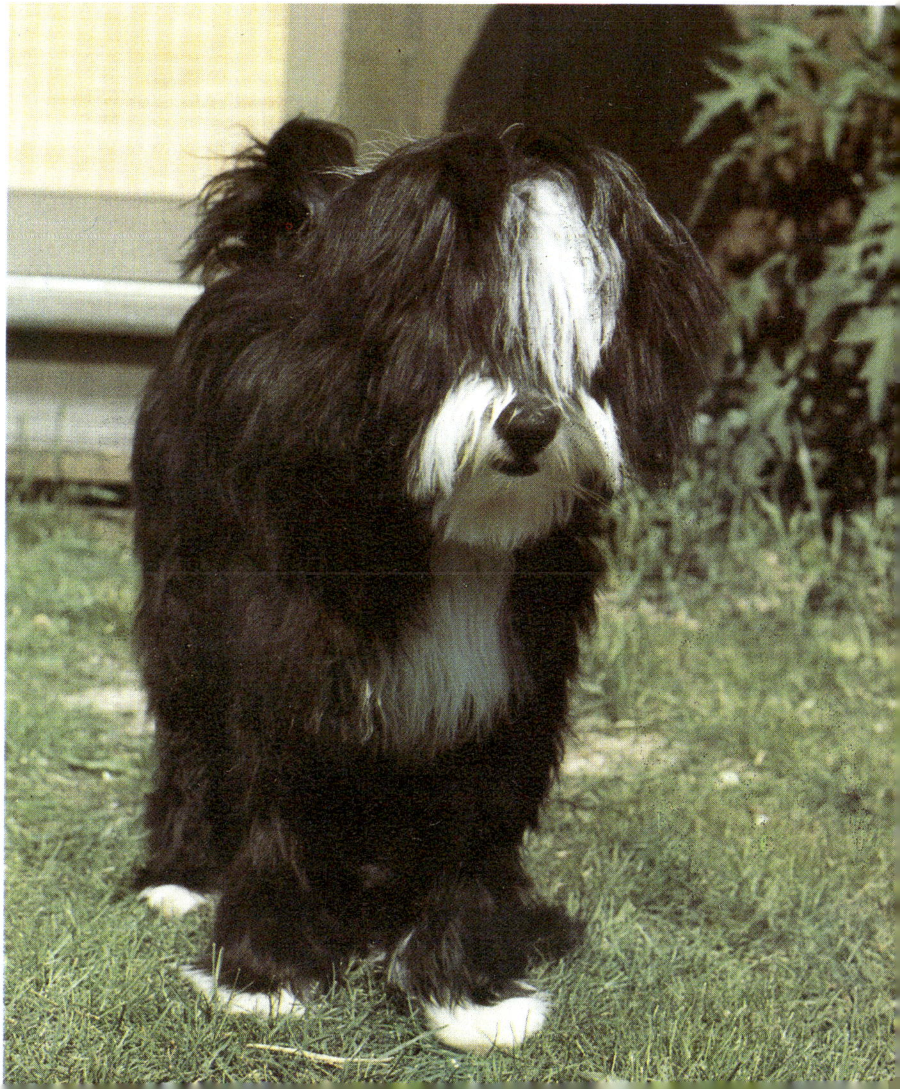

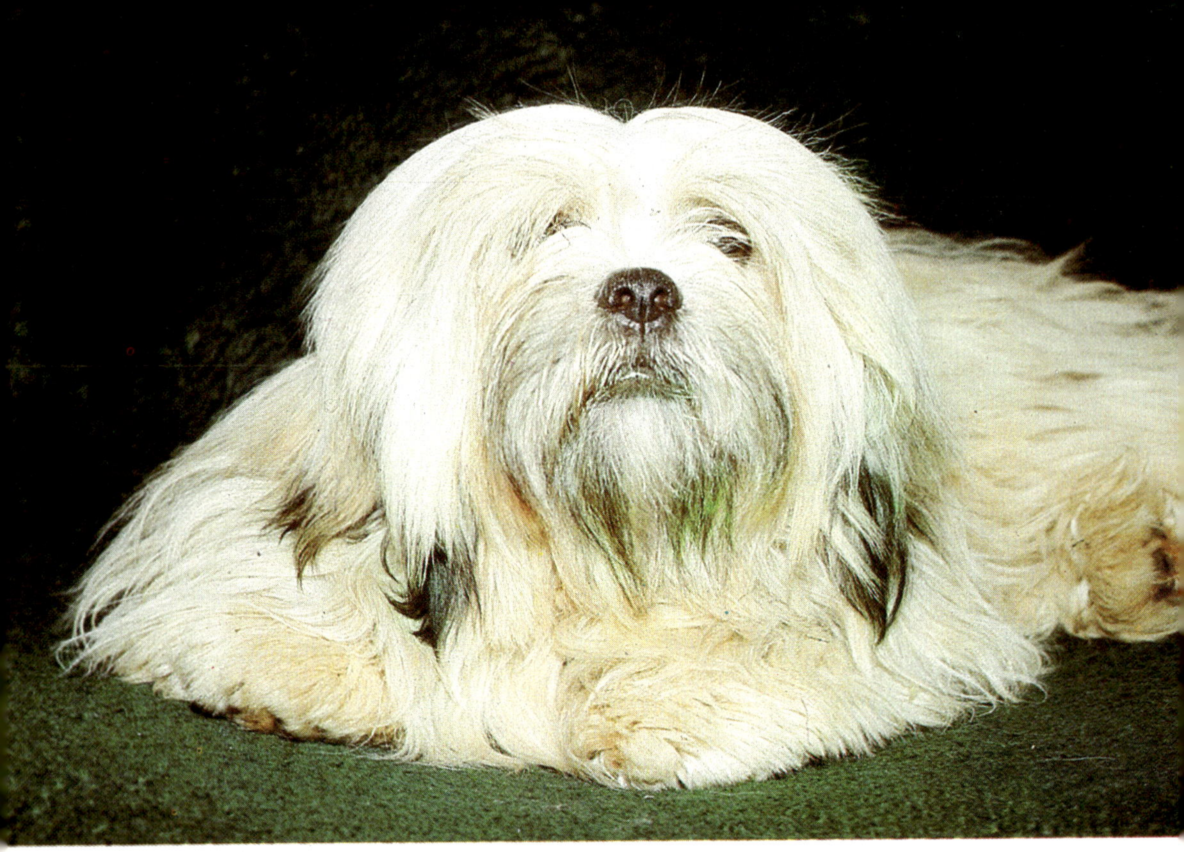

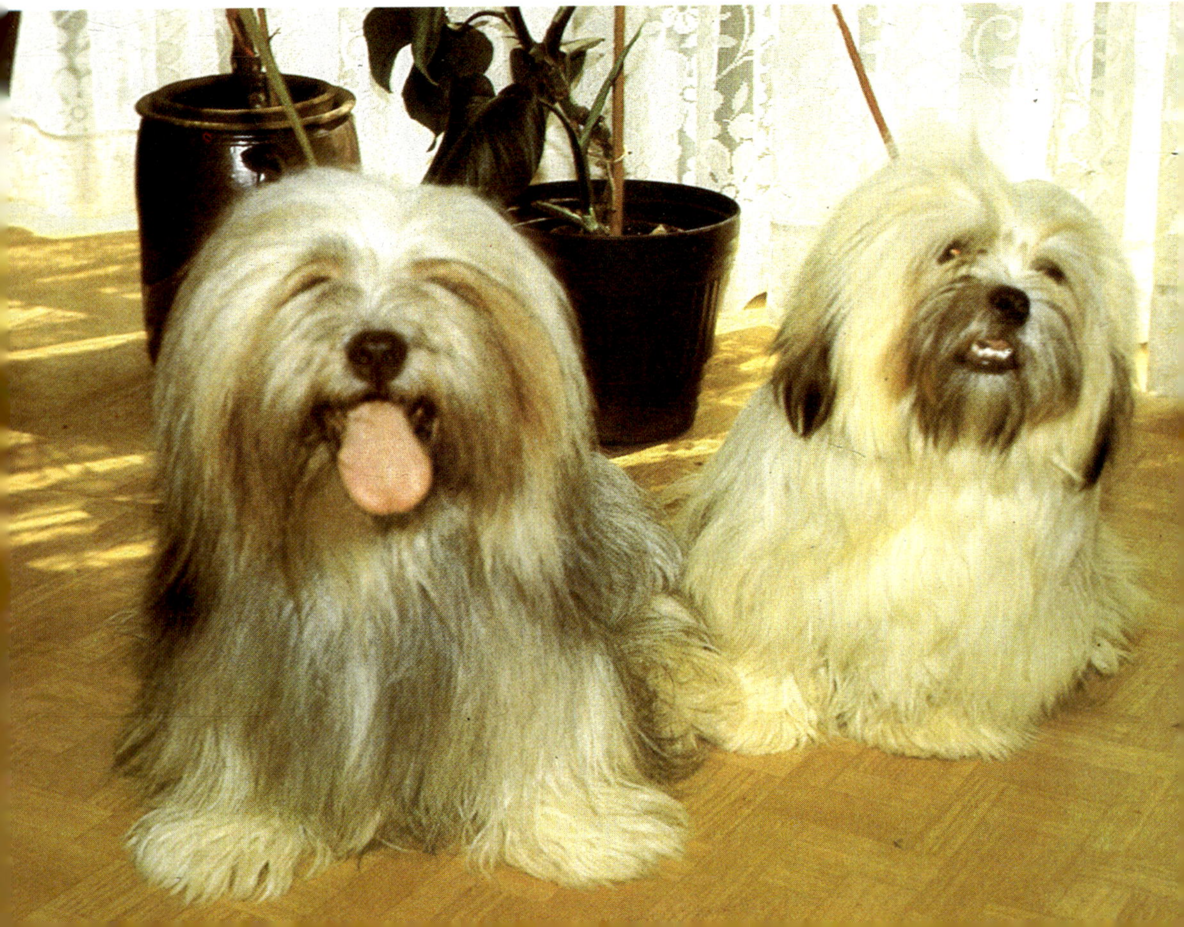

Lhasa Apso

Bild 17. Das schöne Haarkleid des Lhasa Apso bedarf natürlich besonderer Pflege.

Bild 18. Vater und Sohn

Bild 19. Lhasa Apso-Jungtier und Shih Tzu

Bild 20. Der Gesichtsausdruck ist, wie bei dieser Hündin mit ihrem Welpen, bei hochgebundenem Gesichtshaar besonders gut zu erkennen.

Bild 21. Intelligenz und Stolz sind die typischen Wesensmerkmale des Lhasa Apso.

Bild 22. Lhasa Apso-Jungtier

Bild 23. Der Lhasa Apso genießt es, ständig aufmerksam versorgt und liebevoll behandelt zu werden.

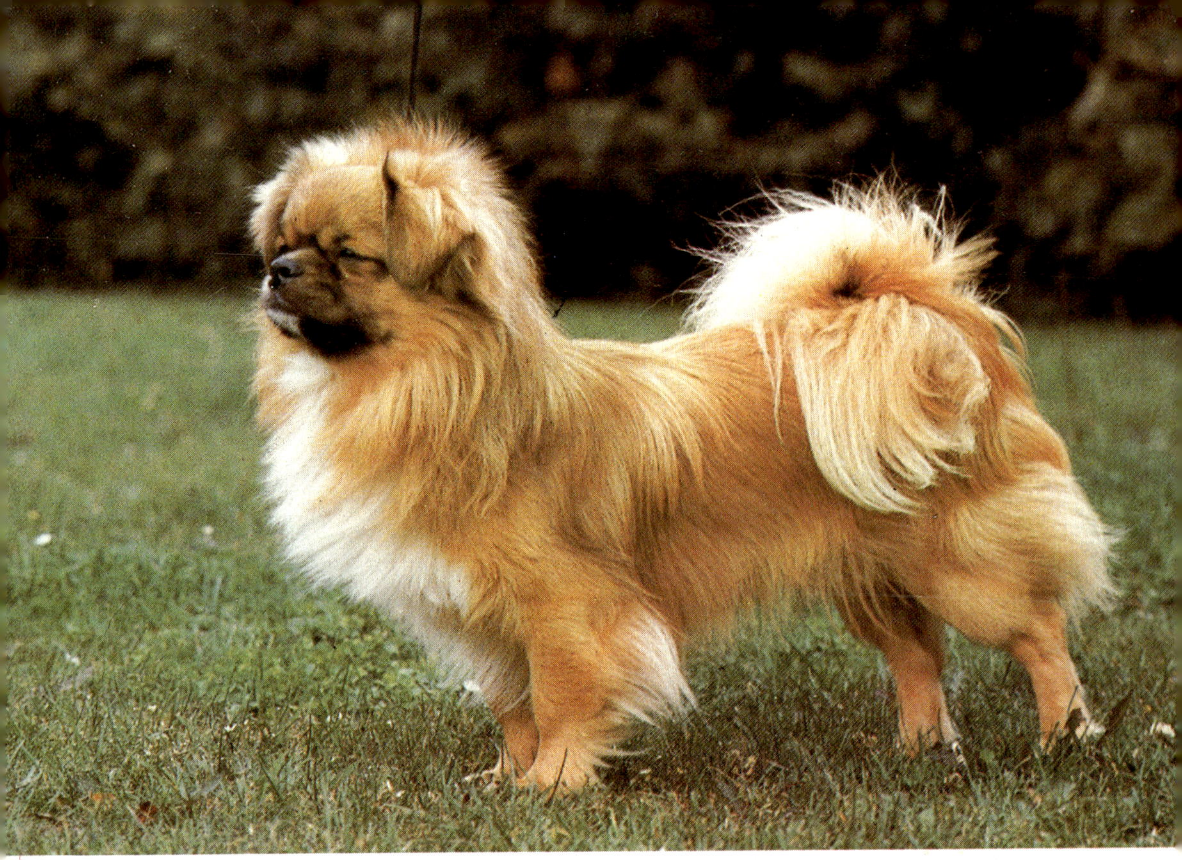

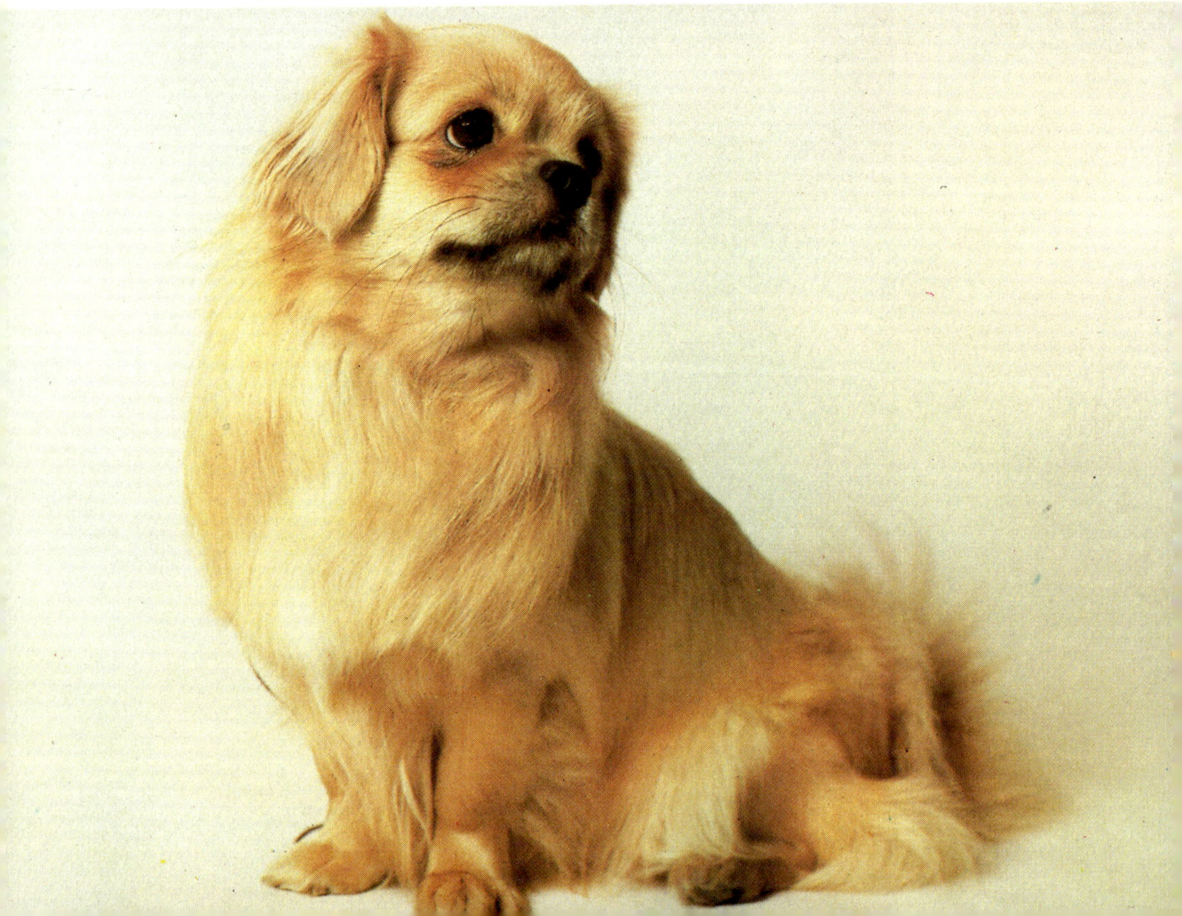

Tibet Spaniel

Bild 24. Der Champion wirft einen kritischen Blick in die Ferne.

Bild 25. Starkes Selbstbewußtsein, aber auch ausgeprägte Anhänglichkeit an den Menschen kennzeichnen den Tibet Spaniel.

Bild 26. Aufmerksam beobachtet die Hündin ihr Territorium.

Bild 27. Dieser Rüde zeigt die typische harmonische Kopfform.

Bild 28. Schon im Alter von acht Wochen beobachten die Welpen interessiert ihre Umgebung.

Shih Tzu

Bild 29. Konzentriert verfolgt der Shih Tzu jede Bewegung.

Bild 30. Durch das Zusammenbinden des Kopfhaares wird der ausdrucksvolle Blick des Shih Tzu besonders hervorgehoben.

Bild 31. Shih Tzu-
Hündin mit ihrem
etwa 15 Wochen al-
ten Welpen

Bild 32. Im kaiserli-
chen China hätte
man diesen Hund si-
cher als »Schwarze
Wolke über Schnee«
bezeichnet.

Bild 33. Der Cham-
pion in selbstbewuß-
ter Haltung

Bild 34. Das äußere
Erscheinungsbild
wird maßgeblich
durch die lange und
reichliche Behaarung
geprägt.

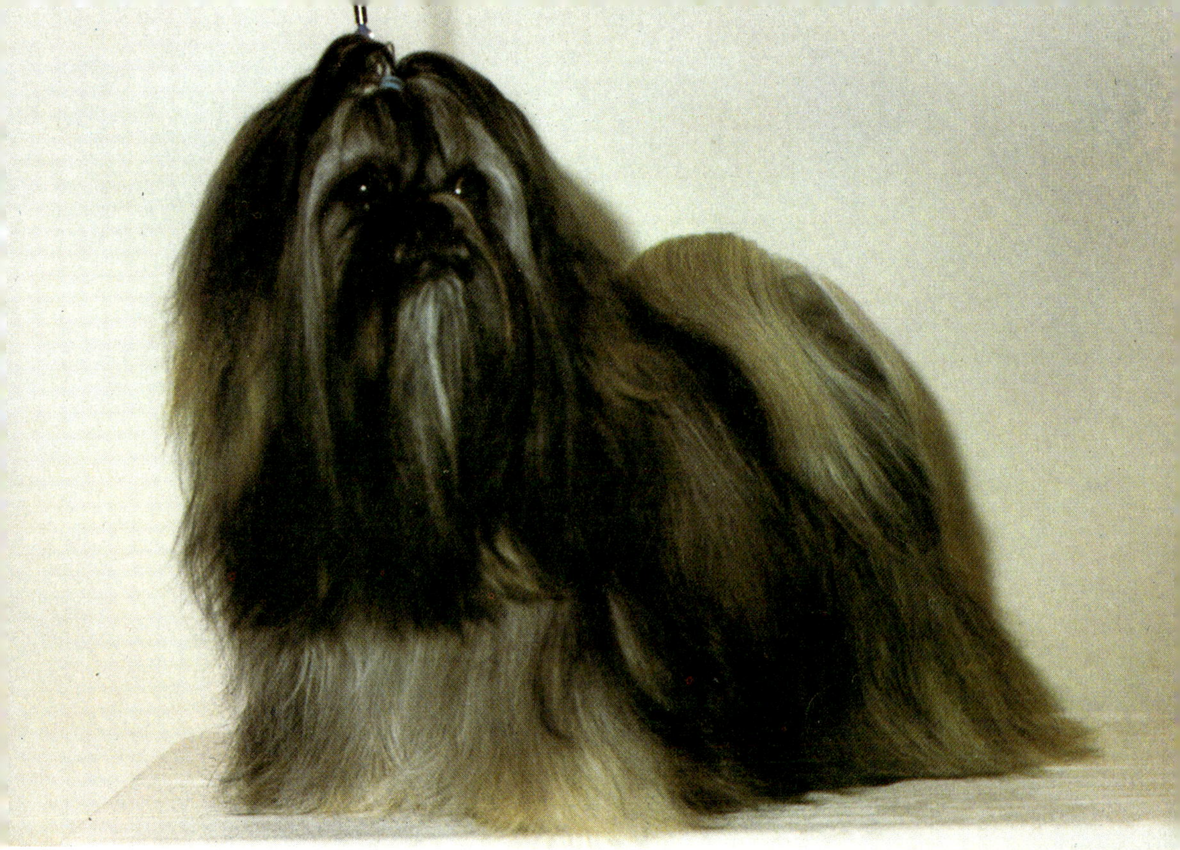

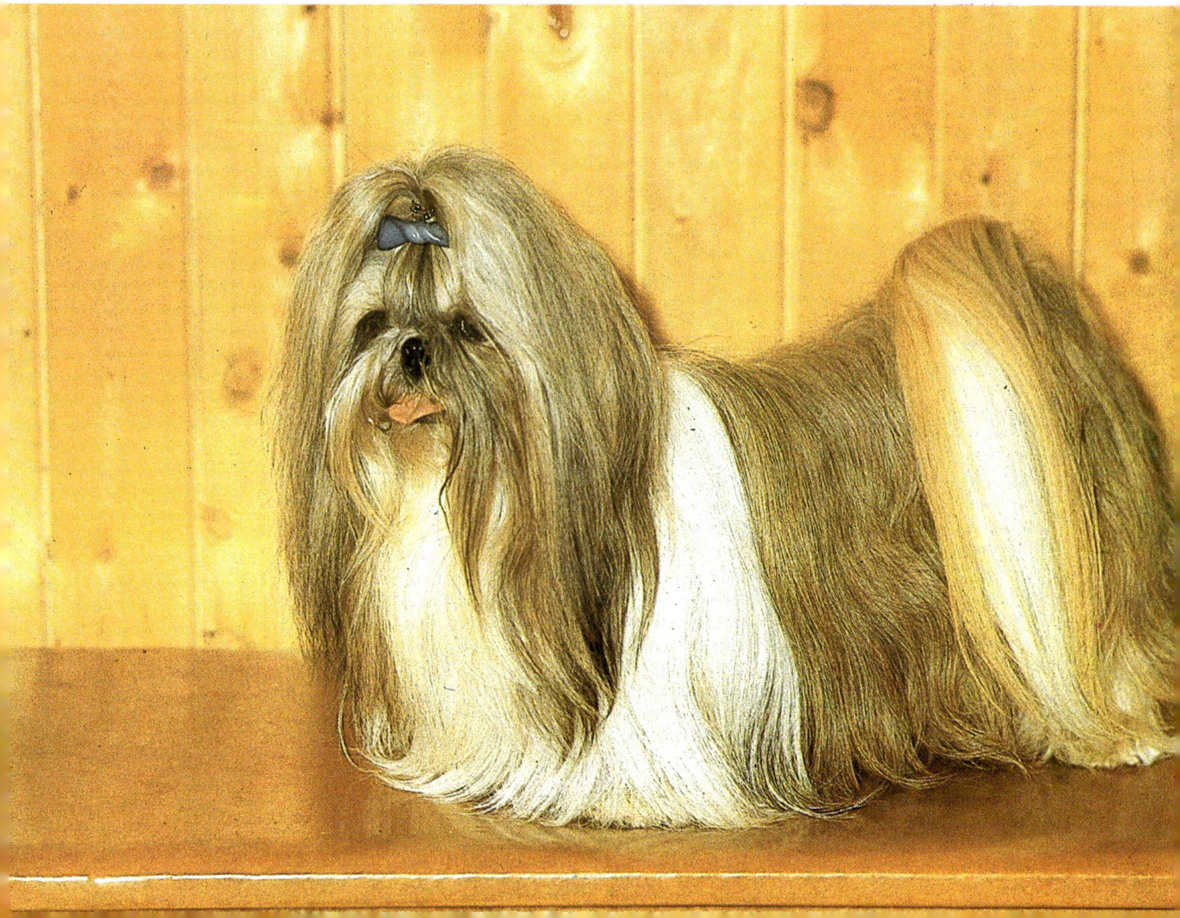

Bild 35. Zwei muntere Jungtiere

Bild 36. Kritisch betrachtet dieser acht Wochen alte Welpe seine Umgebung.

Bild 37. Erst zehn Monate alt, aber schon eine Schönheit

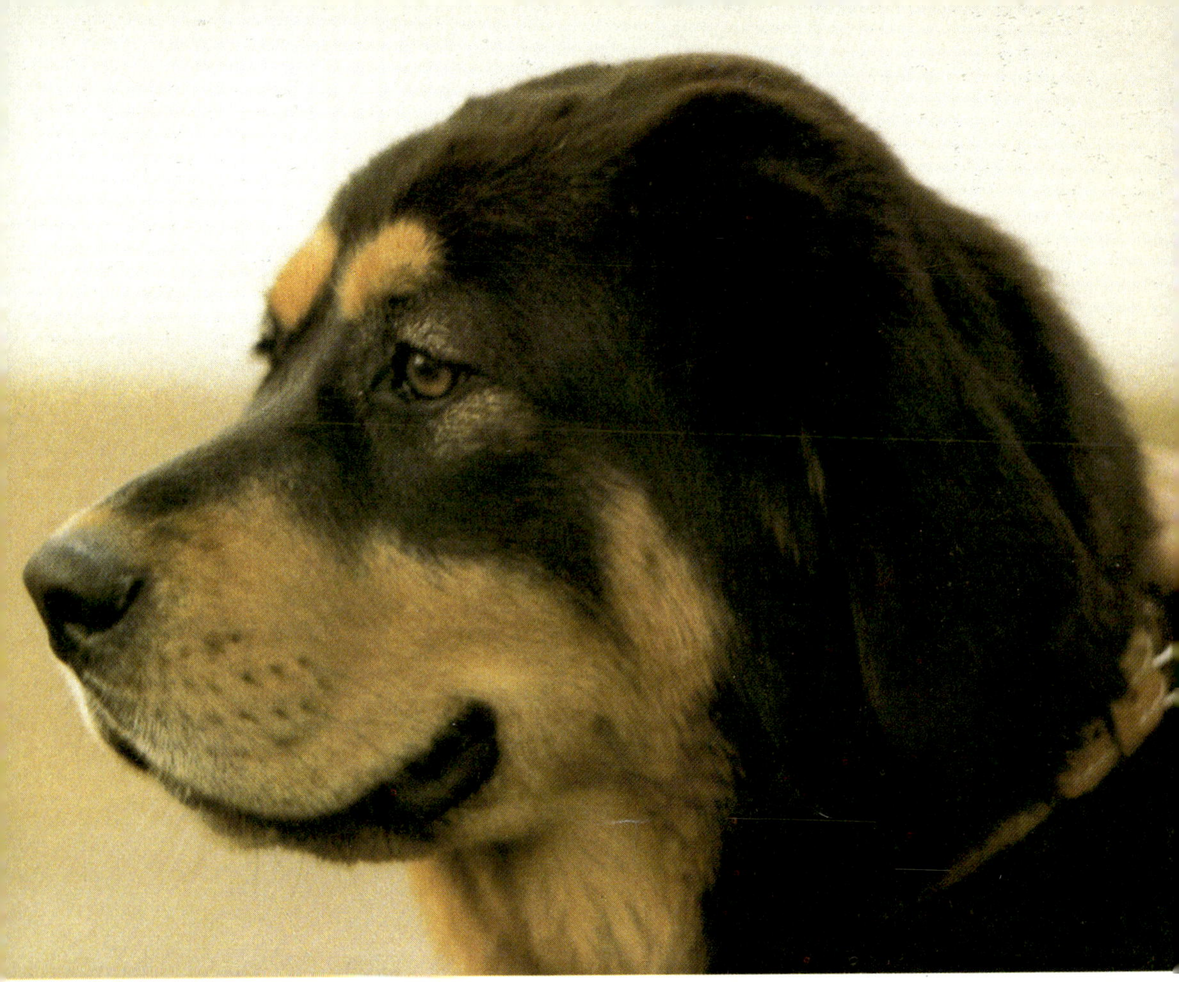

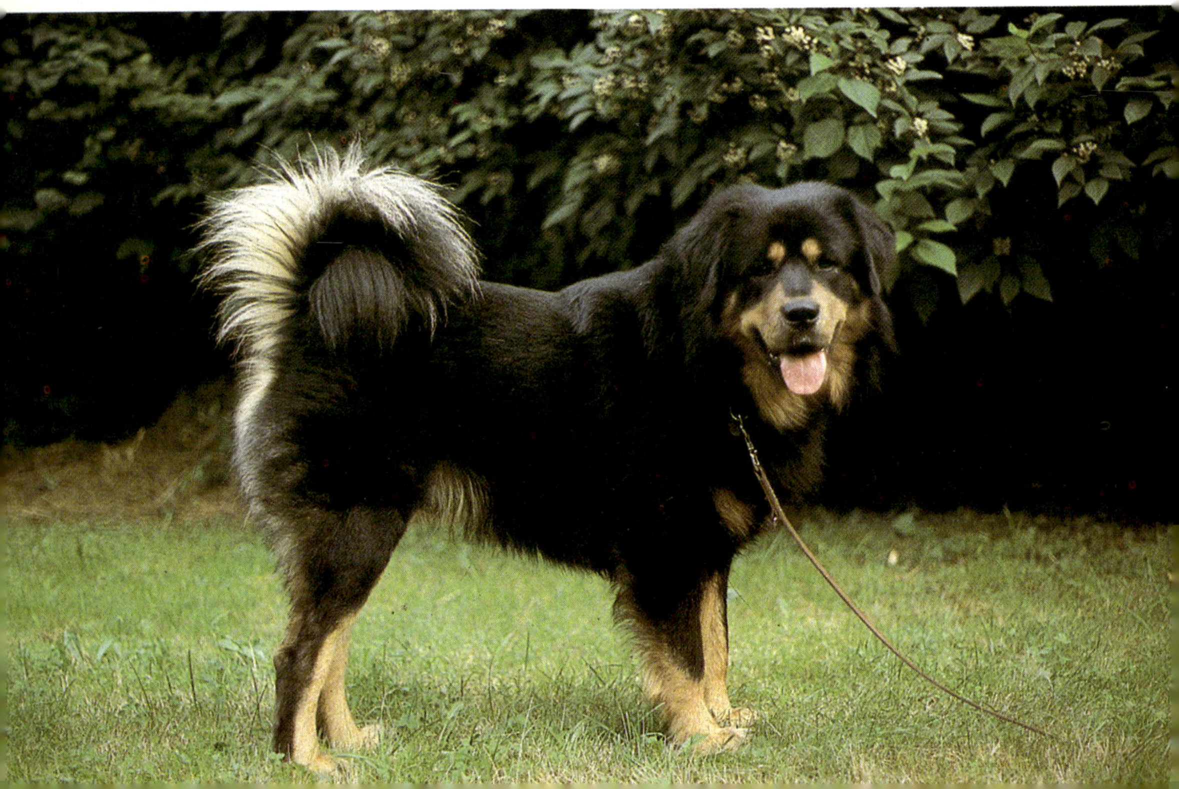

Tibet Dogge

Bild 38. Diese einjährige Hündin zeigt bereits die typische wuchtige Kopfform und den markierten Stirnansatz.

Bild 39. Der gerade Rücken und die gute Bemuskelung sind auf diesem Bild besonders gut zu erkennen.

Bild 40. Den sechs Wochen alten Welpen macht die Kälte nichts aus.

Bild 41. Vater und Sohn, zwei typische Tibet Mastiffs

folgende Seite

Bild 42. Dieser zehn Wochen alte Rüde zeigt schon die charakteristischen Merkmale seiner Rasse.

Bild 43. Ein erfolgreicher fünfjähriger Rüde

Bild 44. Der »Charakterkopf« eines einjährigen Rüden

Erläuterungen und Anmerkungen zum Standard

Allgemeine Erscheinung: Das quicklebendige, lebhafte und wachsame Wesen soll der Shih Tzu stets zur Geltung bringen. Besonders wenn er im Mittelpunkt steht, zeigt der gewünschte Typ seine durchaus arrogante Haltung und die dazu passenden stolzen Bewegungen, die geradlinig und fließend ablaufen sollen. Mit seinem freundlichen Wesen ist er gegenüber Fremden durchaus nicht abweisend. Er präsentiert sich lieber mit Kraft, Würde und ständiger Aktionsbereitschaft.

Kopf, Schädel und Fang: Der Kopf des Shih Tzu soll, von allen Seiten betrachtet, breit und rund sein und zum gesamten Körper im richtigen Verhältnis stehen. Die gute Kopfform ist beim Shih Tzu besonders wichtig und sollte etwa zwischen dem des Lhasa Apso und des Pekinesen liegen. Das Vorgesicht wird vom Oberkopf durch einen sehr deutlichen und markanten Stop getrennt. Die Längenverhältnisse von der Nasenspitze bis zu diesem ausgeprägten Stirnabsatz und vom Stop bis zum Hinterkopf betragen etwa 1:4 bis 1:5. Die Schädeldecke ist mäßig gut nach oben gewölbt und darf hinter den Augenbrauen nicht abfallen, wie es beim Lhasa Apso der Fall ist. Die Nase soll nach vorn leicht aufwärts gerichtet sein und verleiht damit dem Gesichtsausdruck eher die bereits erwähnte Arroganz. Es ist auch eine gerade Nase gestattet, eine nach vorn abfallende ist jedoch unerwünscht und gibt nicht den typischen Gesichtsausdruck. Die Höhe des Nasenrückens liegt in der Höhe des Augenwinkels oder gering darunter.

Der Kopf eines Rüden muß deutlich größer als bei der Hündin und von männlichem Ausdruck sein. Der Kopf der Hündin soll dagegen einen definitiv zierlicheren, mehr weiblichen Eindruck aufweisen.

Die Nase ist etwa 2,5 cm lang und gut proportioniert zur Kopfgröße. Die Nasenlöcher sollen möglichst groß sein, um aufgrund des kurzen Nasenraumes, ähnlich wie beim Pekinesen, ein beschwerdefreies Atmen zu ermöglichen.

Die Augen des Shih Tzu sind sehr beeindruckend. Sie sind groß, aber nicht so groß, daß sie im Verhältnis zur Kopfgröße überbetont sind oder gar noch hervorstehen. Das Weiß des Augapfels soll möglichst nicht sichtbar, das Auge selbst rund und nicht mandelförmig sein. Es soll glänzend und auch im Sonnenlicht dunkel erscheinen. Hellere Augen sind nur für leberbraune Hunde gestattet. Der korrekte Gesichtsausdruck erfordert weit auseinandersitzende Augen, die jedoch noch deutlich gerade in der Stirn liegen.

Die Gebißverhältnisse sind mit Zangenbiß oder leichtem Vorbiß als korrekt festgelegt. Das erfordert auch der gesamte Gesichtsausdruck. Ein zu starker Vorbiß mit einem zu kräftigen Unterkiefer ist fehlerhaft, da dann auch bei geschlossenem Fang die unteren Zähne sichtbar werden. Trotz bevorzugtem leichtem Vorbiß sollen die oberen Lippen über den unteren liegen.

Als schwere Fehler sind Rückbiß und Scherenbiß zu werten. Bei diesen Bißverhältnissen verliert auch der Gesichtsausdruck durch einen zu schwach betonten Unterkiefer deutlich an Substanz. Ein korrekter Unterkiefer ist mit das wesentlichste Element für den korrekten Kopf des Shih Tzu mit seinem vielversprechenden Gesicht. Die sechs Schneidezähne des rechteckigen Gebisses sollen gerade in einer Reihe zwischen den Fangzähnen stehen und formen in dieser Anordnung die quadratische Schnauze mit. Teilweise wurden auch fünf oder gar nur vier Schneidezähne toleriert. Da damit meist ein schmalerer Kiefer verbunden ist, kann schon deshalb eine Reduzierung der Anzahl der Schneidezähne nicht im Interesse der Rasse liegen. Das Zeigen der Zunge, das durch einen zu kleinen und unpassenden Kiefer entsteht, gilt ebenfalls als schwerer Fehler.

Bezüglich der Ohren gibt der Standard relativ genaue Beschreibungen. Wichtig ist neben viel Substanz des Ohrbehanges der integrierende Eindruck mit dem reichlichen Nakkenhaar.

Hals und Rumpf: Wesentlich ist ein leicht schräg nach vorn ansteigender Hals in einem nicht zu steilen oder gar senkrechten Winkel. Damit entsteht die typisch gefällige Form der Umrißlinie. Eine zu steile Stellung läßt den Hals zu kurz wirken. Andererseits schränkt eine zu steile Schulterstellung die Bewegungsfreiheit der Vorderläufe ein und gestattet nur kurze Schritte. Die Körperform wird wesentlich von der Form des Brustkorbes mit beeinflußt. Der Shih Tzu soll einen breiten und tiefen Brustkorb haben, der jedoch nicht so flach oval wie beim Pekinesen sein darf. Ein zu schmaler Brustkorb dagegen bedingt meist einen Körperbau mit zu langen Beinen. Die Rückenlinie ist gerade und soll nicht nach hinten ansteigen oder gar buckelförmig sein. Ein leichter Anstieg der Rückenlinie nach hinten ist jedoch öfter zu beobachten und sollte nicht überbewertet werden. Bereits die ersten importierten Tiere aus China zeigten diesen leichten Anstieg, der sogar im alten chinesischen Standard erwähnt wird. Meist wird das jedoch von der Rute verdeckt. Da der Shih Tzu keine ausgeprägte Hüfte hat und die Lendenpartie kräftig ausgebildet ist, zeigt sich die untere Rumpflinie ebenfalls fast gerade. Tiere mit zu langen Rückenpartien neigen naturgemäß aufgrund der statischen Verhältnisse zu einer eingesunkenen Rückenlinie. Die Länge des Rückens vom Widerrist bis zum Schwanzansatz muß größer als die Widerristhöhe sein. Über die Größe des Verhältnisses macht der gültige Standard keine Angaben, während frühere Standards die Länge als »beträchtlich« größer im Verhältnis zur Widerristhöhe beschrieben haben. Das würde jedoch statt für den heute mehr bevorzugten eher kürzeren und kompakteren Typ mehr für einen Skye-Terrier ähnlichen Typs mit zu langem Rücken zutreffen. Andererseits ist ein zu kurzer Rumpf nachteilig für den typischen, effektvoll ausschwingenden Bewegungsablauf des Shih Tzu. Insgesamt soll der Körper kräftig muskulös und fest sein. Die Rippen sollte man jedoch fühlen können. Die Rute ist wie bei allen tibetischen Rassen hoch angesetzt, wird jedoch nicht geringelt über dem Rücken getragen, sondern in einem gefälligen Bogen, dessen Spitze gerade den Rücken berührt. Flach darf sie nicht auf dem Rücken aufliegen und auch keinen Knick an der Spitze haben. Die Befederung der Rute muß reichlich sein, und das lange Haar soll gefällig abgestuft über die Hinterläufe fallen.

Vorderläufe, Hinterläufe und Bewegungsablauf: Die Vorderläufe müssen gerade sein und, von vorn gesehen, parallel verlaufen. Sie liegen gut am Brustkorb an, und die Oberarmknochen sind geringfügig gebogen. Weiterhin sollen sie kurz und kräftig sein. Ein Maß dafür ist nicht angegeben, aber zu kurze Beine beeinträchtigen die proportionale Ausgewogenheit des Gesamtkörpers ebenso wie ein daraus resultierender zu kurzer, trippelnder Schritt. Die Knochen der Vorderläufe des Shih Tzu müssen kräftiger als die des Lhasa Apso sein. Der korrekte Vorderlauf ist im Knochenbau so gewinkelt, daß der Vordermittelfuß und die Unterarmknochen genau senkrecht unter dem hinteren Schulterblattrand liegen. Diese Winkelverhältnisse garantieren die exakte Bewegungsfreiheit der Vorderläufe und werden maßgeblich von der Stellung des Schulterblattes bestimmt. Eine flachere Lage des Schulterblattes ergibt eine engere Winkelstellung, bringt den Oberarm zu weit nach vorn und verkürzt damit den Vorderlauf. Der Hund ist dann vorn zu tief und hat eine nach hinten ansteigende Rückenlinie.

Die Pfoten sind exakt gerade nach vorn gestellt und sollen bei guter Behaarung auch zwischen den Ballen groß und massiv wirken. Überhaupt sollen die gesamten Vorderläufe aufgrund ihres kräftigen Baues und der reichen Behaarung einen massiven Eindruck machen.

66

Die Hinterläufe müssen ebenfalls kurz, kräftig und muskulös sein. Von hinten gesehen, sind sie gerade und parallel, also weder nach außen gebogen noch kuhhessig. Die Oberschenkelbeine sitzen leicht eingebogen im Hinterhandkniegelenk ein, da durch zu gerade Formen eine stelzende Hinterlaufbewegung entsteht. Eine gute Winkelung des Hinterlaufes soll ein reichliches Ausschwingen ermöglichen, um von hinten die Ballen sehen zu können. Das bedingt ein etwas flach liegendes Becken und einen weit horizontal geneigten Unterschenkel. Eine zu starke Ausprägung dieser Hinterhandwinkelung kann jedoch, wie beim Lhasa Apso auch, zu einer zu stark wirbelnden Hinterhandaktion führen, die für den Hund tibetischen Ursprungs nicht typisch ist. Die Pfoten sitzen ebenfalls ohne Verdrehung nach innen oder außen gerade am Hinterlauf. Die Hinterläufe sind insgesamt sehr reichlich behaart mit einem fließenden Übergang in die Körperbehaarung. Der Bewegungsablauf ist auch beim Shih Tzu ein wichtiges und charakteristisches Merkmal, das die Rasse ausmacht und das Erscheinungsbild prägt. Voraussetzung ist der zuvor beschriebene korrekte Knochenbau und die notwendige gute Bemuskelung. Ein Hund mit diesen Merkmalen kann die gewünschten freien Bewegungsabläufe zeigen. Die Vorderläufe greifen gerade nach vorn aus, ohne zu weit zu schwingen wie bei Terriern oder gar schlaff in dem Mittelfußbereich zu pendeln. Die Kniegelenke sollen dabei genügend hochgehoben werden. Die Hinterhand soll, wie bereits erwähnt, frei nach hinten ausschwingen und den Ballen der Pfote im Lauf sichtbar machen. Dieser Bewegungsablauf muß sauber und fließend harmonieren und darf weder ein Drehen, Wirbeln oder Aufwippen und Stelzen zeigen. Aufgrund der ausschwingenden Hinterläufe ist der Übergang zu solchen wirbelnden Bewegungen sehr leicht und oft möglich. Die Hinterläufe müssen sich, von hinten gesehen, gerade bewegen und gut nebeneinander ablaufen. Eine zu enge, wenn auch parallele Stellung, bei der die Behaarung deutlich aneinanderreibt, ist unerwünscht. Insgesamt kann auch ein leicht rollender Bewegungsablauf beobachtet werden; speziell bei schnellem Lauf erweckt der tiefe Brustkorb mit den rhythmischen Greifbewegungen aller Beine diesen Eindruck.

Für die Gangart des Shih Tzu ist außerdem die Gewichtsverteilung der Körpermasse von Bedeutung. Die Vorderläufe werden wesentlich mehr belastet als die Hinterläufe und müssen deshalb auch kräftiger sein im Vergleich zum Lhasa Apso, der eine gleichmäßige Gewichtsverteilung hat. Zu den schnellen, leichten und fließenden, fast fliegenden Bewegungen des Gangwerks gehört die stolze, aufrechte Haltung des Kopfes und die exakte hohe Rutenhaltung.

Fell: Das äußere Erscheinungsbild wird maßgeblich durch die lange und reichliche Behaarung geprägt. Der Standard beschreibt das Deckhaar als lang und dicht. Die Haartextur ist bei unterschiedlichen Farben verschieden und wird im Standard nicht bestimmt. Vorzuziehen ist jedoch eine dem menschlichen Haar ähnliche Textur, da derartiges Haar lang und gerade herunterfällt und hart und fein zugleich ist. Ein leicht welliges Deckhaar ist auch noch gestattet, jedoch keinesfalls lockiges oder gar gekräuseltes. Es soll natürlich gescheitelt vom Körper bis zur Erde fallen. Über die Haarlänge gibt es unterschiedliche Auffassungen, und modische Effekte spielen auch bei dieser Rasse eine Rolle. Vom natürlichen Standpunkt her ist ein zu langes Haar abzulehnen und Vorzug den Tieren zu geben, bei denen noch ein Lichtschein durch das Haar am Boden zu sehen ist. Ein großer Fehler ist in jedem Fall zu kurzes Haar oder gar mangelhafte und fehlende Unterwolle. Die Textur der Unterwolle soll weicher und wuscheliger sein. Bei allen doppelschichtigen Fellanlagen erfüllt die Unterwolle eine luftpolsterbildende Funktion und muß deshalb diese mehr lockere und wolligere Art aufweisen. Es ist eine gute und reichliche Unterwolle gefordert. Der etwas »affenähnliche« Gesichtsausdruck des Shih Tzu wird durch die starke Befederung der Ohren, die deutlichen Backen-, Kinn- und Schnurrbartformen und vor allem durch den chrysanthemenhaften Haarbewuchs aufwärts der Nase lieblicher und exotischer gestaltet.

Der Standard gestattet alle Haarfarben und auch alle Farbkombinationen im gescheckten Haarkleid. In seiner Rolle als Löwenhündchen im buddhistischen Glauben waren Gold und Gelb die bevorzugten Farben. Dazu findet man meist eine dunkle Maske und dunkle Ohrfransen. Wie bereits erwähnt, hat bei den Chinesen jede Farbe eine übertragene Bedeutung und ist ebenso geschätzt. Im Gegensatz zu allen anderen Standardmerkmalen spielt deshalb die Fellfarbe eine untergeordnete Rolle.

Größe und Gewicht: Aufgrund der verschiedenen Körpermassen der in den dreißiger und vierziger Jahren importierten Tiere aus China gab es lange Zeit Unklarheiten über die richtigen Gewichts- und Größenverhältnisse. Da der Shih Tzu auch in seiner Heimat schon immer Größenunterschiede aufwies, sind die Standardangaben recht weitgefaßt. Nachweislich waren die Shih Tzus in Tibet immer größer als die am chinesischen Hof, während die chinesischen Exemplare außerhalb des Kaiserpalastes eine mittlere Größe hatten. Die heute erreichten mittleren Körpermassen von 5,5 bis 7 kg sind deshalb rassegerecht. Dazu paßt auch die zulässige Widerristhöhe, die unter 26 cm liegen soll.

Fehler: Auf unkorrekte Merkmale wurde bereits in den Erläuterungen der einzelnen Standardpunkte hingewiesen. Die zuchtausschließenden Fehler sind: Scherenbiß und Rückbiß; gebogene Zahnreihe; Kulissenstellung der Schneidezähne; schiefer Kiefer bzw. Schweinekiefer; zu spitzer Fang, Nase und Lidränder nicht schwarz (bzw. dunkelbraun bei Tieren mit braunen Flecken); Heraushängen der Zunge; Nasenrücken länger als 3 cm; Hochläufigkeit; Widerristhöhe über 26 cm; Haarmängel.

Eigenschaften und Verhalten des Shih Tzu

Mit Recht wird im Standard dieser Rasse erwähnt, daß der Shih Tzu kein Schoßhund ist. Sein Äußeres und seine Liebenswürdigkeit, verbunden mit seinem bezaubernden Blick, lassen ihn für Außenstehende fast ideal dafür erscheinen. Seine Bewegungsfreudigkeit und sein stürmisches Temperament beweisen jedoch überzeugend die sportlichen Eigenschaften und die ausgesprochene Vitalität. Bei freien Bewegungsmöglichkeiten im Gelände entpuppt er sich sogar als aktiver und listiger Jäger für allerlei Federvieh. Eine Einschränkung seiner Bewegungsfreiheit und auch nur teilweise Isolierung vom lebhaften Familienleben machen den Shih Tzu zu einem physisch und psychisch geschädigten Tier. Ebenso sind Verhätschelungen aller Art der Ruin für seinen aktiven, liebenswerten Charakter.

Der Shih Tzu verlangt aufgrund seiner evolutionär geprägten Merkmale und seiner Haltungsweise in der Geschichte nach engem menschlichem Kontakt. Erst in einer engen Partnerschaft mit dem Menschen entwickelt er all seine Fähigkeiten und Liebenswürdigkeiten. Für diesen Kontakt zeigt er oft ein überdurchschnittliches Bedürfnis, das ihm auch gewährt werden sollte. Die volle Entfaltung dieser ehemals verwöhnten Rasse zu einem fähigen und wertvollen Familienmitglied erfordert für ihn stets eine reiche Umwelt, in der er seine vermeintlichen Aufgaben erfüllen kann.

Viele Fähigkeiten sind dieser Rasse angeboren, ohne daß immer ein Training erforderlich wäre. So macht er sich auch gern zu einem kleinen Schelm und Clown.

Sobald er merkt, daß ihm Aufmerksamkeit zukommt, jagt er mit viel Bewegungsdrang und kuriosesten Verrenkungen um seinen Herrn oder seine Familie herum. Dabei läuft oder steht er gern ohne Schwierigkeiten auf den Hinterläufen.

Obwohl der Shih Tzu früher in Tibet und China ausschließlich in Familien und Klöstern lebte und als Löwenhündchen kaum Aufgaben hatte, sind seine Bewachungsinstinkte stark ausgeprägt. Unter heftigem Bellen wird alles Neue und Fremde begrüßt, und erst nach Vorstellung in der Familie verstummt sein Gebell. Auch diese Rasse kläfft nicht, wie zum Beispiel Terrier, ohne sichtbaren Grund über längere Zeit. Beim Bellen steht er allerdings in überzeugender und arroganter Haltung und läßt keinen Zweifel an seiner Entschlossenheit. Streitsüchtiges oder kampflustiges Verhalten kennt er in der Regel nicht. Wird er jedoch angegriffen, verteidigt er sich aufopferungsvoll. Derartige Attacken sollten möglichst vermieden werden, da seine eindrucksvollen Augen bei unkontrollierten Kampfszenen gefährdet sind. Zwei Tiere unterstützen sich bei derartigen Aktionen gern gegenseitig.

Da der Shih Tzu immer die Gesellschaft und den menschlichen Kontakt sucht, bleibt er ungern längere Zeit allein im Haus oder in der Wohnung. Das kränkt ihn sehr. Trotzdem ist es eine Frage der Erziehung, ihn für einige Stunden allein lassen zu können. Die Gesellschaft zweier Tiere erleichtert die längere Abwesenheit von Herr oder Familie wesentlich. Die starke Bindung zum Menschen macht den Besitzerwechsel ausgewachsener Tiere dieser Rasse besonders problematisch und ist zu vermeiden. Ein Shih Tzu sollte, wie natürlich die meisten Familien- und Haushunde auch, nur als Welpe angeschafft werden und ins Haus kommen. So kann das Tier später eher seine Vielfalt an Gefühlsäußerungen entwickeln und besser zu allen Familienmitgliedern korrespondieren. Zu Kindern entwickelt diese Rasse ein besonders vertrauliches Verhältnis, das aber auf einer verständnisvollen Tierliebe beruhen muß. Obwohl der Shih Tzu ein denkbar idealer Wohnungshund ist, sollte ihm auch der völlig freie Auslauf im Gelände hin und wieder ermöglicht werden. Dabei kann er seine volle Lebenskraft präsentieren, und er kann vor Übermut regelrecht lächeln. Viele Vertreter dieser Rasse gehen gern ins Wasser und schwimmen auch ohne Aufforderung. Das hängt mit von der Haltungsart und der Umgebung ab. Im Interesse des schönen Haarkleides und wegen Gefährdung durch unsauberes Wasser sollte es vermieden werden. In seiner Heimat hat er es auch nicht getan.

Die hier beschriebenen Wesenseigenschaften des Shih Tzu beruhen alle auf Erfahrungen mit verschiedenen Tieren, und jedes Tier hat Eigenheiten. Es gibt beim Shih Tzu verschiedene Blutlinien mit etwas unterschiedlichem Verhalten. Bei einigen Tieren ist das Wach- und Beobachtungsverhalten stärker ausgeprägt und äußert sich in einer oft abwartenden Haltung. Ebenso ist das clownhafte Wesen nicht durchweg gleichstark vorhanden, obwohl alle Exemplare gern kleine Kunststückchen erlernen.

Wichtig ist, daß der Shih Tzu als der Hund behandelt wird, der er in seiner Heimat immer war, und nicht zum bewegungsarmen und verwöhnten Schoßhund herabgewürdigt wird. Dazu ist diese Rasse zu kostbar.

Tibet Dogge (Tibet Mastiff, Tibet Wachhund)

Die Tibet Dogge wird oft als Urtyp aller schweren Hunderassen betrachtet, obwohl es eine geschlossene Beweiskette dafür nicht gibt. Fest steht jedoch, daß Hunde dieses und ähnlichen Typs schon von den Assyrern im 7. Jahrhundert v. u. Z. vorrangig als Jagd- und besonders Kampfhunde verwandt wurden. Ausgrabungen in Ninive, Nimrud und Uruk zeigen diese schweren Kampfhunde auf Steinreliefs und Tonscherben, dargestellt als Kampfhunde und in Jagdszenen (s. Abb. S. 22). Nach Herodot wurden diese Hunde auch in Babylon als indische Hunde bezeichnet. Der Satrap von Babylon hatte vier große Städte in der Euphratebene von allen Steuern befreit und sie dafür verpflichtet, diese große Meute indischer Hunde zu füttern und zu unterhalten. Als wesentlichstes Verbreitungsgebiet läßt sich ab 7. Jahrhundert v. u. Z. ein Gebiet nachweisen, das Assyrien, Babylon und Altpersien umfaßte. Bei den Griechen und Römern gibt es keine Nachweise über die Haltung der Tibet Doggen. Sie waren ihnen jedoch bekannt und wurden in vielen Berichten »als Kampf- und Wachhunde der Serer (hier Tibeter) kolossaler Stärke und Wildheit« erwähnt. Aristoteles, der Lehrer Alexanders des Großen, beschreibt in seinen naturwissenschaftlichen Schriften die Tibet Dogge als indischen Hund, obwohl er ihn selbst sicher nur aus Erzählungen gekannt haben dürfte. Er vermutete aufgrund der Beschreibungen, daß diese Hunde aus einer Kreuzung von Hündin und Tiger hervorgegangen seien. Genauere Beschreibungen der Tibet Dogge sind bei Megasthenes, dem Verfasser der »Indica«, des ältesten uns bekannten griechischen Reiseberichtes über Indien, zu finden. Megasthenes war Gesandter am Hofe Tschandragupta Mauryas und zeitweise Kriegsberichterstatter Alexanders des Großen. Nach dem Zug nach Indien und dem Sieg über König Povos am Fluß Hydaspes im Jahre 326 v. u. Z. beschreibt er diese indischen Hunde als schwer, muskulös mit kolossalen Knochen, großköpfig und mit breiter Schnauze. Von den Leistungen dieser Tiere wird Sagenhaftes berichtet, so auch von dem Griechen Strabon (63 v. u. Z.–19 u. Z.). Danach sollen die großen Hunde die bei der Jagd gebissenen Tiere trotz aller Kraftanstrengungen nicht mehr losgelassen haben. Sie wurden hauptsächlich bei Stier- und Löwenjagden eingesetzt.

Aus allen historischen Quellen geht hervor, daß die Tibet Dogge nicht über längere Zeit in wärmeren oder gar heißen Gebieten fortbestehen konnte. Die Tiere degenerierten, und es mußten neue Tiere aus Tibet bzw. dem Himalaja importiert werden. Das würde auch erklären, warum es keine Hinweise für diese Tiere aus dem alten Ägypten und anderen orientalischen Staaten gibt. Offensichtlich war jedoch das hochgelegene Bergland Persiens ein geeigneter Lebensraum, und nach Indien kam beständig Nachschub aus dem angrenzenden Himalaja. In den letzten 20 Jahren wurde andererseits der Beweis erbracht, daß Tibet Doggen im gemäßigten Klima Europas und der USA eine gute Entwicklung nehmen können.

Erwähnenswerte und auch die ältesten Hinweise über die Tibethunde finden sich in chinesischen Schriften. So wird 1121 v. u. Z. von der Schenkung eines großen Hundes tibetischer Rasse berichtet, den das westlich Chinas lebende Volk der Liu dem Kaiser von China Wou-wang schenkte. Diese Hunde wurden in China Ngao genannt, waren groß wie Esel und dressiert, auch Menschen zu jagen. Es war in historischen Zeiten in China immer üblich, dem Kaiserhaus Hunde besonderer Qualität zu schenken. Die Schriften des Han (142–87 v. u. Z.) berichten ebenfalls von eselgroßen tibetischen Hunden, die nach China verschenkt wurden.

Berühmt und viel erwähnt sind die Schilderungen von Marco Polo (1254–1324) über Tibethunde. Sein Buch wurde nach seinem Diktat 1298/99 niedergeschrieben. Darin heißt es, daß »… die Tibeter eine große Anzahl mächtiger und edler Hunde besitzen, die große Dienste beim Fang der Moschustiere leisten. Ihre Doggen sind so groß wie Esel und jagen vorzüglich wilde Tiere, vor allem wilde Ochsen (Yaks), sehr große und bösartige Tiere. Die Tibeter haben daneben noch manch andere Rasse von Jagdhunden«. Marco Polos Erzählungen sind bekanntlich sehr drastisch geschrieben und teilweise etwas spekulativ, so daß sie übertrieben erscheinen. So auch seine Berichte vom kaiserlichen Hof des Chubilai Chan über die dort gehaltenen 5 000 Jagdhunde, die im Winter die Nahrung für den Hof zu jagen hatten. Die von Chubilai Chan gehaltenen Löwen beschreibt er ebenfalls von »immenser Größe, größer als die in Ägypten«. Sie sollen auf Karren in Käfigen gefahren worden sein, und jeder Löwe wurde von einem kleinen Hund begleitet.

Die Berichte von den tibetischen Jagdhunden treffen wahrscheinlich mehr für die sogenannten Tibetzigeuner, also Raubstämme zu, da die Tibeter selbst höchstens Yaks jagten. Bei den »anderen Jagdhunden« dürfte es sich um Shakhyis, also Tibet Hetzhunde, und um Mischlinge gehandelt haben.

Seit den Berichten Marco Polos gab es bis Anfang des 19. Jahrhunderts keine weiteren Nachrichten mehr über die Tibethunde. Erst um 1800 beschreibt Turner, der auf einer Erkundungsreise im Auftrag der ostindischen Gesellschaft durch Bhutan nach Tibet reiste, wieder diese auffälligen Tiere. Bei Nomadenhirten an der Grenze Bhutan-Tibet sah er diese großen Hunde beim Hüten von Yakherden. Er fand sie auch eingesperrt in großen Gattern in Bhutan, wo sie nur nachts freigelassen wurden. Größe und Mut dieser Hunde vergleicht Turner mit denen der Löwen. Die Farbe der Tibet Doggen wird in den historischen Berichten meist mit Tiefschwarz, aber auch Schwarz mit rotgelben (black and tan) Flecken über den Augen und an den Innenläufen angegeben. Es wird aber auch von roten (rotgelben) Tieren und weißgefleckten berichtet.

Alle historisch beschriebenen Merkmale der Tibet Dogge und der bis dahin außerhalb Tibets verbreiteten Exemplare faßt der bekannte Wiener Kynologe Fitzinger im Jahre 1885 in folgender Form zusammen: »Die Rasse der Tibet Doggen (Canis Molossus tibetanus) ist eine reine, unvermischte, auf geographischer Verbreitung und den Einflüssen des Klimas beruhende Abänderung des Bullenbeißers (Canis Molossus), welche dem mittleren Theile von Asien angehört und als deren Heimat insbesondere Tibet bezeichnet werden kann.

Diese stattliche, durch Kraft und Stärke ausgezeichnete Hundeform bietet zwar in ihrer Gesamtgestalt eine unverkennbare Ähnlichkeit mit dem großen Bullenbeißer dar, unterscheidet sich von demselben aber nicht durch den viel stärkeren Körperbau und die weit beträchtlichere Größe, indem sie hierin selbst die größten Individuen der gemeinsamen Dogge (Canis Molossus mastivus) noch übertrifft, sondern auch durch mancherlei andere und zum Theile sehr wichtige Merkmale.

Ihr Kopf ist größer, das Hinterhaupt stärker erhaben, und die stark gewölbte Stirne bietet über den Augenbrauen eine tiefe Hautfalte dar. Die Schnauze ist breiter und stumpfer, doch etwas weniger aufgeworfen, die Lippen sind länger und deshalb auch tiefer herabhängend, die Wangenhaut ist schlaffer, die Ohren sind länger und mehr abgerundet und die Augen verhältnismäßig kleiner. Der Hals ist kürzer und noch dicker, der Leib voller, und der Schwanz, welcher meistens über den Rücken nach aufwärts gekrümmt getragen wird, erscheint in Folge der reichlichen Behaarung bedeutend dicker und beinahe buschig.

Das Fell ist an den Leibesseiten schlaff und die Behaarung beträchtlich länger, am längsten aber am Schwanze und insbesondere an der Unterseite desselben, wo sie lange Fransen bildet.

Die Färbung des Körpers ist tiefschwarz und an den Seiten etwas lichter gewölkt, und nur die Pfoten und ein kleiner runder Flecken jederseits oberhalb der Augen sind lebhaft rostgelb oder hellbraun gefärbt.

Die Engländer nennen diesen Hund Mastiff of Tibet, die Franzosen Dogue du Tibet.«

Zweifellos unterschieden sich die Tibet Doggen je nach Herkunft auch innerhalb Tibets. Das bestätigen die verschiedenen Reisebeschreibungen und die Informationen aus China. So sollen die größten Exemplare in der Gegend um Ladakh (Kashmir) vorkommen. Die Tiere um Lhasa werden schwarz mit gelbbraun beschrieben und mit besonders dickem Kopf. Rotbraune Exemplare wurden oft nach China abgegeben. Die typische Wolfskralle wird bei allen Varietäten genannt. Die Dicke des Fells und die Art des Wollhaars waren ebenfalls verschieden ausgeprägt. Tiere aus dem Innern Tibets hatten immer feine Unterwolle unter dem langen Deckhaar, während Tiere aus den Grenzgebieten oder gar nach Indien gebrachte das lange Haar meist verloren haben.

Interessant dürfte auch der verhältnismäßig hohe Preis der Tiere sein. Es wurden in den Jahren 1870 bis 1890 für Hunde, die direkt aus Tibet nach Süden hin, meist an Engländer, verkauft wurden, 200 Mark verlangt, nach China hin nur 60 Mark. Das war damals sehr viel Geld und dürfte damit auch die Verbreitung stark eingeschränkt haben.

Den heutigen Typ der Tibet Dogge beschreibt der bekannte schwedische Asien- und Himalajaforscher Sven Hedin, der zwischen 1895 und 1908 innerasiatische Gebiete und Tibet erkundete und unter anderem den Transhimalaja (Gangdisishan) entdeckte. Er besaß selbst eine dieser mächtigen Tibet Doggen, die ihn auf seinen Reisen so beeindruckten. Hedin schildert recht anschaulich die Lebensweise und die Funktion dieser Tiere in Tibet. Wie die tibetische Bezeichnung für diese Rasse »Do-Khyi«, also wörtlich »Anbindehund« oder besser Wachhund, besagt, dient dieser Berghund zum Bewachen und zum Schutz der Zelte, Ansiedlungen und der Herden. Die Tiere wurden entweder angekettet vor dem Eingang, in schweren Käfigen vor Häusern oder auch frei gehalten. Sie waren wichtigstes Glied einer Warn- und Wachkette für die Lager und Wohnstätten der Tibeter. Die ankommenden Fremden wurden durch starkes Gebell aus weiten Entfernungen angekündigt. Die freilaufenden Hunde ließen Unbekannte kaum näher als 100 bis 200 m an das Lager heran. Erst bei Erscheinen der Lagerbewohner und nach Zurücktreiben der Mastiffs konnte sich ein Fremder den Bewohnern nähern. Der mächtige Eindruck der Tiere wurde durch eine aus rotgefärbtem Yakhaar umgelegte dicke Halskrause verstärkt. Die Tibeter bevorzugten eine extreme Aggressivität dieser Hunde. Sie erzielten das durch Anbinden der Mastiffs bereits im Welpenalter und durch Fütterung von frischem Blut. Diese anerzogene Bösartigkeit war für die Abschreckung von räuberischen Nomadenhorden besonders wichtig. Die Tibet Doggen wurden auch mit Wölfen fertig und zerrissen nicht selten, speziell nachts, ungebetene und leichtsinnige Besucher. Teilweise wurden sie auch als Trageтiere für schwerbegehbare Pässe eingesetzt, die Yaks und Esel nicht mehr überwinden konnten. Die Beißwütigkeit und Aggressivität der Hunde schildern fast alle Tibetreisenden und formten damit in Europa das Bild von gewaltigen Hundebestien der Tibeter. Hedins Beschreibungen über die Hunde, die in Lhasa und anderen Städten die zerstückelten Toten aufgefressen haben, verstärkten dieses Bild noch. Für Buddhisten ist es ganz normal und ehrenhaft, nach dem Ableben von Tieren aufgefressen zu werden.

Aufgrund ihrer Aggressivität, ihrer oft übertriebenen Größe und Gewaltigkeit und ihres jahrtausendelangen Bestandes ist die Tibet Dogge eine besonders geheimnisumwitterte Rasse und Gegenstand vieler realistischer, aber auch phantasievoller Schilderungen.

In Europa konnte man Mitte des 19. Jahrhunderts die ersten Exemplare dieser Rasse vor allem in England und Deutschland sehen. Sie wurden meist aus der damaligen indischen Kolonie mitgebracht oder als Repräsentationsgeschenke von dort nach England gesandt. Diese Tiere lebten in Europa durchweg nicht sehr lange, und an eine Zucht war noch nicht zu denken. Bekannt waren auch die Tibet Doggen des ungarischen Grafen Széchenyi um die Jahrhundertwende.

Der erste Wurf einer Tibet Dogge in Europa ist am 12. Februar 1898 in Berlin nachweisbar. Der Zoologische Garten in Berlin hatte eine Hündin und einen Rüden offensichtlich

Tibet Dogge. Deutscher Stahlstich von 1847

aus einem der südlichen Randstaaten des Himalaja importiert, und aus dieser Verpaarung gingen neun Welpen hervor. Über den Verbleib der Welpen und über Nachzuchten aus dem Wurf ist nichts bekannt. Bemerkenswert ist jedoch, daß damals der bekannte Tiermaler Richard Strebel ebenso wie zeitgenössische Kynologen über das Aussehen der Tibet Doggen etwas enttäuscht waren. Den Tieren fehlten die oft zugesprochene überschwere Schnauze und die tiefhängenden Lefzen, die auf den Zeichnungen des 19. Jahrhunderts die Gewaltigkeit und Bösartigkeit unterstreichen sollten. Von Strebel wurden daraufhin realistischere Zeichnungen der Tibet Doggen in Berlin angefertigt.

Zur Zucht in Europa kam es erst ab 1928 in England durch die Baileys, die längere Zeit in Nordindien und teilweise auch in Tibet gelebt hatten. Nach dem zweiten Weltkrieg war diese Zucht nicht mehr vorhanden, und erst 1977 wurden wieder zuchtfähige Tibet Doggen aus dem nordindischen Grenzgebiet und Nepal nach Europa gebracht. In den Niederlanden begann damit die Zucht auf der Basis nordindischer Importe und in der BRD mit Tieren aus Nepal und den USA. In den USA wurde bereits 1974 mit Importen aus Nepal die Zucht aufgebaut. Ab 1980 begann die Zucht in der Schweiz, und es folgten 1983 Schweden und Frankreich. Damit ist die Zucht dieser Tibet Wachhunde in Europa eine der jüngsten Rassezüchtungen überhaupt, obwohl diese eindrucksvolle Rasse schon fast 100 Jahre in Europa bekannt ist. Es wird sicher schwierig sein, aufgrund der schmalen Zuchtbasis einen einheitlichen Typ der Tibet Dogge herauszubilden. Die unterschiedlichen Erscheinungsformen im ehemaligen Tibet werden auch noch weiterhin zu Varietäten im Zuchtfortgang führen, die es gilt, mit gezielten zuchtlenkenden Maßnahmen zu einem gewissen Standardtyp zu führen. Trotz der Unterschiede gibt es bereits einen internationalen Standard von 1967, der 1982 neu bearbeitet wurde.

Internationaler Standard der Tibet Dogge
Nr. 230 in der Fassung von 1982

I. Allgemeine Erscheinung:

a) Gesamteindruck, Charakter

Großer, wohlproportionierter, imposanter Hund von wenig vertrauenswürdig wirkender Erscheinung. Mutig, unermüdlich, mit ausgeprägtem Schutztrieb. Eigenartige, dem Klang eines schweren kupfernen Gongs ähnelnde Stimme.

b) Größe und Gewicht

Rüde mindestens 65 cm Widerristhöhe bei einem Gewicht von ca. 130 Pfund, Hündinnen 62 cm und etwas leichter.

c) Format

Die Rumpflänge übertrifft die Widerristhöhe um weniges.

d) Verwendung

Begleit-, Wach- und Hütehund.

II. Kopf:

a) Allgemeine Ansicht

Wuchtig, breit, kräftig. Die dicke, aus abstehenden Haaren gebildete Mähne, die am Hinterkopf büschelartig aufsteht, läßt den Kopf noch mächtiger erscheinen, als er ist. Das Verhältnis zwischen Hirnschädel und Fang beträgt 1:1, der Fang darf jedoch auch um weniges kürzer sein.

b) Schädel

Breit und massiv, mit ausgeprägtem Hinterhauptbein und markiertem Stirnansatz (Stop). Die über den Augen liegenden, nicht zu tiefen Runzeln sind seitlich bis zu den Lippenwinkeln verlängert.

c) Fang

Breit, stumpf, gut ausgefüllt. Soll, von allen Seiten gesehen, viereckig erscheinen.

d) Nase

Breit, schwarz, gut geöffnet.

e) Lefzen

Gut entwickelt, schwarz, Oberlippe überhängend.

f) Gebiß

Zangenbiß erwünscht. Scherenbiß zulässig, insofern dadurch die markant eckige Form des Fanges nicht beeinträchtigt wird. Das Gebiß soll vollständig sein, doch ist das Fehlen eines Prämolaren 1 erlaubt.

g) Augen

Von mittlerer Größe, eher klein, dunkelbraun; etwas hellere Farbe ist ausschließlich bei grauen Hunden zulässig; sehr klar, ziemlich tief, gut auseinander und leicht schräg liegend. Lider schwarz. Ausdruck abwechselnd ernst oder aufmerksam.

h) Ohren

Mittelgroß, dreieckig, hängend, ziemlich tief angesetzt und fest am Kopf anliegend getragen; wenn der Hund aufmerksam ist, hebt er die Ohren leicht nach vorne an. Mit kurzem und seidigem Haar bedeckt, doch ist etwas längeres Haar bei sehr stark behaarten Hunden zulässig.

III. Hals:

Sehr kräftig und lang, muskulös, im Nacken gut gewölbt, von einer dicken, aufgerichteten Mähne umgeben; Wamme nicht zu stark entwickelt.

IV. Rumpf:

Rücken gerade, kräftig bemuskelt, trotz des hohen Widerristes nicht abfallend wirkend. Kruppe nahezu gerade. Rutenansatz in der Verlängerung der Rückenlinie liegend. Flanken straff und breit. Brust tief, von mäßiger Breite, gut gerundet, wobei die Rippen seitlich jedoch leicht abgeflacht sind; Brustkorb tiefer als Ellbogen reichend.

V. Rute:

Mittellang, eher kurz, hängend keinesfalls tiefer als die Sprunggelenke reichend. Leicht über dem Rücken gekrümmt getragen; lang und sehr dicht behaart.

VI. Vorderhand:

a) Schultern
Am Widerrist hervorstehend, fest anliegend. Das sehr lange Schulterblatt bildet mit dem Oberarm einen Winkel von 45°. Gut bemuskelt.
b) Vorderläufe
Kräftig, gerade, mit starken Knochen, gut bemuskelt. Pfoten rund, von mittlerer Größe, gut geschlossen. Dichte Behaarung zwischen den Zehen. Gut gepolsterte Ballen.

VII. Hinterhand:

Mächtig bemuskelt, mit gut geprägten Winkelungen. Von hinten gesehen, müssen die Läufe parallel stehen. Pfoten gleich denjenigen der Vorderläufe. Einfache oder doppelte Afterkrallen sind häufig.

VIII. Haut:

Elastisch, gut dehnbar und von mittlerer Dicke. Faltenbildung.

IX. Gangwerk:

Kraftvoll und frei, niemals schwerfällig, sondern stets leicht und federnd. Im allgemeinen zieht der Hund eine langsame Gangart vor; seine Bewegungen scheinen sich manchmal fast im Zeitlupentempo abzuwickeln.

X. Haar:

Lang, hart, struppig, mit dichter und schwerer Unterwolle, die mit der Frühlingsmauser größtenteils abgestoßen wird. Haar fein, aber hart, ganz gerade und zum Aufstehen neigend. Nacken, Schultern und Hals werden von einer dicken Mähne bedeckt, die am Oberkopf einen Schopf bildet. Am Kopf und an den Läufen ist das Haar stets kurz, mit Ausnahme des oberen Teiles der Hinterläufe, wo es dichter sein soll. Die Länge der Behaarung ist verschieden, doch darf das Fell weder wollig noch seidig, noch gelockt oder gewellt sein.

XI. Farben:

Vorgezogen wird ein tiefes Schwarz mit einem kleinen weißen Bruststern; auch Schwarz mit dunklen oder hellen Lohabzeichen, Goldbraun und Schiefergrau mit oder ohne Brand. Isabellfarbenes, weißes und geflecktes Fell sowie Mantelhunde mit mehr oder weniger ausgedehnten weißen Abzeichen sind nicht zulässig. Mit Ausnahme des weißen Bruststerns sind weiße Abzeichen unerwünscht; erlaubt sind allerhöchstens weiße Zehenspitzen.

XII. Fehler:

Schwache und leichte Knochen; Hochläufigkeit; ungenügend ausgeprägte Gelenkwinkelungen; Mangel an Harmonie der Gesamterscheinung; gewölbter Rücken; stark abfallende Kruppe; zu hoch angesetzte Ohren; zu kleine, zu große, vorstehende Augen; Entropium, Ektropium; schmaler Kopf; zu leichter oder spitzer Fang; Größe und Gewicht unterhalb der Standardminimalwerte; sämtliche vorgenannten unerwünschten Farben; Vor- und Hinterbiß; Monorchismus und Kryptorchismus.

Bemerkung: Rüden müssen zwei sichtlich normale, gut im Skrotum liegende Hoden aufweisen.

Erläuterungen und Anmerkungen zum Standard der Tibet Dogge sind aufgrund der Ausführlichkeit der Merkmalsbeschreibungen nicht erforderlich. Bezüglich der Größe und des Gesichtsausdrucks gab und gibt es Vorstellungen, die auf übertriebenen Beschreibungen beruhen und sich auf im 19. Jahrhundert angefertigte Zeichnungen begründen. Dähler verweist auf die übliche Kastrationspraxis für Hirtenhunde vor der Geschlechtsreife und den daraus resultierenden höheren Wuchs. Das wäre eine Erklärung für die Existenz besonders großer Rüden als Begleiter und Bewacher der Herden. Trotzdem sind die in Reiseberichten erwähnten Schulterhöhen von 120 cm kaum vorstellbar, und selbst die von Siber genannten 90 cm dürften nur auf Beschreibungen beruhen.

Die absolut obere Grenze der Widerristhöhe für Rüden ist etwa 85 cm. Das Erscheinungsbild der Tibet Dogge wird dadurch keinesfalls negativ beeinflußt. Nur die vielfach vorhandenen Vorstellungen über einen gewaltigen und bösartigen Hund werden damit berichtigt. Die Tibet Dogge ist ein kräftiger und imposanter Hund. Der massive Eindruck wird durch den breiten und kräftigen Kopf mit der am Hinterkopf aufstehenden dichten Mähne verstärkt. Dazu trägt auch der quadratische Fang bei. Wesentlich ist der lange, gut bemuskelte und sehr kräftige Hals. Trotz des kraftvollen Erscheinungsbildes ist der Gang nicht schwerfällig, sondern leicht und federnd.

Wie bei anderen Rassen, so ist auch bei der Tibet Dogge die Erziehung ausschlaggebend für ihre Verhaltensweise. Im Gegensatz zu den Lebensumständen in Tibet sind unter den europäischen Lebensverhältnissen bösartige, bissige und aggressive Hunde kaum erwünscht. Für die Tibeter konnte die bösartige Aggressivität der Hunde nicht genug ausgeprägt sein, und als äußeres Zeichen wurde das noch durch Anlegen der wuscheligen, rotgefärbten Yakhaarhalskrause verstärkt (Bild 3).

Die beeindruckende Überlegenheit, mit der sich die Tibet Dogge präsentiert, strahlt Würde und Ausgeglichenheit aus. Das macht den Hund zur respektablen »Persönlichkeit« in den zivilisierten Ländern.

Über sein starkes Selbstbewußtsein gibt es, wie bei allen tibetischen Rassen, keinen Zweifel. Er betrachtet sich als gleichwertigen Partner des Menschen und will auch so behandelt werden. Unterordnung und freiwillige Unterwerfung in der Familie sind deshalb untypische Eigenschaften und können als rassefremde Merkmale eingeordnet werden. Trotz seiner Verwendung als ausgesprochener Wachhund hat der ständige Kontakt zum Menschen über die Jahrtausende sein Geselligkeitsbedürfnis besonders entwickelt.

Ähnlich wie der Tibet Terrier verträgt er eine abgeschlossene und einsame Haltung nicht. Ohne ständigen menschlichen Kontakt kann er kein richtiger Tibethund werden und wird eher Schwierigkeiten bereiten. Innerhalb der Familie ist er ausgesprochen liebebedürftig und anschmiegsam. Es ist deshalb nicht ratsam, eine Tibet Dogge isoliert in einem Zwinger einzusperren und sie nur gelegentlich auszuführen. Vor allem sollte dem Hund ein übersichtlicher Beobachtungsort zugestanden werden. Trotz scheinbarer Teilnahmslosigkeit überwacht er zuverlässig auch die geringsten Bewegungen und sichert das Gelände vor unbekannten Personen, die es keinesfalls unbemerkt wieder verlassen können. Er ist mißtrauisch und abweisend gegenüber allen Fremden und kann bei unbedachten Handlungen entsprechend gefährlich werden.

Gegenüber Kindern ist er duldsam und zuverlässig. Der Spieltrieb ist auch dieser Rasse eigen, und selbst im fortgeschrittenen Alter spielen sie mit gerade verfügbaren beliebigen Gegenständen. Es ist für alle tibetischen Rassen charakteristisch, daß auch die älteren Tiere in eine ausgesprochene Spiellaune verfallen können und sich dann oft mehr als Welpen austoben.

Die Entwicklung zum ausgewachsenen und auch wesensreifen Hund vollzieht sich bei der Tibet Dogge vergleichsweise langsam. Entsprechend länger sind die notwendigen Erziehungsphasen. Das starke Selbstbewußtsein der Rasse und die fehlende Unterordnungsbereitschaft erfordern deshalb eine geduldige, verständnisvolle und partnerschaftliche Erziehungsmethode, der es aber an Konsequenz nicht fehlen darf.

Die Tibet Dogge ist in allen Beziehungen ein anspruchsvoller und außergewöhnlicher Hund und kann nicht mit den üblichen »Hundemaßstäben« gemessen werden. Würde sie nur als »gewöhnlicher Hund« behandelt werden, wäre es keine Tibet Dogge, sondern ein problematischer und nicht ungefährlicher Hund. Wer sich zur Haltung dieser wertvollen Tiere entschließt, muß sein Leben auf diese Gemeinschaft mit der Tibet Dogge einstellen und wird dafür auch mit einer außergewöhnlichen Partnerschaft belohnt. Erst dann entfalten sich all die erwähnten wertvollen Eigenschaften.

Voraussetzungen für eine geeignete Haltung sind neben der überzeugten Einstellung zu dieser Rasse vor allem geeignete Bewegungsräume. Die Tibet Dogge soll in der Bewachung einer Gartenanlage oder eines Anwesens eine Aufgabe haben, die das Selbstbewußtsein voll zur Geltung kommen läßt.

Shakhyi (Tibet Laufhund, Tibet Hetzhund)

Die Tibeter haben als Hüte- und Wachhund neben der Tibet Dogge noch einen schnellen Laufhund, den sie Shakhyi (jagender Hund) oder auch Congkhyi (nach dem Congpo-Tal, wo diese Rasse neben Mastiffs häufig auftritt) nennen. Er kommt in Tibet auch oft in Mischformen mit dem Mastiff vor. Einige importierte Tibet Doggen zeigten diesen etwas längeren und spitzen Fang des Shakhyi. Vorrangig wird er zum Behüten von Yak- und Schafherden mit eingesetzt. Die oft erwähnten räuberischen Nomadenstämme des tibetischen Hochlandes nördlich und südlich des Gangdisishans, die auch Tibetzigeuner genannt werden, benutzen den Shakhyi als Jagdhund. Der Tibeter selbst betreibt ja keinerlei Jagd. Diese schnellen Laufhunde sind hochintelligent und relativ sensibel, sie haben einen leichten Windhundeinschlag. Ihr Körperbau ist wesentlich leichter als der der schweren Tibet Dogge, und sie können unter extremen Nahrungsentbehrungen überleben. Generell wird der Shakhyi als eine sehr harte und robuste Rasse beschrieben. Diese Eigenschaften befähigen ihn, über längere Zeiträume Viehherden in unzugänglichen Gebieten allein zu behüten. Auch als Karawanenhund ist er dadurch vorzüglich geeignet.

Mehrere Exemplare des Tibet Laufhundes wurden 1941/42 nach Deutschland gebracht. Sie beeindruckten damals sehr, es wurde mit der Zucht begonnen und 1944 sogar ein Standard aufgestellt. Leider überlebten die Tiere nicht lange, und 1949 wurde die Zucht wieder aufgegeben. Außerhalb des Himalaja ist diese Rasse nicht mehr anzutreffen.

Die Gesamterscheinung des Shakhyi ist mit der Ostsibirischen Laika vergleichbar. Der Shakhyi hat jedoch einen etwas eleganteren Körper und Hängeohren. Es gibt allerdings auch eine stehohrige Art. Die Rute trägt der Shakhyi, wie alle Tibetrassen, geringelt über dem Rücken. Der Gesichtsschädel ist lang gestreckt, etwas windhundähnlich, aber trotz-

Shakhyi

dem kräftig. Der Stop ist kaum sichtbar ausgebildet. Die Ohren sind schwer und schließen spitz ab. Der Hals ist relativ lang, wird aber trotzdem vergleichsweise steil getragen. Meist wird der Hals von einer dichten Mähne bedeckt, die bei Rüden sehr kräftig ausgebildet sein kann.

Die Vorderläufe sind allseitig gerade, die Hinterläufe länger und stark gewinkelt, so daß der Rücken gerade ist. Der Körper erscheint fast rechteckig, und die untere Körperlinie läuft mit der Rückenlinie parallel. Die Widerristhöhe für Rüden liegt zwischen 53 und 63 cm. Im Fell gibt es kurzhaarige und längerhaarige Formen. Generell dürfen aber die Läufe und die untere Körperseite kein langes Haar tragen. Bevorzugte Haarfarben sind Weiß, Creme und Sandfarbe. Es gibt aber auch schwarz melierte, gefleckte und rötliche Tiere. Teilweise findet man auch dunkle Gesichtsmasken und dunkle Ohrenspitzen. Der Shakhyi ist offensichtlich besonders an das Höhenklima angepaßt. Er akklimatisiert sich nach allen vorliegenden Berichten nur sehr schwer im gemäßigten oder heißen Flachland.

Praktische Haltung des Hundes

Es gibt viele Motive, die jemanden bewegen können, sich einen Hund anzuschaffen. Meist sind damit bestimmte Vorstellungen über die Art seiner Haltung und sein Zusammenleben mit Herr und Familie verbunden. Nur bei einer fachgerechten Haltung können sich jedoch die Erwartungen erfüllen, die in das Tier gesetzt werden, und spätere Enttäuschungen werden vermieden. Das Anschaffen eines Hundes ist für eine Familie ein Ereignis, das für die nächsten 12 bis 15 Jahre Einfluß auf das gesamte Familienleben haben wird. Es reicht nicht aus, wenn man das Tier in einen Zwinger sperrt und damit glaubt, der Haltung, ähnlich wie bei Hase, Ziege, Huhn usw., Genüge getan zu haben. Seine relativ hohe Intelligenz, das starke Empfinden und seine Einsatzbereitschaft unterscheiden den Hund von allen anderen Haustieren und machen ihn zu einem wertvollen Lebensgefährten des Menschen, der eine artgerechte Behandlung verdient.

Der Hund ist ein Rudeltier, und die Meute gehört zu seinem Wohlbefinden. In der Familie fühlt er sich als Mitglied der Meute, und bei Trennung oder gar ständiger Isolierung in einem Zwinger erleidet er seelischen Schmerz, der ihn dahinsiechen läßt. Wer nicht bereit ist, einen Hund als Mitglied der Familie zu akzeptieren, sollte lieber auf die Anschaffung eines Hundes verzichten. Natürlich schließt eine Zwingerhaltung den menschlichen Kontakt nicht aus. Mit ausreichenden Auslaufzeiten für den Hund und der nötigen Verbindung zur Familie kann diese Art der Haltung sogar als optimal gelten. Wichtig sind dabei Lage, Größe und Bauart des Zwingers. Der Hund soll vom Zwinger aus möglichst große Teile des Grundstückes und den Zugang zum Haus überblicken können. Eine ruhige Lage kann dem Tier die notwendigen Ruhephasen ermöglichen. Ist ständig Bewegung und Fußgängerverkehr in Zwingernähe, wird der Hund stark gestreßt und schließlich abgestumpft, da er bei den Aktionen um ihn herum nicht eingreifen und teilhaben kann. Eine wetterfeste und warme Hütte, hygienischer Steinfußboden mit Holzliegeflächen und überdachten Freiflächen sind selbstverständliche Mindestausstattungen einer Zwingeranlage, die nicht unter 10 bis 15 m² Grundfläche für einen Hund mittlerer Größe haben soll.

Die Haltung der tibetischen Rassen in Zwingeranlagen ist jedoch nicht unproblematisch und erfordert einige zusätzliche Überlegungen. Wie wir bereits bei der Rassenentwicklung in Tibet gesehen haben, und wie das Wesen und der Charakter unserer Tibethunde beweisen, sind sie seit ältesten Zeiten immer im engen Kontakt mit dem Menschen gewesen, hatten stets freien Auslauf und waren nie allein. Obwohl unsere Zivilisation die Lebensweise mancher Tiere völlig verändert und damit auch den Verlust mancher arttypischen und wertvollen Eigenschaften in Kauf genommen hat, sollte man bei der Haltung der Tibethunde ihre ursprünglichen Lebensgewohnheiten nicht völlig vergessen. Selbst die schwere Tibet Dogge wurde in ihrer Heimat nur teilweise und nur tags in großen Gatterzwingern gehalten und hatte nachts freien Auslauf. Das zeitweilige Anbinden oder Einsperren diente oft nur zum Scharfmachen der Tiere. Alle anderen Rassen genossen ständige Bewegungsfreiheit in Kloster- und Wohnungsanlagen. Sollte man sich aus bestimmten Gründen für eine Zwingerhaltung der Tibethunde entschließen, dann sollte niemals nur ein Tier allein gehalten werden. Bereits zwei oder drei Hunde bilden eine kleine Meute, in der allerdings auch schon eine Rangordnung festgelegt ist. In Gegenwart der Familie und abends sollten die Hunde dann freie Bewegung in Haus, Garten oder Wohnung genießen. Ein weiterer Auslauf oder ausreichende Spaziergänge sind täglich einzuplanen. Besonders wichtig und wertvoll für alle Tibethunde sind die unmittelbaren Berührungskontakte zum Herrn oder zu den anderen Familienmitgliedern. Das Anlehnen an den menschlichen Körper oder das Auflegen des Kopfes auf die Füße des Herrn sind für sie entscheidende Bindungskontakte. Das fröhliche Wesen, ihre Bewegungsfreudigkeit und der ständig gesuchte menschliche Kontakt sind ja die besonders geschätzten und herausragenden Eigenschaften dieser Rassen, die sie jedoch nur bei sachgemäßer Haltung entfalten können. Zwingerhaltung ist deshalb nur unter Beachtung dieser Wesensmerkmale zu empfehlen.

Es ist zweckmäßig, sich vor Einrichten einer Zwingeranlage anhand der örtlichen Gegebenheiten mit einem erfahrenen Halter oder Züchter tibetischer Rassen zu beraten. Eine schöne und bedarfsgerechte Zwingeranlage wirkt in einem Grundstück niemals störend und kann sogar bei entsprechender Gestaltung ein optischer Anziehungspunkt sein, der schon von der baulichen Gestaltung her den Lebensraum im Garten bereichert.

Neben der reinen Wohnungshaltung hat sich auch eine kombinierte Zwinger- und Wohnungshaltung bewährt. Die Vorzüge bestehen darin, daß bei der notwendigen Abwesenheit der Familie durch berufliche Tätigkeit, durch Einkauf oder andere Gründe der Hund einen sicheren und relativ freien Bewegungsraum hat. Gleichzeitig lernt der Hund, daß er während des zeitlich begrenzten Zwingeraufenthaltes allein ist, daß er dann seine erforderlichen Ruhepausen haben kann, und er weiß, daß er nicht immer hinter dieser Begrenzung leben muß. Bei offenen Zwingeranlagen kann man sogar oft beobachten, daß Hunde das Bedürfnis haben, zeitweilig allein in den Zwinger zurückzugehen, weil sie sich dort geborgen fühlen.

Für die Aufzucht von Welpen ist eine Zwingeranlage unbedingt erforderlich. Dazu gehören dann eine Heizmöglichkeit der Hütte und getrennte Ruheplätze für Hündin und Welpen. Im Abschnitt über die Zucht von Hunden wird darauf näher eingegangen.

Neben den eigentlichen Zwingeranlagen gibt es auch sehr schöne Hundehäuschen mit Auslauf, die für kleine Rassen besonders geeignet sind. Langhaarrassen, zu denen alle Tibethunde gehören, sollen jedoch möglichst einen überdachten Auslauf haben, da das besonders wertvolle Haarkleid andernfalls zu sehr leiden würde. Bei der Gestaltung der Hundehäuser sind der schöpferischen Phantasie keine Grenzen gesetzt, sofern die Gestaltungsgrundsätze für Zwingerhaltung eingehalten werden. Die Haltung von Tibethunden in alten Ställen, in Scheunen oder Kellern ist, wie auch für andere Rassen, generell abzulehnen. Gleiches trifft für eine Haltung in Hundehütten und das Anketten zu.

Dazu sind diese Rassen nicht nur zu wertvoll, sondern auch seitens der Tierhygiene und der grundsätzlichen Einstellung zur Rassehundehaltung verbietet sich eine solche Unterbringung. Bei der Wohnungshaltung muß zwischen der Haltung in einer Etagenwohnung und der Haltung in einer Parterrewohnung mit Gartenauslauf bzw. Einfamilienhaus mit Garten unterschieden werden. Alle Tibetrassen (außer der Tibet Dogge mit ihren besonderen Ansprüchen für Haltung und Behandlung) eignen sich für eine reine Wohnungshaltung. Indem wir mit dem Hund einen gemeinsamen Lebensraum haben, fühlt er sich besonders wohl und anerkannt. Damit jedoch der Hund nicht auch alle Wohnungs- und Hausratsgegenstände für sich mit in Anspruch nimmt, muß durch eine konsequente Erziehung, beginnend mit dem ersten Tag des Aufenthaltes in der Wohnung, sein Lebensraum festgelegt werden. Darüber finden sich entsprechende Hinweise im Abschnitt über die Erziehung des Hundes.

Besonders wichtig ist die Wahl des Ruheplatzes in einer ruhigen Ecke der Wohnung. Meist wird dafür der Flur vorgesehen. Durch das ständig notwendige Hin- und Hergehen ist jedoch ein Flur oder Vorraum wenig geeignet. Besser ist dann schon ein Plätzchen im Bad oder auch auf dem Balkon. Zweckmäßig ist es, dem Hund auch ein Eckchen im Wohnzimmer einzurichten, da sich dort die Familie am häufigsten aufhält. Der eigentliche Schlafplatz kann dann vor der Schlafzimmertür sein, damit »Hörkontakt« zum Herrn besteht. Im Wohnzimmer sollte man möglichst einen Stuhl oder Sessel für den Hund vorsehen. Dort und nirgendwo sonst darf er dann mit auf einem Sitzmöbel liegen. Das Bedürfnis eines Hundes für eine erhöhte Liege- oder Sitzposition ist so stark, daß sich Sprünge und Liegeversuche auf Sitzmöbeln in einem Zimmer nicht vermeiden lassen. Deshalb ist ein zugewiesener Platz mit pflegeleichten Austauschbezügen auf die Dauer die bessere Lösung.

Als Schlafstelle für den Welpen empfiehlt sich eine mit gebrauchten, sauberen Decken oder Scheuertüchern ausgelegte, nicht zu große Holzkiste oder ein käufliches Hundebett mit festem, derbem Überzug. Welpen neigen zum Beknabbern und Abnagen ihres Lagers, und deshalb sind geflochtene Körbchen als Welpenbettchen ungeeignet. Außerdem besteht die Gefahr, daß die abgenagten Korbgeflechtstückchen im Hals steckenbleiben oder im Verdauungskanal einen Verschluß bewirken können. Zum Teil bevorzugen einige Hunde auch oben geschlossene Kisten oder Körbchen, in denen sie sich geborgener fühlen. Empfehlenswert und notwendig ist das nicht. Zudem ist die Kontrolle der Lagerstätte etwas aufwendiger, und das Tier kann nicht so gut beobachtet werden. Nach Erfahrungen des Verfassers lehnen jedoch die meisten Tibethunde diese oben geschlossene Unterkunft von sich aus ab.

Der Futterplatz sollte sich ebenfalls an einer möglichst ruhigen Stelle befinden, da Störungen bei der Futteraufnahme einen Hund sehr beunruhigen und dann das natürlich veranlagte Schlingen der Nahrung noch hastiger erfolgt. Zweckmäßig ist eine entfernte Ecke in der Küche, im Bad oder auch im Flur, falls er groß genug ist. Daneben soll der immer zugängliche und gefüllte Wassernapf seinen Platz haben. Wichtig ist, daß all die Plätze für das Schlafen und Ruhen sowie Fressen und Saufen beizubehalten sind und nicht laufend verändert oder neu eingerichtet werden. Auch der Hund möchte eine gewisse Ordnung haben. Das schließt natürlich gelegentliche Umstellungen nicht aus, aber ständiger Wechsel machen den Hund nervös und unsicher.

Bei der Wohnungshaltung spielen Spaziergänge, das »Gassigehen« und ein gelegentlich freier Auslauf für den Hund eine besondere Rolle. Das sind für eine geregelte Verdauung und das Verrichten seines »Geschäftes«, aber auch zur Erhaltung einer guten körperlichen Konstitution notwendige Bewegungsphasen. Mindestens zwei- bis dreimal täglich ist der Hund deshalb bei reiner Wohnungshaltung auszuführen. Geschieht das früh nach dem Aufstehen, nach den Mittagsstunden und abends nach der Mahlzeit, dann wird der Hund absolut stubenrein bleiben und sich auf diese Ausführzeiten mit seinem »Geschäft« einrichten. Unterlassene Spaziergänge und Ausführzeiten bringen den Hund in starke Konflikt- und Spannungssituationen. Durch den natürlichen Trieb, weder sein Lager noch seine nähere Umgebung zu beschmutzen, quält sich das Tier lange, und erst in höchster Not wird es sein »Geschäft« in der Wohnung machen. Wird der Hund dann noch gestraft, gibt es für ihn keine verständlichen Zusammenhänge mehr, und bei Wiederholungen dieser sträflichen Situation wird das Tier völlig verstört. Die Wohnungshaltung verpflichtet deshalb den Halter unter allen Umständen, das Ausführen des Hundes abzusichern, auch wenn er dafür andere Personen bemühen muß.

Problematisch ist das längere Alleinsein eines Tibethundes, da es, wie schon erwähnt, den natürlichen Anlagen widerspricht. Ein Tibetwelpe läßt sich aber so erziehen, daß er bis zu sechs Stunden allein in einer Wohnung sein kann. Längere Abwesenheit des Halters oder der Familie führen erfahrungsgemäß zu Problemen, und der Hund wird das heulend und jaulend kundtun.

Weniger problematisch gestaltet sich die Haltung eines Tibethundes in einem Einfamilienhaus oder einer Parterrewohnung mit Gartenzugang. Hier hat der Hund öfters Gelegenheit, im Garten Ausgang zu finden oder längere Zeiten ganz im Freien zu verbringen. Viele Halter verschaffen dem Tier durch spezielle, nur für Hunde passierbare, kleine Ausgänge auch die Möglichkeit, während der Abwesenheit der Familie ins Freie zu gelangen. Das sind dann ideale Haltungsbedingungen. Allerdings muß der Gartenzaun in dem Fall für den Hund absolut unpassierbar sein. Nach reichlich gemachten Erfahrungen finden Tibethunde fast immer noch einen Durchschlupf, Tibet Terrier überklettern sogar Zäune. Da die tibetischen Rassen selbst den Garten, also ihr nächstes Territorium, nur ungern beschmutzen, verrichten sie ihr »Geschäft« gern außerhalb ihrer Grenzen.

Daran schließen sich meist längere Spaziergänge in die Umgebung an, die diese Tiere besser als vermutet kennen. Sie kehren jedoch stets und gern allein wieder in ihr Territorium zurück. Dort, wo die Lage des Grundstückes ein gefahrloses Herumlaufen des Hundes gestattet, ist nichts gegen diese Freiheit einzuwenden. Meist ist das jedoch nicht der Fall, da Verkehrswege, enge Bebauung und Nutztierhaltung diesen Raum einschränken.

Alle tibetischen Rassen verhalten sich im Garten sehr wohlerzogen. Sie wühlen keine Löcher und gehen kaum über Beete oder Anlagen. Sie stören nicht durch unbegründetes Gebell die Ruhe der Umgebung, und sie laufen auch nicht ständig am Zaun hin und her und treten dort die Vegetation nieder. Ein erhöhter Wachposten im Garten ist für sie eine besondere Genugtuung.

Trotz günstiger Bewegungsmöglichkeiten im Grundstück soll aber auch ein so gehaltener Hund ausgeführt werden. Er muß seine Umgebung kennenlernen, muß sich auch gelegentlich voll auslaufen können und soll Kontakt zu anderen Tieren haben. Ein längerer Spaziergang ist für einen Hund auch eine Lehrveranstaltung. Dort sammelt er seine weiteren Eindrücke, er sieht neue Dinge und erlernt den Umgang damit, erfährt von Gefahren und erkennt die Weite seiner Umgebung.

Anschaffung und Auswahl eines Tibethundes

Der Anschaffung eines so wertvollen Hundes sollten genaue Überlegungen vorausgehen, die die Haltungs- und Bewegungsmöglichkeiten und die erhofften Erwartungen in das Tier betreffen. Oft werden spontane Käufe später bereut, und der ausgewählte Hund erleidet bis zur Aufnahme in ein neues Heim unnütze Qualen. Es werden auch Hunde für Kinder angeschafft. Das kann vielfach zu einem wertvollen Verhältnis zwischen Kind und Tier führen und wesentliche Erziehungseffekte bewirken. Da jedoch ein Hund kein Spielzeug ist, sollten die Konsequenzen für Kind und Tier und vor allem das Alter des Kindes berücksichtigt werden.

Nachdem genaue Überlegungen den Entschluß gefestigt haben, ist es zweckmäßig, sich auf Rassehundeausstellungen die in Frage kommenden Tiere genau anzusehen. Dort kann auch der Kontakt zu den Züchtern und den zuständigen Hundeverbänden hergestellt werden. Dabei sollte man sich die verschiedenen Zuchtlinien von einem Zuchtrichter oder Zuchtwart vorstellen und die objektiven Faktoren und Merkmale der Hunde genau erläutern lassen. Meist erklären die Bewertungsrichter nach Abschluß einer Bewertung im Ring die Vorzüge der Siegertiere im Vergleich zu den anderen Rassevertretern und lenken damit die Aufmerksamkeit auf charakteristische Merkmale. Natürlich wird auch ein verantwortungsbewußter Züchter die entsprechenden Hinweise geben und den Vergleich mit anderen Zwingern nicht scheuen. In den Hundefachzeitschriften sind teilweise auch Verkaufsanzeigen für die ausgewählte Rasse zu finden.

Vorteilhaft ist es für einen Käufer, sich an die zuständigen Spezialzuchtverbände, Zuchtausschüsse oder Klubeinrichtungen für tibetische Hunde oder ostasiatische Rassen zu wenden. Von dort können geeignete Züchter für die entsprechenden Rassen benannt werden. Hat man sich für einen Züchter entschieden, dann sollte man sich auch die Welpen eines Wurfes ansehen, um spätere Vergleiche zu haben. Man läßt sich für einen der nächsten Würfe vormerken und kann dann die Welpen eventuell schon fünf bis sechs Wochen nach der Geburt anschauen und eine Vorauswahl treffen. Danach hat man genug Zeit zu den Vorbereitungen für den neuen Hausgenossen.

Für eine endgültige Auswahl des Welpen gibt es viele Hinweise und Empfehlungen. Will man alle Ratschläge befolgen, dann wird man niemals zu einem gewünschten Hund kommen. Man sollte sich aus dem Wurf den Welpen heraussuchen, der gefällt bzw. noch zu haben ist. Dann schaut man sich das Tier genau an und achtet auf saubere, nichttränende Augen, auf ein sauberes Gebiß, auf gerade Läufe, einen flüssigen Gang, eine gleichmäßige Atmung und auf eventuelle Nabel- und Leistenbrüche. Gibt es dabei keine Beanstandungen, kann man sich zur Sicherheit auch das Wurfabnahmeprotokoll des Zuchtwartes zeigen lassen, das beim Züchter vorhanden sein muß. Sind diese Dinge alle in Ordnung, dann steht dem Kauf nichts im Wege, und man sollte sich dann auch schnell dazu entschließen. Mit dem Züchter wird ein Kaufvertrag abgeschlossen, und eventuell erkennbare Mängel oder besondere Merkmale werden darin erwähnt. Um keine plötzliche Nahrungsumstellung zu riskieren und den Welpen vom ersten Tag an richtig zu ernähren, läßt man sich eine Fütteranleitung für die nächsten Monate mitgeben. Damit das Tier unter der plötzlichen Isolierung von der Mutter und den Geschwistern nicht zu sehr leidet, sollte ein Tuch oder ein Spielzeug mit dem vertrauten Geruch des Zwingers mitgenommen werden. Der Züchter ist verpflichtet, den Käufer über die durchgeführten Wurmkuren zu informieren sowie über die Möglichkeit einer Nachzuchtbeurteilung für unseren Welpen, die frühestens nach sieben Monaten erfolgen kann.

Meist kann beim Kauf der Abstammungsnachweis des Welpen noch nicht mitgenommen werden, da die zuständige Zuchtbuchstelle diesen erst nach Erhalt des Wurfabnahmeprotokolls ausstellen kann. Der Nachweis wird vom Züchter nachgeschickt, was dann auch im Kaufvertrag erwähnt sein sollte. Ebenso verhält es sich mit der Ahnentafel für den Welpen, die erst später und teilweise erst nach einer Nachzuchtbeurteilung ausgestellt wird.

Hunde sind nach dem Gesetzbuch eine Sache und werden in Fragen des Verkaufes und der Garantie auch als solche behandelt. Danach übernimmt der Verkäufer eine Garantie von sechs Monaten für die vertraglich zugesicherten Eigenschaften bzw. Merkmale des Tieres (Rasereinheit, einwandfreier Gesundheitszustand). Da der weitere Zustand des Welpen nach dem Verkauf wesentlich durch Pflege, Fütterung, Haltung usw. bestimmt wird, kann für Hunde keine Gebrauchswertgarantie übernommen werden. Sollte der Käufer nach einigen Wochen oder Monaten Mängel am Welpen bemerken, die dem Vertrag nicht entsprechen und nicht auf Haltungs-, Pflege- oder Fütterungsmängel zurückzuführen sind, dann kann er einen Anspruch auf angemessenen Preisnachlaß beim Verkäufer geltend machen. Das gilt natürlich nur für erhebliche Mängel (z. B. Kryptorchismus, Fehlproportionen usw.), da es kaum völlig fehlerfreie Tiere gibt und der Standard nur das fehlerfreie Idealbild beschreibt. Ebenso kann der Verkäufer keine Garantie für eine spätere Zuchttauglichkeit des Hundes übernehmen. Wie bereits erwähnt, werden nur Tiere mit Merkmalen, die dem Standard sehr nahe kommen, für die Rassehundezucht zugelassen. Eine absolute Sicherheit für den Erwerb eines zuchttauglichen Hundes besteht deshalb erst nach bestandener Zuchttauglichkeitsprüfung, die in der Regel frühestens nach 14 bis 15 Monaten durchgeführt wird. Aus diesen Anschaffungsempfehlungen wird ersichtlich, daß es leichtfertig und nicht empfehlenswert ist, einen Hund von einem Zwischenhändler oder gar im Bahnversand zu kaufen. Ankäufe aus sogenannten »Liebhaberzüchtungen« ohne Papiere haben mit der Anschaffung eines Rassehundes nichts zu tun, da es sich um Schwarzzucht handelt und gewichtige Gründe vorliegen, weshalb der Züchter nicht Mitglied des Hundeverbandes ist und keine Papiere für die oft als garantiert »rasserein« bezeichneten Tiere erhält.

Die Frage, ob man sich einen Rüden oder eine Hündin anschafft, ist individuell zu entscheiden. Die Haltung eines Rüden wird in der Regel als problemloser angesehen, da die sprichwörtliche Läufigkeit der Hündin in der Hitze als nachteilig beurteilt wird. Ein Rüde ist kräftiger und robuster, meist auch mit reichlicherem Haarkleid und temperamentvollerem Verhalten ausgestattet als eine Hündin. Auch ein Rüde kann »läufig« werden, wenn heiße Hündinnen in der Nachbarschaft ihren »Duft« markieren. Das kann heutzutage allerdings bei einer Hündin weitestgehend durch entsprechende Präparate in Form von Tabletten oder Injektionen verhindert werden. Trotzdem soll eine Hündin in der Zeit der Hitze nicht frei herumlaufen können oder auf öffentlichen Wegen ausgeführt werden. Sie lockt damit alle Rüden aus der Umgebung an. Viele Rüden nehmen erhebliche Entbehrungen auf sich, um das Grundstück der läufigen Hündin belagern und markieren zu können. Dieses ständige Markieren aller Bäume, Sträucher, Zaun- und Hausecken mit Urin ist für den Rüden zur Abgrenzung seines Reviers eine nicht abzuerziehende Handlung. Empfindliche Gartenpflanzen, vor allem Koniferen aller Art, werden nicht selten Opfer dieser laufend wiederholten Markierungen. In Gärtnereien wird man deshalb als Haushund kaum einen Rüden, sondern überwiegend Hündinnen finden.

Eine Hündin ist in der Regel anschmiegsamer und anhänglicher als ein Rüde und gibt mehr Zeichen der Verbundenheit zum Menschen. Viele erfahrene Hundehalter ziehen deshalb eine Hündin vor. Leider besteht noch immer vielfach die unsinnige Ansicht, daß eine Hündin mindestens einmal einen Wurf haben sollte. Dafür gibt es keinerlei wisssenschaftliche Begründung und auch keinerlei gesicherte Erkenntnisse.

Über die Frage der Anschaffung eines erwachsenen Hundes kann man geteilter Auffassung sein. Einerseits gehen die Hunde der tibetischen Rassen, wie das schon bei ihren Eigenschaften und ihrem Wesen erwähnt wurde, eine besonders enge Bindung mit ihrem Herrn und der Familie ein, und jede auch nur kurze Trennung tut ihnen besonders weh. Andererseits gibt es viele ältere Menschen, die sich die Aufzucht eines Welpen zum erwachsenen Hund nicht zutrauen und doch einen besonders anschmiegsamen und treuen Hund möchten. Hier wird sich sicher ein erwachsener Hund nach einer Eingewöhnungsphase wohlfühlen, da er mit besonderer Zuneigung behandelt wird. Es wird auch immer wieder Lebensumstände geben, die die Aufnahme oder Weggabe eines erwachsenen Hundes erforderlich machen.

Die Eingewöhnung des neu erworbenen Welpen erfordert einige Vorkehrungen. Zunächst sollte er während des Transportes möglichst umsorgt werden. Entweder er wird in einem vorgesehenen Hundebettchen neben einer Person transportiert, die ihm gelegentlich die Hand zum Kontakt reichen kann, oder er wird auf einer Decke auf dem Schoß gehalten, um die unmittelbare Nähe zu einer Bezugsperson zu spüren. Unterwegs wird der Welpe kaum zur Ruhe kommen, da er die vielen neuen Eindrücke alle aufnehmen möchte und voller Aufmerksamkeit jeder Bewegung folgt.

In seinem neuen Heim machen wir den Welpen mit seiner Umgebung bekannt, zeigen ihm alle Zimmer und schließlich seine Ruhe- und Schlafstelle. Dort kann er gleich sein erstes Schläfchen halten, da ihn der Transport ermüdet und erschöpft hat. Nach dem Aufwachen sollte der Welpe gleich dorthin geführt werden, wo er in nächster Zeit oder immer sein »Geschäft« machen soll.

Um die Trennung von der Mutter und den Wurfgeschwistern zu erleichtern und die zweckmäßige Erziehung sofort zu beginnen, ist in den ersten zwei bis drei Tagen ein besonders enger Kontakt zum Welpen erforderlich. Der Welpe soll mit Spiel und Erziehung beschäftigt werden, die Wohnung näher kennenlernen und sofort zur Stubenreinheit gebracht werden. Ratsam ist in jedem Fall, daß die Bezugsperson oder ein

Familienmitglied die ersten zwei bis drei Tage ganztägig zu Hause sein kann und sich viel mit dem Welpen beschäftigt. Die Schlafstelle des Welpen ist möglichst vor der Schlafzimmertür des Herrchens anzuordnen. Es besteht dann nachts zumindest ein akustischer Kontakt. Sollte ein Welpe die erste Nacht vor der Tür untröstlich sein und winseln und heulen, dann kann er diese erste und einzige Nacht unbedenklich neben dem Bett der Bezugsperson schlafen. Wird das auf zwei oder drei Nächte ausgedehnt, dann hat man schon verspielt. Der Welpe hat dann gelernt, daß das sein günstigster Schlafplatz ist, und es bedarf großer Mühe und Geduld, ihm das wieder abzugewöhnen. Die eigentliche Erziehung muß sofort beginnen und erfordert die schon erwähnte Konsequenz, ohne daß Härte notwendig ist. Als zweckmäßig hat sich oft das Hineinlegen von vertrautem Spielzeug oder geruchsbekannten Tüchern in das Schlafbettchen des kleinen Hundes erwiesen. Der bekannte Geruch beruhigt dann den kleinen Kerl in der neuen Umgebung eher. Bei älteren Hunden empfiehlt es sich, diesen vom bisherigen Besitzer ins Haus bringen zu lassen. Nach einem vertrauten Gespräch mit dem alten und neuen »Rudel« wird er so eher zur Ruhe kommen und sich geborgen fühlen.

Die Wahl der Rasse hängt neben den eigenen Wohnbedingungen und damit Haltungsmöglichkeiten vor allem vom eigenen Temperament des Halters, der Einstellung der Familie zum Hund und den Erwartungen ab, die an das Tier gestellt werden. Dazu sollte man sich mit den Eigenschaften der Rasse genauestens vertraut machen. Zusätzlich zu den Ausführungen bei den einzelnen Rassen ergeben sich folgende zusammengefaßte wesentliche Kriterien, die eine Auswahl unterstützen können:

Tibet Terrier: Aus diesem einstigen Hütehund ist ein lustiger Haushund mit sonnigem Wesen geworden, der Luxushund und Gebrauchshund zugleich ist. Er ist ein idealer Kamerad für Familie und Kinder, der gern Bewachungs- und Beobachtungsaufgaben übernimmt. Eine ausreichende Bewegung muß unbedingt gewährleistet sein. Deshalb kann er nur dann für Wohnungen empfohlen werden, wenn er täglich zwei- bis dreimal längere Ausgangsmöglichkeiten hat. Er benötigt engen menschlichen Kontakt und entwickelt besondere Verständigungsformen, die ihn so liebenswert machen. Robust gebaut, ist er auch für lange Touren bei jedem Wetter und in jedem Gelände ein zuverlässiger Begleiter. Er ist auch für nervöse oder alleinstehende Personen geeignet.

Lhasa Apso: Dieser vielfältig veranlagte Hund eignet sich für fast alle Haltungsbedingungen und ist als Familienhund ebenso wie als Einmannhund beliebt. Er fordert jedoch eine Bezugsperson, die voll für ihn da ist. Seine Veranlagungen verlangen auch ausreichende und möglichst freie Bewegungsmöglichkeiten, die ihm Gelegenheit zum Austoben bieten. Der besonders ausgeprägte Spieltrieb macht den Lhasa Apso zu einem guten Partner für Kinder und läßt seine »akrobatischen« Fähigkeiten zur Entwicklung kommen. Er ist gleichzeitig ein guter Beobachter und Wachhund.

Tibet Spaniel: Dieser hochintelligente Kleinhund ist vorwiegend für Hundeliebhaber geeignet, die ein besonders enges Verhältnis mit einem Tier eingehen möchten und bereit sind, mit ihm in einer Art anerkennender Partnerschaft zu leben. Er ist ein sehr feinfühliger und aktionsbereiter Hund, der sich in hundeliebenden Familien und mit alleinstehenden Personen am wohlsten fühlt und das mit außerordentlichem Mitempfinden dankt. Er verträgt keine Vernachlässigung und längeres Alleinsein.

Shih Tzu: Er ist ein idealer Hund für eine Familie, in der viel Bewegung und Vitalität herrschen und deren Wohnverhältnisse die Haltung eines größeren Hundes nicht gestatten. Mindestens ein Familienmitglied muß dem Hund die volle Aufmerksamkeit geben und ihm die geforderte Achtung entgegenbringen. Gegenüber Kindern ist er sehr aufgeschlossen, und mit ihnen zusammen entwickelt er besonders gern sein »clownhaftes« Wesen. Er ist ein beliebter Luxushund und Wachhund zugleich.

Tibet Dogge (Tibet Mastiff): Dieser beeindruckende Hund ist nur für ausgesprochene Hundeliebhaber mit den entsprechenden Haltungsbedingungen geeignet. Nur eine vollwertige Partnerschaft zwischen Mensch und Hund macht die Tibet Dogge zu dem, was an ihr so wertvoll ist und was sie in ihrer Heimat darstellt – zu einem treuen, liebebedürftigen und anschmiegsamen Begleiter, der nie isoliert von der Familie leben darf. Die relativ schwere und lange Erziehung der Tibet Dogge erfordert den ständigen Kontakt, was sie später mit außergewöhnlichen Merkmalen in einer verläßlichen und wertvollen Partnerschaft dankt. Sie kann zu Kindern und im Spiel, das sie selbst gern sucht, auch sehr drollig sein. Wird sie vernachlässigt, kann sie mitunter gefährlich werden. Als Wachhund besitzt die Tibet Dogge besonders gute Fähigkeiten.

Entwicklungsphasen

Neben den ererbten Verhaltensweisen des Hundes spielen erlernte Erfahrungen eine entscheidende Rolle für sein Gesamtverhalten. Das gilt auch für die tibetischen Rassen, obwohl durch den langen Rassen- bzw. Formenbestand und die über lange Zeiträume gleichbleibenden Funktionen der Tiere besonders markante und zumindest in der Anlage vererbbare Verhaltensweisen entwickelt wurden.

Das Aufnehmen von Eindrücken verschiedenster Art ist eng mit den einzelnen Entwicklungsphasen des Hundes verbunden, in denen die Einflüsse seiner Umwelt besonders stark einwirken und prägende Lernprozesse stattfinden. Natürlich wird das Tier auch später noch fähig sein, gemachte Erfahrungen zu verarbeiten. Aber die Kenntnis der Entwicklungsetappen des Hundes erleichtert seine Erziehung und verhindert Erziehungsfehler, die später schwer zu korrigieren sind. Beim Betrachten der einzelnen Phasen ist zu berücksichtigen, daß in der Natur die jeweils dazugehörigen Lernprozesse im

Rudel stattfinden und dadurch später die soziale Rangordnung der einzelnen Tiere festgelegt wird.

Neugeborenenphase (1.-2. Lebenswoche)

In diesem jüngsten Alter nehmen die Welpen überwiegend Ruhestellungen ein, und ihre Lebenskraft wird lediglich durch die Schnelligkeit und Intensität des Aufsuchens der Mutterzitzen und des Saugens gekennzeichnet. Die dabei feststellbaren Unterschiede bleiben meist auch später bestehen und sind somit Auswahlkriterien für besonders vitale Rassevertreter. Die Bewegungsaktivitäten beschränken sich auf Kopfbewegungen, Kriechen und das Abstemmen der Hinterläufe zur Ausführung des sogenannten Milchtritts mit den Vorderpfoten. Der teilweise bereits entwickelte Geruchssinn ermöglicht das Auffinden der Zitzen. Da Augen und Ohren noch verschlossen sind, ist das Sehen und Hören praktisch noch nicht möglich. Dagegen können die Welpen bei Unbehagen schon beachtlich laut winseln, um die Fürsorge der Mutter auf sich zu lenken.

Übergangsphase (3. Lebenswoche)

Langsam beginnen sich Augen und Ohren zu öffnen. Die Welpen versuchen aufzustehen und machen erste Gehversuche.

Prägungsphase (4.-7. Lebenswoche)

Es ist die Zeit der Kontakte. Alle Vorgänge werden von dem Welpen nunmehr mit allen Sinnesorganen wahrgenommen, und es finden die ersten Lernvorgänge statt. Dabei erfolgt eine Prägung auf alle wesentlichen Lebewesen seiner Umwelt, also Muttertier, Geschwisterwelpen und Menschen. Die Beziehungen zum Menschen müssen bezüglich Geruchsaufnahme und Körperkontakt ausreichend und täglich sein, da der Hund vornehmlich mit diesen Sinnen seine Umgebung wahrnimmt. Aber auch akustische und optische Eindrücke prägen sich ein. Für das spätere Verhalten ist auch die Anzahl der Kontaktpersonen entscheidend. Gibt sich nur der Züchter mit den Welpen ab, dann wird sich später der Hund vornehmlich auf eine Person konzentrieren und reagiert ablehnend auf andere Menschen. Mehrere Kontaktpersonen dagegen nehmen ihm die spätere Scheu vor mehreren und verschiedenen Menschen. Eine völlig isolierte Haltung der Welpen in dieser Zeit wird sogar spätere Abneigung zur menschlichen Person zur Folge haben. Kontaktversäumnisse in der Prägungsphase sind in der weiteren Entwicklung des Hundes nicht wieder auszugleichen.

Sozialisierungsphase (8.-12. Lebenswoche)

Diese ist eine der wichtigsten Lernphasen des Welpen und entscheidend für sein späteres Verhalten. Dieser Zeitabschnitt ist charakterisiert durch Lernprozesse, die zum Einordnen in die Gemeinschaft des Rudels erforderlich sind. Das soziale Zusammenleben im Rudel, alle Beziehungen der Tiere untereinander und auch die zum Menschen werden durch Unterordnungsspiele mit dem Welpen geprägt. Im freien Zusammenleben in der Wildnis wird diese Erziehung vom führenden Rüden des Rudels, dem sogenannten Alphatier, übernommen. Es ist deshalb jetzt die Rolle des Menschen, des späteren Herrn und damit der Hauptbezugsperson in der Familie, die Funktion des Alphatiers wahrzunehmen. In der 8. Lebenswoche ist somit naturgemäß der günstigste Zeitpunkt für die Eingewöhnung eines Welpen in eine neue Umgebung, eine neue Lebensgemeinschaft und damit in den Haushalt seiner zukünftigen Familie. Die Trennung von der Mutter und den Wurfgeschwistern ist nach zwei bis drei Tagen vergessen, wenn die neue Familie den Welpen entsprechend beschäftigt und seinen Spielherausforderungen entgegenkommt. Dabei sollen die gestatteten Handlungsfreiheiten des Welpen scharf abgegrenzt werden. Das soll und darf nicht durch eine Dressur erfolgen. Vielmehr ist konsequentes Handeln und Eingreifen wichtig, so daß der Welpe seine Handlungsgrenzen deutlich kennenlernt. Diese Erziehung sollte vorrangig von einer Person, die anstelle des Alphatieres steht, übernommen werden. Im Abschnitt über Erziehung wird darauf näher eingegangen.

Rangordnungsphase (12.-16. Lebenswoche)

Auch in diesem Zeitabschnitt sind die Welpen noch recht gut formbar und leicht zu erziehen. In der Wildnis sind in diesem Lebensalter die Rangordnungskämpfe weitestgehend abgeschlossen, und der Welpe erkennt die älteren Hunde und Elterntiere als ranghöher an. Das sollte auch in der Familie so sein und ist das Ergebnis der Erziehungsarbeit in der Sozialisierungsphase. Unter gleichaltrigen Welpen werden noch Rangkämpfe ausgetragen. Das könnte dann in der Familie noch Kinder betreffen. Die dabei aufkommenden Rivalitäten sind konsequent durch das »Alphatier« zu schlichten, und der Welpe ist als Rangniedrigster zu behandeln. Andernfalls kommt es zu Droh- und Angriffshandlungen des Welpen gegenüber den Kindern und anderen Familienmitgliedern, die später zum ernsten Problem werden können.

Da in diesem Lebensabschnitt der Welpe einen starken Erkundungsdrang für seine Umgebung entwickelt, sollte man diese Zeit für die Erziehung zur Leinenfähigkeit und Stubenreinheit nutzen. Der Welpe darf während dieser Zeit nur nicht unterdrückt und eingeschüchtert werden, weil wir damit nur ein ängstliches Tier erziehen würden. Innerhalb seiner Handlungsgrenzen darf er sich voll entfalten und austoben, ohne daß er jedoch verwöhnt und vermenschlicht wird. Gewohnheiten und Handlungen, die sich in dieser Entwicklungsphase entfalten und im Welpen festigen, sind später kaum wieder auszugleichen.

Rudelordnungsphase (5.-6. Lebensmonat)

Bei richtiger Verhaltensweise in den vorangegangenen Lebensmonaten entwickelt der Welpe nunmehr ein starkes Anlehnungsbedürfnis an sein »Alphatier«. Das drückt sich durch die Treue zu ihm aus, die in der Wildnis für den Leithund zur Rudelbildung unbedingt erforderlich ist. Zur Unterstützung der Entwicklung der Treue zum Herrn sollten Unterordnungsübungen ausgeführt werden, denen der Welpe meist willig folgt. In der Entwicklungsphase ist es günstig, auch die anderen Familienmitglieder als Erzieher mit einzubeziehen, damit sich der Hund später als Rangniedrigster in der Familie erkennt.

Pubertätsphase (7.-12. Lebensmonat)

Bis zum 12. Lebensmonat entwickelt sich die geschlechtliche Reife der Hunde, und damit sind einige charakteristische Verhaltensweisen verbunden. Der Rüde versucht durch Markierungen mit seinem Urin ein eigenes Sexualrevier zu gründen und dieses zu beschützen und zu bewachen. Damit entwickelt sich ein neues Überlegenheitsgefühl, so daß er erneut Rangordnungsansprüche geltend macht. Eine nochmalige und eventuell unter körperlicher Gewaltanwendung bestehende Unterordnungsübung ist in dieser Zeit mit den Rüden erforderlich. Die Hündinnen bekommen ihre erste Hitze und damit Läufigkeit. Bei konsequenter Erziehung zeigt sich nach der ersten Hitze ein ausgesprochen liebenswertes Verhalten. Ist jedoch schon eine Hündin oder sind mehrere in der Familie vorhanden, werden untereinander nochmals Rangkämpfe ausgetragen, die längere Zeit anhalten können. Eventuell ist sogar eine Einordnung nicht möglich und eine getrennte Haltung erforderlich.

Reifephase (1.-3. Lebensjahr)

Geschlechtsreife Hunde entwickeln aufgrund der gemachten Erfahrungen und der sozialen Stellung im Rudel nun ihre endgültigen Verhaltensweisen. Es bilden sich die Eigenheiten im Verhalten heraus, die praktisch nicht mehr zu verändern sind. Dabei wird es kaum Enttäuschungen geben, wenn in den einzelnen Erziehungsphasen richtig gehandelt wurde. Der Hund paßt sich seiner Umwelt völlig an und zeigt das durch entsprechendes Wohlbehagen. Alle tibetischen Rassen erreichen ein vergleichsweise hohes Lebensalter. Die Reifephase ist deshalb oft vor dem dritten Lebensjahr noch nicht abgeschlossen. Speziell der Spiel- und Bewegungsdrang erhält sich länger als bei anderen Rassen. Es ist keine Seltenheit, daß sieben- und achtjährige Tiere einen ausgesprochenen Spieltrieb behalten haben.

Verhaltensweisen

Bei allen Verhaltensweisen des Hundes sind seine Abstammung und Herkunft zu bedenken. Er gehört zu den Raubtieren, und seine Vorfahren jagten in Steppen und Wäldern. Dazu waren bestimmte Anpassungen erforderlich, ohne die ein erfolgreicher Bestand der Art nicht möglich gewesen wäre.

Das Verhalten der Haushunde wurzelt im Sozialverhalten der Raubtiermeute und ist außerordentlich komplex zusammengesetzt. Einerseits besteht es aus vererbbaren Instinkten und Triebveranlagungen, die also jedem Hund mitgegeben werden, andererseits kommen dazu die Einflüsse der Umwelt, die Domestikationsfolgen und Ergebnisse der Lernvorgänge in den einzelnen Entwicklungsphasen. Ein wesentlicher Teil der Verhaltensweisen ist deshalb durch eine bewußte Erziehung des Hundes formbar. Allerdings gibt es im Gesamtverhalten erhebliche Rasseunterschiede und auch Unterschiede der Individuen.

Lernfähigkeiten, Kontaktgelegenheiten und Umwelterfahrungen variieren oft sehr. Bei starker Isolierung des Hundes treten die Verhaltensweisen der Vorfahren, wie Menschenscheu, Aggressivität, Futterneid, Jagdverhalten usw., deutlich in den Vordergrund. Dagegen werden durch ausgiebige Kontakte und Erziehungsmaßnahmen diese vererbten Instinkte zurückgedrängt, und das typische Wesen des Haushundes bildet sich heraus. Durch Förderung bestimmter Anlagen können dann die oft bewunderten und erstaunlichen Leistungen der Hunde in Körperbeherrschung und einfachen Intelligenzhandlungen erzielt werden.

Das Gesamtverhalten des Hundes steht infolge seiner evolutionären Entwicklung in einem engen Zusammenhang mit den Leistungen seiner Sinnesorgane. Besonders der ausgezeichnete Geruchssinn und das gute Hörvermögen bestimmen wesentliche Verhaltensweisen. Der Mensch kann deshalb nur bei Kenntnis dieser Zusammenhänge zunächst merkwürdige Handlungen der Hunde, wie das Wälzen in übelriechenden Abfällen, Beriechen in der Analgegend usw., entsprechend verstehen und eventuell darauf reagieren.

Von Schlaff wurden einige charakteristische Verhaltensweisen zusammengestellt, deren Kenntnis für den Umgang mit Hunden wichtig ist. Das Spektrum ist so groß, daß hier nur eine Auswahl getroffen werden kann.

Orientierungsverhalten

Angestrengtes und teilweise hektisches Schnüffeln, Lufteinziehen mit erhobener Nase (Wittern), angehobener Kopf mit gespanntem Gesichtsausdruck und ausgesprochene Stillhaltestellung charakterisieren diese Verhaltensweise, die durch Geruchs- und Gehörwahrnehmungen bestimmt wird.

Beutejagdverhalten

Besonders bei dem Jagd- und Schutzhundeinsatz ist dieses Verhalten wesentlich. Es spielt für den Haushund deshalb eine weniger wichtige Rolle. Das Schnappen nach beweglichen Gegenständen, das Laufen nach geworfenen Gegenständen, Ballfangen, Zupacken und Abschütteln scheinbarer Beute gehören zu diesem Verhaltensbereich.

Nahrungsaufnahmeverhalten

Das rasche Hineinschlingen der Nahrung ist im Rudel erforderlich, um in kurzer Zeit viel Nahrung zu erlangen, da es zahlreiche Futterrivalen gibt. Zwei Hunde nebeneinander fressen deshalb besser als einer, der schon erlernt hat, daß kein Rivale etwas wegnimmt. Aus diesem Grund sollte der Futternapf nach 20 Minuten weggeräumt werden. Bei genügendem Futterangebot wird gern etwas vergraben (also Vorratswirtschaft betrieben), das der Hund immer wiederfindet. Das oft zu beobachtende Grasfressen ist ursächlich noch nicht vollständig geklärt. Sicher ist, daß es oft dazu dient, einen Brechreiz hervorzurufen, aber auch genüßliches »Weiden« süßschmeckender Gräser ist zu beobachten. Als Vitaminquelle und zum Durststillen bei Hitze könnte es ebenso in Frage kommen wie zur Abpufferung einer Magenübersäuerung verschiedenster Ursachen.

Körperpflegeverhalten

Es sind oft lustige Bewegungsformen, die der Körperpflege dienen. Besonders das Wischen der Vorderpfoten über Augen, Ohren, Gesicht und Nase, das Säubern der Schnauze nach dem Fressen durch Abwischen auf dem Boden und die Reibebewegungen des Körpers an Gegenständen, an Bäumen oder auch am Menschen sind beobachtenswerte Handlungen. Kratzen, Schütteln und Lecken gehören ebenso dazu wie das Beknabbern von Fell und Pfoten. Oft werden diese Bewegungsformen auch als ablenkender Gleichgültigkeitsausdruck bei Erregung benutzt, als Entlastungsreaktion.

Komfortverhalten

Es wird zum Körperpflegeverhalten gerechnet, da es das charakteristische »Sichstrekken« nach dem Schlaf beinhaltet. Das »Schnattern« oder »Klappern«, vorrangig bei Rüden, dient der genüßlichen Wahrnehmung bestimmter angenehmer Düfte (z.B. Urin läufiger Hündinnen) durch stark frequentierende Luftstöße mit den Duftstoffen im Mund- und Nasenraum. Inwieweit das Wälzen in verwesenden Abfällen auch dazu gehört, ist noch nicht sicher geklärt.

Ruhe- und Schlafverhalten

Sich im Kreis drehend hinzulegen, das Lager zurechtzuwühlen, Gähnen und Augenzwinkern sind typische Bewegungsformen vor dem Schlafen. Die Schlafhaltung ist bei Kälte ein zusammengerollter Körper, während er bei Hitze gestreckt ist.

Ausscheidungsverhalten

Oft ist es ein Ritual, wie sorgfältig Urin- und Kotabsatzstellen ausgewählt und markiert werden. Es dient der Revierabgrenzung, der Rang- und Anwesenheitsdemonstration. Ranghohe Rüden heben gern das Bein an scheinbar rangniedere Rüden. Vorhandene Markierungen werden demonstrativ mit den eigenen Absatzstoffen überdeckt.

Demutsverhalten

Vorrangig legt sich der Hund dabei auf den Rücken und unterwirft sich damit. Aber auch das Anstupsen mit der Schnauze und das Pfotegeben gehören dazu. Ohrenanlegen, Schwanzeinklemmen und Kriechbewegungen sind als passive Unterwerfung anzusehen. Das Lecken an Mund oder Gesicht des Artgenossen ist ein Zeichen seiner höchsten Anerkennung. Über das Darbieten des Halses gibt es diesbezüglich noch umstrittene Auffassungen.

Revierverhalten

Das Verhalten im eigenen Territorium spielt eine besondere Rolle. Das Revier wird oft in drei Kategorien geteilt. Das Territorium erster Ordnung umfaßt Schlaf-, Ruhe- und Freßplatz, bei werfenden Hündinnen natürlich auch die Wurfkiste und den Welpenauslauf. Dieses Territorium wird keinesfalls durch die Hunde mit Ausscheidungen verunreinigt, und so fördert das Verhalten die Stubenreinheit. Dieses enge Revier wird gegenüber allen Fremden, gleichgültig ob Mensch oder Hund, verteidigt. Die eigene Familie gehört natürlich zum zutrittsberechtigten Rudel.

Das Territorium zweiter Ordnung umfaßt das Sexualrevier der Rüden und das Sicherheitsgebiet der Hündinnen. Rüden markieren dieses Revier ständig, um damit ihren Anspruch auf alle Hündinnen in diesem Gebiet geltend zu machen. Hündinnen beanspruchen diesen Raum als Sicherheitsgebiet, verbellen Fremde und vermeiden darin den Kotabsatz.

Als Territorium dritter Ordnung gelten Nahrungsbeschaffungsgebiete, die ihre Bedeutung weitestgehend verloren haben. Die Hunde kennen jedoch die nähere und weitere Umgebung erstaunlich gut, auch wenn sie nur selten dort waren.

Verhalten bei Fortpflanzung

Alle Hunde zeigen ein auffälliges Fortpflanzungsverhalten, das mit ausgeprägten Werbungen einhergeht. Meist begrüßen sich Rüde und Hündin durch gefälliges Beschnuppern, und akzeptiert die Hündin den Rüden, laufen sie zusammen bis zu einer oder mehreren Paarungsbereitschaften herum. Mißfällt der Rüde, dann verbeißt ihn die Hündin, und er beginnt eine neue, meist erfolglose Werbung. Im freien Auslauf kann die Hündin auch mehrere Rüden akzeptieren. Es finden dabei meist nur selten ernsthafte Rivalenkämpfe unter den Rüden statt.

Erziehung

Die Erziehung des Hundes beginnt schon beim Züchter in der bereits erläuterten Prägungs- und Sozialisierungsphase. Es sind dabei besonders die Kontakte zu Hunden und vor allem zu Menschen, die sich später prägend und erleichternd für die weitere Erziehung auswirken.

Befindet sich der Hund, möglichst schon als acht Wochen alter Welpe, in seinem neuen Heim, dann beginnen sofort die notwendigen Erziehungsmaßnahmen. Um diesen Prozeß für Hund und Mensch nicht zur Qual werden zu lassen, sind einige Grundregeln zu beachten:

1. Jede Erziehungsmaßnahme muß aus Zuneigung, Verständnis und Liebe zum Hund begründet sein. Bestimmend für alle Maßnahmen und Handlungsfreiheiten ist der Mensch, die Bezugsperson, und sie lehrt den Hund, was er darf und was nicht.
2. Die Kommandos oder Aufforderungen werden dem Hund mit fester, klarer Stimme und in kurzer Form erteilt. Ermahnende, bettelnde und lange Formulierungen versteht ein Hund nicht.
3. Alle Machtproben zwischen Hund und Mensch hat die Bezugsperson für sich zu entscheiden. Nur der untergeordnete Hund folgt weiterhin den Kommandos, die stets und konsequent durchzusetzen sind. Je länger das tägliche Zusammensein mit dem Hund ist, desto williger und unterordnungsbereiter ist er.
4. Die Erziehung ist nur mit den gegensätzlichen Handlungsfolgen Lob und Strafe auszuführen. Vorrangig soll der Hund für erwünschte Handlungen belohnt und gelobt werden. Bestrafungen sollen nur indirekt mit Wurfketten oder langen Stöcken erfolgen. Die Größe der Wurfkette (geschlossene Ringkette) muß der Größe des Hundes angepaßt sein. Die Bezugsperson soll den Hund niemals mit der Hand schlagen, da die Hand als positives Erlebnis für den Hund in Zweifel käme. Lediglich das Durchschütteln mit festem Griff der Hand im Genick des Hundes ist als direkte »Handstrafe« sinnvoll.
5. Alle sittlichen Eigenschaften sind dem Hund fremd. Einsicht und Dankbarkeit dürfen nicht erwartet werden und damit auch kein logisches Handeln nach menschlichen Vorstellungen. Der Hund reagiert nur nach ererbten Instinkten und erlernten Handlungsmustern, die er nicht logisch auf andere Situationen übertragen kann.

Jede Form der Aufweichung dieser fünf Grundsätze nützen weder Mensch noch Hund. Sieht man gelegentlich über dieses oder jenes unerwünschte Handeln des Hundes hinweg und gibt dem Willen des Hundes nach, dann hat man als Bezugsperson, als Leittier oder besser »Alphatier« verspielt. Andererseits ist jede Form von Erziehungsstreß zu vermeiden, da ein Hund, der ununterbrochen über längere Zeit oder gar ständig herumkommandiert wird, nichts mehr versteht und keiner Handlung als Einzelaktion mehr folgen kann. Alle Hunde reagieren individuell verschieden auf die Erziehung. Wesensstarke Hunde benötigen mehr Nachdruck als wesensschwache. Wesensschwache Hunde sind meist leichter erziehbar und neigen bei übertriebener Erziehungsarbeit schnell zu Nervosität und Ängstlichkeit. Länger als 10 bis 15 Minuten sollte keine Handlungsübung dauern. Die maximale Dauer wird durch Unlust des Tieres angezeigt.

Stubenreinheit

Es ist die erste wichtige Erziehungsaufgabe, den Welpen stubenrein bzw. hausrein zu bekommen. Damit beginnt man am ersten Tag nach der ersten Mahlzeit oder der ersten Schlafperiode. Der Welpe wird sofort nach dem Erwachen, Aufstehen oder Fressen aus dem Haus gebracht und zu der Stelle geführt, wo er sich lösen kann und soll. Auch wenn es das erste und zweite Mal nicht klappen sollte, es wird ständig danach verfahren. Das junge Tier darf gar nicht erst die Gelegenheit bekommen, ins Zimmer oder in den Flur zu machen. Sobald er sich ruhig hinstellt, besonders nach schnelleren und eventuell sogar kreisenden Laufbewegungen, wird er schnellstens hinausgebracht. Zweckmäßig ist, außerhalb des Raumes zunächst immer die gleiche Stelle zu wählen, die durch den Geruch des Lösens des Welpen unterstützt wird. Man sollte dabei in unmittelbarer Nähe bleiben, da die jungen Tiere der Bezugsperson nachlaufen und den Grund des Herausbringens übergehen. Sobald der Welpe sein Pfützchen oder Häufchen gemacht hat, wird er gelobt und mit der Hand gestreichelt.

Hat er nun doch im Zimmer oder Haus etwas hinterlassen, dann nützt es nichts mehr, ihn zu strafen. Weder das Einstupsen der Nase in das Häufchen, was übrigens ein verbreiteter und absoluter Unsinn ist, noch das Prügeln des Tieres neben der »Unglücksstelle« können irgendeine Wirkung erzielen. Der Hund kann diese Zusammenhänge nicht begreifen und versteht die Strafhandlung in keiner Form. Ertappen wir den Welpen unmittelbar dabei, dann hilft das Durchschütteln mit Genickgriff, ein Schlag mit der Zeitung oder einem Stock und das gleichzeitige »Pfui«-Rufen. Nur dann kann der Hund die unangenehme Strafe mit seinem »Geschäft« verbinden. Eine bestimmte Regelmäßigkeit beim Herausführen des Hundes ins Freie unterstützt das Sauberwerden wesentlich. Während das anfangs alle zwei Stunden erfolgen sollte, reichen später vier Stunden aus. Dieser Rhythmus ist vor allem dann vorteilhaft, wenn der Welpe nicht entsprechend den oben genannten Hinweisen beobachtet werden kann.

Der Hund ist von Natur aus bestrebt, seine Umgebung von seinen Ausscheidungen frei zu halten. Wenn er weiß, daß er in bestimmten Abständen alles im Freien erledigen kann, wird er nur noch in den seltensten Ausnahmefällen etwas im Haus hinterlassen. Er meldet sich nach kurzer Zeit selbst und will hinaus. Wird dann seinem Begehren nicht entsprochen, oder der Hund wird sechs Stunden und länger allein gelassen, so erleidet er große Qualen durch das Verhalten, und erst im äußersten Notfall beschmutzt er Zimmer oder Haus.

Leinenfähigkeit

Das Anlegen eines Halsbandes und der Leine soll der Hund durchaus als Freude empfinden, und es darf bei ihm keine Negativerlebnisse hervorrufen. Da es zum Ausgehen getragen wird, begreift der Hund sehr schnell das Positive der notwendigen Anleinung. Hat ein Hund während eines Spazierganges zuviel Auslauf, und das Anleinen erfolgt am Schluß der Runde, dann wird er ungern der Aufforderung folgen und schließlich an der Leine ziehen. Es soll deshalb öfter angeleint werden, auch wenn der Hund frei laufen kann. Fängt der Hund an zu ziehen, dann wird er mit einem kurzen, kräftigen Ruck, eventuell unter Ausruf eines kurzen Kommandos, wie »Bei Fuß!« o. ä., wieder an die linke Seite des Herrn gezogen. Ständiges Zurückziehen beeindruckt keinen Hund. Vielmehr sollte dieses ruckartige Zurückkommandieren lieber öfter erfolgen, wenn erforderlich, auch unter Anwendung einer Rute. Zuerst übt man in einem Garten oder auf abgelegenen Wegen und später im Straßenverkehr. Konsequentes und unmißverständliches Handeln führen sehr rasch zum Erfolg. Sollte der Hund auf der Straße anderen Tieren, vor allem Katzen, nachjagen oder Radfahrer bellend verfolgen, dann wird ähnlich gehandelt. Zweckmäßig ist dafür eine längere Leine. Sobald der Hund losjagt, erfolgt nach zwei bis drei Metern ein kräftiger Ruck mit der Leine, das Kommando »Pfui« oder »Zurück« und, wenn erforderlich, noch die Anwendung einer Wurfkette. Sollte sich ein Bekannter als Radfahrer zu dieser Abgewöhnungsübung zur Verfügung stellen, dann wirft er die Kette im Moment des Loshetzens auf den Hund oder schlägt mit einer langen Peitsche. Den Hund ruft man sofort zurück und belohnt ihn für das Kommen. Der Erfolg ist meist schnell erreicht. In schwierigen Fällen ist ein Stachelhalsband mit zu Hilfe zu nehmen. Das wird besonders bei Hunden notwendig sein, die z. B. dem Hausgeflügel nachstellen. Man übt mit einer langen Leine und läßt den Hund auf fliehende Hühner zulaufen. Nach einigen Metern ruft man »Pfui« oder »Aus« und zieht kräftig am Stachelhalsband. Nach einigen Wiederholungen wird der Hund davon ablassen.

Heranrufen

Der Ruf oder Pfiff der Bezugsperson muß für den Hund ein freudiges Ereignis sein und immer bleiben. Sobald der Hund kommt, wird er gelobt und gestreichelt. Der Welpe wird eventuell noch mit einem Leckerbissen belohnt, so daß das Herankommen für den Hund immer ein positives Erlebnis ist. Wer seinen Hund nach einer Fehlhandlung heranruft, um ihn durch Schlagen zu strafen, wird niemals einen richtig erzogenen Hund erhalten und verdienen. Das Fehlverhalten hat der Hund nicht als solches wahrgenommen und versteht den Schlag hinterher als Strafe überhaupt nicht. Strafen ist, wie bereits erwähnt, nur im Moment der Handlung oder kurz davor sinnvoll.

Dauerbeller

Tibetische Hunde sind keine Dauerbeller. Sollte ein Hund doch aus bestimmten Gründen, z. B. beim Alleinsein oder bei bestimmten Besuchern, das Bellen ununterbrochen fortsetzen, dann ist er energisch durch »Pfui«- oder »Aus«-Rufe zurechtzuweisen. Notfalls muß eine Wurfkette eingesetzt werden. Hunde, die im Zimmer allein bellen oder heulen, bekommen ein Stachelhalsband angelegt, und eine lange Schnur wird als Leine unter der Zimmertür zum Flur oder nach außerhalb geführt. Sobald der Hund zu bellen beginnt, erfolgt ein kurzer und kräftiger Ruck. Der Hund verbindet den empfundenen Schmerz bald mit seinen Lautäußerungen und wird damit aufhören.

Anspringen

Obwohl das Anspringen des Hundes an seinen Herrn oder die anderen Familienmitglieder Ausdruck großer Freude und Zuneigung ist, kann es unangenehm sein. Schmutzige Pfoten des Hundes können schnell die gute Kleidung beschmieren, und vielleicht erwischen die Krallen noch einige Kleidungsfäden. Bei Kindern kann es sogar gefährlich werden. Die Abwehrübung ist einfach und schnell auszuführen. Beim Anspringen wird dem Hund kurz und deutlich auf die Hinterpfoten getreten, natürlich ohne ihn dabei zu verletzen. Der Hund geht sofort herunter. Er wird dann gestreichelt und gelobt. Sobald er wieder anspringen will, wird der Vorgang wiederholt. Der Erfolg ist dann schnell erreicht.

Futter von Fremden

Der Hund soll und darf Futter nur aus seinem Napf im Haus nehmen. Tibetische Hunde sind alle äußerst mißtrauisch und abweisend gegen Fremde. Sollten sie doch von Fremden ausgeworfenes oder abgelegtes Futter aufnehmen, dann ist die Abgewöhnung etwas aufwendiger als andere Übungen.

Zunächst müssen sich zwei oder drei für den Hund unbekannte Personen nähern und das Tier mit Futterbrocken locken. Sobald der Hund die Scheu verliert und das Futter von den Helfern nehmen will, wird er vom Herrn mit »Pfui« zurückgerufen und noch mit einer Wurfkette oder Gerte gestraft. Das muß öfter wiederholt werden, und der Hund sollte dabei auch Gelegenheit bekommen, einen Bissen aufzunehmen. Dieser ist vorher mit Senf, Tobasco oder Pfeffer eingestrichen, so daß er unangenehm schmeckt.

Ähnlich ist mit gefundenem Futter zu verfahren. Wir geben dem Hund die Möglichkeit, einen guten Fleischbrocken zu finden, der ebenfalls mit scharfen Gewürzen eingestrichen ist. Sobald er es aufnimmt, wird zusätzlich »Pfui« gerufen. Nach einigen Wiederholungen wird der Hund sein Futter nur noch am vorgesehenen Freßplatz aufnehmen.

Neben diesen speziell erläuterten Erziehungssituationen gibt es weitere wiederkehrende Ereignisse, auf die unser Hund erzogen reagieren soll. So kann der Hund in eine Beißerei geraten, wenn wir ihn nicht rechtzeitig zurückrufen können, oder ein fremder Hund nähert sich unserem angeleinten Vierbeiner. Das sind kritische Situationen, in denen schnell, aber bewußt gehandelt werden muß. Schläge und Fußtritte würden die Kampflust auf beiden Seiten nur steigern. Zweckmäßig ist es, unseren Hund vorsichtig, aber bestimmt an der Rute oder den Hinterbeinen zurückzuziehen, eventuell hochzunehmen und den Gegner zu vertreiben. Da das nicht ungefährlich ist, ist das Überschütten mit Wasser (soweit vorhanden) vorzuziehen.

Die Gewöhnung an städtische Straßenverhältnisse hat ebenfalls nach den allgemeinen Grundsätzen zu erfolgen. Jeder Hund reagiert individuell verschieden und hat eine unterschiedliche Wesensstärke. Danach richtet sich die Härte bei der Erziehung. Sehr wesensstarke Rüden lassen es auch teilweise auf Machtkämpfe mit dem Herrn ankommen und widersetzen sich den Erziehungsmaßnahmen. Das erfordert dann ein hohes Maß an Härte gegen das Tier, wobei alle die genannten Mittel einzusetzen sind. Andernfalls wird der Hund der Herr im Haus, und große Tiere können gegen die Bezugsperson sogar aggressiv werden. Je besser man seinen Hund kennt, desto erfolgreicher wird man seine individuellen Gewohnheiten und Reaktionen zur Erziehung ausnutzen können. Die genannten Maßnahmen der Erziehung haben nichts mit Abrichtung oder Dressur zu tun. Die Abrichtung von Gebrauchs- und Leistungshunden erfordert spezielle Ausbildungsprogramme. Dressuren werden für bestimmte, sensationell wirkende Leistungen des Hundes, wie Laufen auf zwei Beinen, Überschläge, Ballspiele usw., durchgeführt.

Auf alle Fälle soll unser Hund einige Grundkommandos befolgen, die wir jedoch individuell festlegen können. Üblicherweise sind das zum Beispiel: »Fuß«, »Sitz«, »Platz«, »Aus«, »Pfui«, »Geh«, »Paß auf«, »Warte«, »Such«. Worte des Lobes und Tadels können auch verschieden gewählt werden. Meist sagt man: »Guter« oder »Guter Hund«, »Böser« oder, z. B. mit dem Namen verbunden, »Böser Bello«. Der Tonfall ist dabei stets zu beachten, da der Hund das gut unterscheiden kann.

Über die Erziehung der Hunde gibt es viel Spezialliteratur und auch verschiedene erfolgreiche Rezepte, die aber alle auf gleichen Grundsätzen beruhen. Man sollte sich deshalb nicht verwirren lassen und eine gewählte Methode konsequent befolgen, das ist der sicherste Weg zum Erfolg.

Abschließend noch einige Bemerkungen zum Problem Hund im Auto. Die sicher häufigste Form des Transportes bei Reisen kann problematisch werden, wenn der Hund das Autofahren nicht verträgt und erbricht. Fast alle Hunde fahren gern mit dem Auto mit, da die vorüberfliegende Landschaft den Rausch der schnellen Bewegung erzeugt. Einige Tiere vertragen das aber weniger gut. Der Hund soll deshalb mit leerem Magen die Reise antreten. Das Erbrechen im Auto (Seekrankheit, Nausea) verliert sich erfahrungsgemäß häufig mit zunehmendem Lebensalter des Tieres und kann auch durch Medikamente, die der Tierarzt verordnet, unterbunden werden. Da der Hund oft durch die Bewegung des Autos anfängt zu hecheln, bekommt er Durst, und es sollte stets Trinkwasser mitgeführt werden. Hunde werden immer auf den Rücksitzen transportiert. Bei Notwendigkeit werden sie dort von einer Begleitperson berührt oder auch unten gehalten, damit sie nicht aus dem Fenster sehen können. Fährt man allein, so kann der Hund auch auf dem Rücksitz angeleint werden. Bei langen Fahrten legt man alle 40 bis 50 Minuten eine Pause ein und läuft mit dem Hund einige hundert Meter möglichst schnell. So verbindet sich das freudige Ereignis dieser kurzen Ausflüge positiv mit dem Autofahren. Welpen gewöhnen sich schneller an das Mitfahren im Auto als ältere Hunde.

Pflege

Haarpflege

Die Haarpflege des Hundes steht mit Recht bei den Pflegemaßnahmen immer an erster Stelle. Gesundheit und Widerstandsfähigkeit unserer Tiere hängen wesentlich vom Zustand des Haares bzw. des Felles ab. Ein schlechter Pflegezustand drückt sich zuerst und vor allem im Haarkleid des Hundes aus. Haarkleid und Haut sind eine biologische Funktionseinheit, die es durch gezielte Pflegemaßnahmen zu erhalten und zu aktivieren gilt. Ein ungepflegtes Haarkleid ist Ausgangspunkt und Ursache für Reizungen, Entzündungen und Ekzembildungen auf der Haut. In der Folge kommt es zu hartnäckigen Juckreizen, und unsere Hunde werden in ihrem Allgemeinbefinden mehr und mehr beeinträchtigt. Die Haut kann ihre wichtigen Funktionen, die ihr auch im Stoffwechsel zukommen, nicht mehr richtig erfüllen. Es kann zu Fehlregulierungen im Wärmehaushalt bis zu mangelnder Blutgefäßsteuerung kommen. Der Hund besitzt feine Hautmuskelchen an jedem Haar, und die Haare können im gesunden Zustand aufgerichtet werden, um die Stärke der wärmeisolierenden Lufthülle im Fell zu regulieren. Ein Versagen dieser Funktion bringt unweigerlich Erkältungskrankheiten mit sich. Nicht weniger gefährlich ist die

Ansiedlung von Hautschmarotzern auf verfilztem und verschmutztem Haar. Meist handelt es sich um Flohbefall, seltener um Läuse und Haarlinge. Das Krankheitsbild ist bei diesen drei Schmarotzern ähnlich. Es äußert sich durch Juckreiz, der zu Kratzwunden führt und weitere Hautreizungen provoziert bis hin zu Hautekzemen und Blutarmut des Tieres. Da der Floh als Zwischenwirt für den Hundebandwurm fungiert, ist er stets und sofort zu bekämpfen. Die durch Schmarotzer veränderte Haut ist gegenüber weiteren Krankheitserregern nicht mehr widerstandsfähig, und die Tiere werden leicht anfällig für allerlei Krankheiten. Die geschädigte Haut erfüllt ihre Ausscheidungsfunktionen im Stoffwechsel nur noch teilweise, und eine weitere Körperschwächung ist die Folge.

Haarpflege ist also nicht nur für die Schönheit, saubere äußere Kondition und das Wachstum der Haare erforderlich, sondern vor allem auch für ein gesundes, widerstandsfähiges Tier mit gutem Wohlbefinden.

Aufgrund der rassespezifischen Unterschiede im Haarkleid gibt es natürlich auch Unterschiede im Kämmen und Bürsten der tibetischen Hunde. Selbst innerhalb einer Rasse haben wir verschiedene Haartrachten bzw. Felltypen, die unterschiedliche Pflege und Behandlung erfordern. Die langhaarigen Rassen (Tibet Terrier, Lhasa Apso, Shih Tzu) bedürfen eines besonderen Pflegeaufwandes, wobei es Grundsätze und Gemeinsamkeiten gibt. Die rassespezifischen Besonderheiten dieser Rassen werden anschließend an diese Hinweise beschrieben.

Das Haarkleid aller tibetischen Rassen ist doppelschichtig: wollfeines Unterhaar und Oberhaar verschiedener Textur je nach Rasse. Bei der Pflege ist deshalb auf beide Haarschichten zu achten, da es durch zu vieles Kämmen zum Auskämmen der Unterwolle kommen kann.

Der Grundstein für ein gutes Haarkleid wird beim Welpen gelegt, vorausgesetzt, er hat auch gute Fellanlagen vererbt bekommen. Besonders wichtig ist eine zweckmäßige Fütterung. Genügend Protein, Vitamine und auch Fette gehören zur guten Fellentwicklung. Im Futterplan des Welpen müssen (wie auch im Kapitel über Ernährung beschrieben) deshalb geeignetes, auch rohes Fleisch, Pansen, Vollmilch bzw. Babymilchprodukte, Quark und Eier zu finden sein. Aber auch Vitaminträger wie Möhren, Äpfel und Blumenkohl gehören dazu. Pflanzenöle, besonders Weizenkeimöl und Leinölsaat mit Vitamin E, liefern mit ihren essentiellen Fettsäuren eine besonders wichtige Komponente für das Haarkleid. Das notwenige Vitamin B verabreichen wir mit Keimöl- und Hefefütterung.

Ein acht Wochen alter Welpe muß noch wenig gekämmt werden. Das Kämmen und Bürsten soll aber später für den Hund eine Freude und keine Qual werden. Deshalb ist ein Gewöhnen an die Pflegemaßnahmen in die Erziehungsarbeit frühzeitig mit einzubeziehen, und das Tier wird es später durch die Bereitschaft, sich kämmen und bürsten zu lassen, danken. Zweckmäßigerweise geschieht das auf einem Tisch mit rutschfester Oberfläche (Gummimatte, Teppichrest). Begonnen wird mit den Beinen von unten nach oben. Dabei steht der Hund üblicherweise. Beim Welpen benutzt man dafür nur eine nicht zu harte Naturhaarbürste. Die Pfoten, die Haare zwischen den Ballen und besonders zwischen den Vorderläufen werden ebenfalls sorgfältig gekämmt bzw. gebürstet. Zum Bürsten vom Bauch aufwärts zum Scheitel wird das Tier jeweils auf die Seite gelegt. Dabei ist der Welpe für gutes Stillhalten zu loben. Auf keinen Fall darf dabei mit ihm gespielt werden. Er muß lernen, daß diese Pflege einen festen Ablauf hat, die bei gutem Benehmen belohnt wird.

Der Kopf mit Bart und Ohren wird im Sitzen gekämmt. Die kleinen Haare im Ohr sollen ausgezupft werden. Nicht zu fest, aber bestimmt wird kurz gezupft. Es tut dem Tier

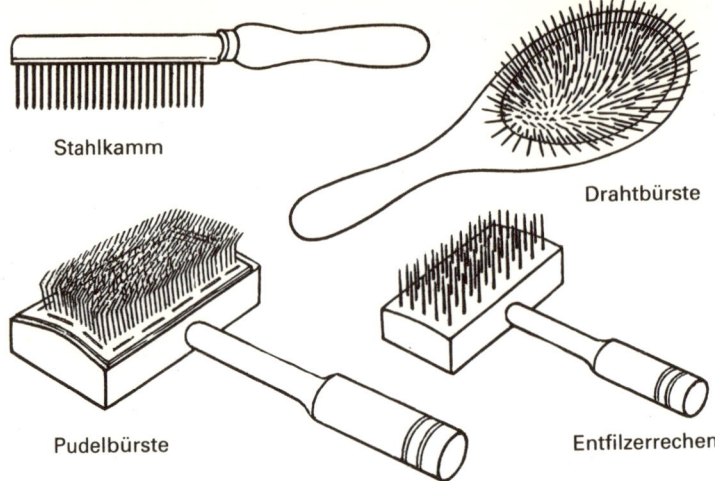

Stahlkamm

Drahtbürste

Pudelbürste

Entfilzerrechen

Pflegewerkzeuge
zum Kämmen
und Bürsten

dann nicht weh (s. auch Abschnitt über Ohrenpflege). Die Rute wird vorsichtig ausgekämmt, um eventuelle Schmutzklümpchen zu entfernen, ohne die empfindlichen
Schwanzknochen zu gefährden.

Der heranwachsende Hund wird dann schrittweise an den Stahlkamm gewöhnt. Dabei ist immer bis auf die Haut durchzukämmen. Die Bauchpartien bürsten wir aber weiterhin mit der Naturhaarbürste, sofern keine Verfilzungen entstehen. Dabei kann der
Hund nun auf den Rücken gelegt werden, während er als junger Welpe dabei nur vorsichtig auf dem Schoß des Pflegers rücklings liegen darf. Der 12 bis 18 Monate alte Junghund muß möglichst täglich durchgekämmt werden, da er dann etwas abhaart.

Der ausgewachsene Hund braucht zur Haarpflege einige Pflegewerkzeuge mehr. Es
sind dies: eine Drahtbürste wie für Menschenhaar, eine feste Naturhaarbürste, ein Metallkamm mit weiten und einen mit feinen und engeren Zinken, eine Pinzette und eine
scharfe Schere. Zum Festhalten des Hundes hat sich ein Haltearm mit Halsband, ein sogenannter »Galgen«, bewährt. Die feinen Pudelbürsten sind wegen der Zerstörung des
Deckhaares gefährlich und eignen sich höchstens für das Entfernen kleinerer Verfilzungen oder das Ausstreichen und Auflockern des Bein- und Fußhaares beim Tibet Terrier.
Alle Stahlkämme sollen abgerundete Spitzen haben!

Über das Vorgehen beim Bürsten und Kämmen gibt es verschiedene Erfahrungen, und
jeder entwickelt mit der Zeit seinen eigenen Stil. Wichtig ist, daß keine Stelle im Fell aus-
gelassen wird und daß der Hund auf den Ablauf eingestellt ist. Zu Beginn und zum Abschluß wird jeweils das ganze Fell, vom Kopf beginnend, durchgebürstet. Dabei ist darauf
zu achten, daß man in einem Zug von der Haut bis zur Haarspitze durchbürstet, ohne
die Haarspitzen nach oben zu biegen. Eventuelle Verfilzungen werden dabei vorsichtig
mit den Fingern auseinandergezupft und vorsichtig ausgebürstet. Das Haar des Hundes
sollte nicht ganz trocken gebürstet werden, da es spröde sein kann und sich statisch auf-
lädt. Bei langem Haar besteht die Gefahr, daß die Haarspitzen abbrechen. Zweckmäßigerweise werden sie mit kalkfreiem Wasser (Regenwasser) unter Verwendung eines Zer-
stäubers (Atomiseur) für Blumen leicht angefeuchtet.

Elastisches Haar läßt sich durch wöchentliches Einbürsten einer geringen Menge Babyöl erhalten. Babyöl ist auch bei der Beseitigung von Verfilzungen, z. B. hinter den Ohren oder zwischen den Läufen, zweckmäßig. Das Öl läßt man auf den Filznestern etwas

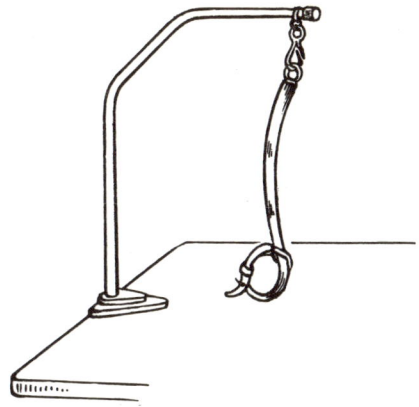

Vorrichtung zum Halten des Hundes während des Kämmens, ein sogenannter »Galgen«

einwirken und zupft sie mit den Fingern vorsichtig auseinander, um sie dann auszubürsten. Sollte sich die Verfilzung nicht lösen lassen, dann muß der Entfilzungsrechen benutzt werden. Das Haar wird dabei zwischen Haut und Filzstellen mit den Fingern gehalten, und mit dem Kamm wird versucht, die Stelle auszuzupfen. Niemals darf die volle Zupfkraft direkt auf die Haut des Hundes wirken, es bereitet ihm starke Schmerzen, und er wird pflegeunwillig.

Sollten sich auch mit dem Entfilzungsrechen die Nester nicht beseitigen lassen, dann schneidet man mit einer scharfen Schere die Nester längs in Haarrichtung auf und versucht erneut, sie dann auseinanderzuzupfen. Ist auch dieses Verfahren erfolglos, dann hilft nur noch das Herausschneiden der verfilzten Stelle. Das Längsaufschneiden ist auch für Haarverknotungen im Bauchbereich und den Innenseiten der Schenkel zu empfehlen, falls das Auskämmen schon zu schmerzhaft ist.

Wenn durch Krankheit, berufliche Verhinderung oder Abwesenheit eine Pflegeunterbrechung eintritt, kann es passieren, daß das Haar des Hundes auch bei sonst bester Pflege verfilzt. Kommt man da mit den vorgenannten Methoden nicht mehr aus, sollte der Hund zunächst gründlich gebadet werden, ohne das Fell dabei zu rubbeln. Anschließend wird er in einem Handtuch schrittweise trocken gedrückt, wieder ohne zu rubbeln. Das noch feuchte Haar wird soweit wie möglich vorsichtig lang gebürstet. Danach versucht man, jedes Filzpaket einzeln auszukämmen und auszubürsten, eventuell auch durch Längsaufschneiden der Nester. Das ist eine aufwendige Prozedur und erfordert vom Pfleger und vom Hund viel Geduld. Damit wird aber ermöglicht, das lange Deckhaar weitestgehend zu schonen. Ein völlig verfilzter Hund kann oft nur noch möglichst gleichmäßig über den ganzen Körper mit einer Haarschneidemaschine geschoren werden. Mit einer scharfen Schere geht das auch, erfordert aber viel Geschick. Den Ruten- und Ohrenbehang, eventuell auch den ganzen oberen Kopfbereich, sollte man nicht scheren, da das Haar langsamer nachwächst.

Die Haarpflege des Tibet Terriers

Das typische lange Haarkleid des Tibet Terriers besteht aus feinem, wolligem Unterhaar und reichlichem Ober- oder Deckhaar, das lang, fest und fein ist und glatt oder gewellt fällt. Das Deckhaar soll nicht zu üppig, nicht seidig und nicht gelockt sein.

Die Pflege dieses Haarkleides ist einfach und relativ schnell vorzunehmen, wenn es regelmäßig und sorgfältig erfolgt.

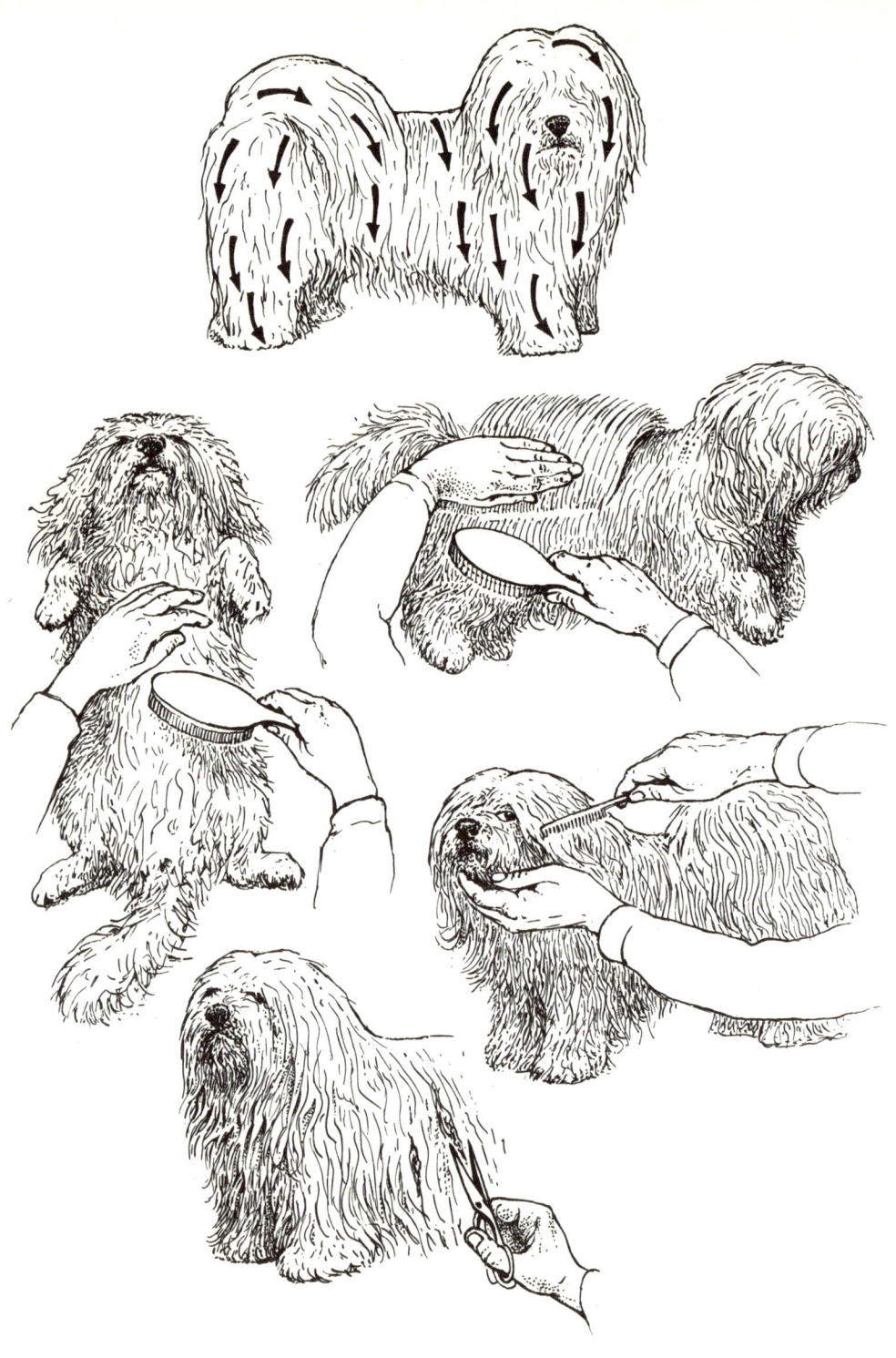

Bei gründlicher und sorgsamer Pflege reicht es aus, den Hund einmal wöchentlich zu kämmen und zu bürsten. Das ist jedoch auch von der Haltungsweise abhängig, und ein Hund, der täglich durch Garten und Gelände streifen kann, sollte möglichst täglich durchgekämmt werden, um auch Pflanzen- und Holzreste aus dem Fell sofort zu entfernen. Diese Reste und auch eventuelle Schmutzklumpen bilden Ausgangspunkte für Haarplatten und Schnüren mit weiterer Verfilzungsgefahr. Auch zur Zeit des Haarwechsels sollte der Hund möglichst täglich gekämmt werden, damit die abgestorbene Unterwolle rasch entfernt und eine Verfilzung verhindert wird. Da das Fell des Tibet Terriers eine unterschiedliche Struktur haben kann, ist auch die Pflege darauf einzustellen. Felltypen mit gröberer und festerer Haartextur neigen weniger zu Verfilzungen und sind leichter zu pflegen. Dieser Haartyp schmutzt nicht so stark, ist natürlich imprägniert und ähnelt mehr dem Menschenhaar. Es läßt sich gut mit der Drahtbürste behandeln. Felltypen mit weicher und feiner Haartextur sind meist dichter und dadurch schwieriger zu pflegen. Mit der Drahtbürste ist bei diesem Felltyp Vorsicht geboten, obwohl man damit die Unterwolle leichter durchkämmen kann. Wenn die Drahtbürste nicht unbedingt erforderlich ist, sollte eher eine Naturhaarbürste eingesetzt werden, die diesen Haartyp besser schont.

Kämmen und Bürsten erfolgt nach den Grundsätzen, wie das generell im Abschnitt über Haarpflege beschrieben wurde. Das Fell des Tibet Terriers wird immer in Richtung des natürlichen Haarfalls Zentimeter für Zentimeter von unten nach oben gekämmt und gebürstet. Die Haare um die Geschlechtsorgane beim Rüden ebenso wie bei der Hündin neigen schnell zum Verfilzen. Eventuelle Knötchen und Schnüre schneidet man vorsichtig mit scharfer Schere aus. Zuletzt wird der Kopf gekämmt und gebürstet. Im Bereich der Augen und für die Barthaare benutzt man vorzugsweise einen feinen Stahlkamm. Augensekretreste und eventuelle Futterreste sind sorgfältig zu entfernen. Bei hellem Fell können dunkle Augensekretstellen auch mit Babyöl behandelt werden, um auf die Dauer dunkle Flecke zu vermeiden (s. auch Abschnitt über Augenpflege).

Die Haarpflege des Lhasa Apso

Der Lhasa Apso ist gekennzeichnet durch sein vorzügliches Haarkleid, und das erfordert für den gewünschten Zustand eine tägliche Pflege. Voraussetzung für ein schönes Fell sind natürlich die ererbten Anlagen, die nicht durch haarkosmetische Mittel zu ersetzen sind. Im Standard werden ein schweres, gerade herunterfallendes Deckhaar reichlicher Länge und eine dichte Unterwolle gefordert. Sind alle Voraussetzungen und Anlagen für ein schönes Haarkleid vorhanden, dann muß es mit großer Sorgfalt und Konsequenz täg-

Kämmen und Bürsten des Hundes
oben: Zu Beginn und zum Abschluß des Kämmens wird jeweils das gesamte Fell in natürlicher Wuchs- bzw. Fallrichtung, am Kopf beginnend, mit einer Naturhaarbürste durchgebürstet.
links: Zunächst werden mit der Bürste der Bauch und die Innenseiten der Läufe locker und vorsichtig durchgearbeitet.
rechts: Der auf der Seite liegende Hund wird haarlagenweise Zentimeter für Zentimeter von unten bis zur Rückenlinie durchgebürstet, und zwar in Richtung des natürlichen Haarwuchses, während die andere Hand die obere Haarlage nach oben zurückhält.
Das Kopfhaar und die Behänge werden zuletzt mit dem Metallkamm lang durchgekämmt, wobei eine Hand den Kopf des Hundes immer unterstützt.
unten: Eventuelle Filzpakete werden mit der Schere längs in Wuchsrichtung des Haares aufgeschnitten, anschließend auseinandergezupft und ausgekämmt.

lich gepflegt und gekämmt werden. Erst dadurch wird die volle Schönheit der Fellanlagen entsprechend zur Geltung gebracht. Dabei geht es jedoch nicht um besondere Frisierkünste, die aus dem urwüchsigen Tier ein Schauobjekt machen sollen, sondern um eine natürliche, artgerechte Haarpflege. Ein gut gepflegtes Lhasa Apso-Fell spricht für sich und erfordert keine zusätzlichen Effekte. Neben der bereits erwähnten optimalen Fütterung ist auch die Regelmäßigkeit der Fellpflege eine Grundvoraussetzung für den Erfolg. Durch vernachlässigte Pflege, wenn auch nur kurzzeitig, kann selbst das schönste Haarkleid nachhaltig leiden.

Der Ablauf des Kämmens und Bürstens erfordert für Tier und Pfleger eine gewisse Übung. Damit beginnt man zweckmäßigerweise gleich nach Kauf des Welpen und übt das ruhige Liegen und das Bürsten mit dem durchblutungsstimulierenden Effekt auf Rücken, Bauch und Läufen.

Wie alle Langhaarhunde wird auch der Lhasa Apso niemals ganz trocken gekämmt und gebürstet. Mit einem Zerstäuber feuchtet man das Haar leicht an, kämmt es zunächst grob durch und beginnt dann mit dem Bürsten. Das Tier wird zuerst auf den Rücken gelegt, und Bauch und Brust werden durchgebürstet. Anschließend folgen die Innenseiten der Läufe. Der Kamm wird dabei nur vorsichtig eingesetzt. Hauptwerkzeug ist die Naturhaarbürste. Danach wird das Tier auf die Seiten gelegt, und das Haar wird lagenweise und reihenweise von unten bis zur Rückenlinie durchgearbeitet. Auch wenn das Haar von unten nach oben lagenweise behandelt wird, so wird doch stets in Richtung des natürlichen Haarwuchses gebürstet und gekämmt und niemals gegen den Strich. Dadurch würde das Haar brechen und die natürliche Fallrichtung verlieren. Nachdem die Außenseiten der Läufe noch gebürstet und gekämmt sind, kann das Tier stehen und von vorn nach hinten bis zum Rutenansatz gescheitelt werden. Nun wird das Deckhaar an den Seiten sorgfältig und straff nach unten gebürstet. Ebenso wird die Rutenbefederung gründlich durchgebürstet. Sollten verfilzte Knoten und Schnüre entstanden sein, dann werden diese entsprechend den Hinweisen im Abschnitt »Haarpflege« entfernt. Zum Abschluß wird der Kopf gebürstet. Kinn- und Backenbart werden vorsichtig mit dem Kamm, möglichst einem Hornkamm, ausgekämmt, und ebenso verfährt man mit den Ohren und dem Kopfhaar. Die Unterwolle wechselt jahreszeitlich, und das abgestorbene Haar wird bei der täglichen Pflege mit entfernt. Benutzt man dafür zu oft den Kamm, wird ständig zu viel Unterwolle herausgekämmt und, abgesehen von den entstehenden Mängeln in dieser unteren Haarlage, der jahreszeitliche Rhythmus durch Überreizung gestört.

Die Haarpflege des Tibet Spaniels

Im Vergleich zu den anderen langhaarigen Tibetrassen gibt es beim Tibet Spaniel keinerlei Probleme mit der Haarpflege. Es genügt, die Haarpflege wöchentlich ein- oder zweimal durchzuführen. Trotzdem kann ein tägliches Bürsten empfohlen werden, da es dem Tier durch Anregung der Haut und des Kreislaufes Wohlbefinden verschafft.

Beim Bürsten und Kämmen wird der Hund zunächst auf den Rücken gelegt und mit den Innenseiten der Läufe begonnen. Nachdem auch Brust und Bauch gebürstet sind, wird er gestellt, und die Seiten werden glatt von oben nach unten heruntergebürstet. Das lange Haar an den Läufen wird gründlich, aber vorsichtig durchgekämmt, damit es schön locker fällt. Die Befederung der Rute wird vorrangig gebürstet und anschließend locker durchgekämmt, um das Abbrechen des Haares zu vermeiden. Es empfiehlt sich dabei, das Haar kurz über der Haarwurzel mit festzuhalten. Abschließend wird das Kopfhaar in Richtung des natürlichen Wuchses gebürstet, und die Ohren werden vorsichtig ausgekämmt. Zu langes Haar zwischen den Ballen kann herausgeschnitten werden.

Die Haarpflege des Shih Tzu

Das Haarkleid des Shih Tzu, das nach dem Standard lang, dicht und mit reichlich guter Unterwolle sein soll, erfordert sorgfältige Pflege. Auch bei dieser Rasse gibt es verschiedene Felltypen, die einer unterschiedlichen Pflegebehandlung bedürfen. Dabei ist das etwas härtere und schnellerwüchsige Haar leichter zu pflegen als weiches, langsam wachsendes Haar und das bevorzugte glatte und feste Haar leichter als das weniger erwünschte gewellte, etwas gelockte Haar. Auch bei der Unterwolle gibt es Variationen von kurzer und dichter bis zu lockerer und schwächerer. Optimal ist ein Haarkleid ähnlich der Textur des menschlichen Haares, das glatt herunterfällt und gescheitelt ist. Die Haartextur steht oft mit der Farbe des Felles in Wechselwirkung.

Zum Kämmen und Bürsten legt man den Shih Tzu zunächst auf den Rücken und beginnt mit den Innenläufen von der Pfote aufwärts durch die Innenschenkel bis zu Bauch und Brust und bearbeitet den gesamten unteren Bereich des Körpers. Dabei sollte zunächst vorsichtig mit einem Stahlkamm vorgekämmt werden, um eventuelle Knoten festzustellen. Danach wird mit einer Drahtbürste durchgebürstet und mit einem feinen Stahlkamm nachgekämmt, um alle eventuellen Filzknötchen und Verunreinigungen sicher zu entfernen. Anschließend wird das Tier jeweils auf die Seite gelegt und das Haar wieder von unten nach oben reihenweise, jedoch immer in Richtung des natürlichen Haarfalls, von der Haut zur Haarspitze lang durchgearbeitet. Danach wird der stehende Hund auf dem Rücken von Kopf bis Rutenansatz gescheitelt und auf beiden Seiten glatt gekämmt und gebürstet. Das Haar wird dabei zunächst lang nach unten durchgekämmt und anschließend ebenso gebürstet. Weiter wird die Rute gut ausgekämmt und gebürstet und zum Abschluß der Kopf. Beginnend mit dem Kinnbereich und Backenhaar, werden im Augenbereich überall sehr behutsam mit einem feinen Kamm das Haar und die Wimpern langsam durchgekämmt. Ebenso sind die stark befederten Ohren zu behandeln, die zuvor, hinter dem Ohransatz gründlich auf Verfilzungserscheinungen achtend, durchgearbeitet werden. Schließlich wird das Haar auf dem Nasenrücken gekämmt und das über die Stirn und Augen fallende Kopfhaar, das den charakteristischen chrysanthemenhaften Eindruck erscheinen läßt. Dieses vordere Kopfhaar wird meist von der Nase aufwärts nach hinten gekämmt und locker mit einem Band zusammengebunden.

Die Haarpflege der Tibet Dogge (Tibet Mastiff)

Generell ist die Haarpflege der Tibet Dogge unproblematisch. Es ist nach den allgemeinen Grundsätzen zu verfahren. Vor allem muß das tägliche Bürsten empfohlen werden, das durch die Anregung der Haut und des Kreislaufes dem Hund ein besonderes Wohlbefinden verschafft und damit entscheidend zur engen und notwendigen Partnerschaft zwischen Mensch und Tibet Dogge beiträgt.

Die Tibet Dogge verliert im Frühjahr ihre Unterwolle und ist während dieser Zeit deshalb öfter und gründlich auszukämmen, ohne das Tier mit Gewaltaktionen zu reizen. Das volle und mäßig lange Deckhaar wird ebenfalls lagenweise in Richtung des natürlichen Haarfalles gebürstet und gekämmt, obwohl es, gegen den Strich gekämmt, locker und leicht in die gewachsene Haarrichtung zurückfällt.

Um ein Abbrechen des Haares zu vermeiden, werden die Befederung der Rute und die Halsmähne hauptsächlich gebürstet und anschließend locker durchgekämmt. Ebenso wird das Kopfhaar und das Haar der Ohrbehänge vorsichtig ausgekämmt.

Das Baden des Hundes

Das Haarkleid des Hundes hat einen natürlichen Schutz in Form eines feinen Fettfilmes auf Haut und Haaren, auch Fettsäuremantel genannt, der durch eine Fettabsonderung bestimmter Hautdrüsen aufgebaut und aufrechterhalten wird. Dieser schützende Fettfilm ist wasser- und schmutzabweisend. Ein regennasser Hund kann sich deshalb durch Abschütteln relativ schnell vom Wasser befreien und trocknet auch schnell ab.

Ein Hundebad zerstört diesen Fettschutzfilm, und ein zu oft gebadeter Hund wird wesentlich schneller wieder schmutzig. Zudem wird durch öfteres Baden das Haar glanzlos, und Hautkrankheiten können leichter Fuß fassen.

Ein gut gepflegter Hund, der regelmäßig gekämmt und gebürstet wird, muß nur einmal oder zweimal im Jahr gebadet werden. Allerdings kann durch Wälzen des Hundes in Fäkalien, landwirtschaftlichen Abfällen u. ä. ein sofortiges Bad erforderlich sein. Davon wird kein Hundehalter verschont bleiben. Hat sich dagegen unser Hund, besonders einer der langhaarigen Rassen, auf Spaziergängen und Lauftouren von unten her mit Straßen- und Erdschmutz bespritzt, dann waschen wir ihn nur mit lauwarmem Wasser ohne Zusätze bis Bauchhöhe ab. Oftmals genügt es auch schon, die Pfoten einzeln im lauwarmen Wasser abzuspülen.

Um ein Hundebad eines plötzlich verschmutzten oder übel riechenden Hundes zu vermeiden, gibt es z. T. auch gute Erfahrungen mit der Anwendung von Trockenshampoo, da die Verschmutzungen durch Wälzen oder Bespritzen meist nur das Deckhaar betreffen und selten bis zur Haut gehen. Der Hund ist danach gründlich auszubürsten. Für das Hundebad sind folgende Grundsätze zu beachten:

Als Waschmittel wird eine neutrale Flüssigseife, spezielles Hundewaschmittel oder ein gutes Eishampoo verwendet, keinesfalls Toilettenseife, Feinwaschmittel oder andere alkalihaltige Waschmittel. Hundewaschmittel mit Kontaktinsektiziden werden nur bei tatsächlichem Schmarotzerbefall des Tieres eingesetzt.

Als Badegefäß verwendet man eine ausreichend große Schüssel, eine Wanne oder auch die Badewanne mit rutschfester Bodenfläche.

Das Badewasser sollte ca. 35°C warm sein, jedoch nicht unter 32°C und nicht über 40°C und darf dem Hund nur bis an den Bauch reichen.

Vor dem Bad wird der Hund nochmals gekämmt, um ein zu starkes Verwickeln bei langen Haaren während des Badens zu vermeiden. Die Gehörgänge werden mit einem fetthaltigen Wattepfropfen verschlossen. Dann wird der Hund in das Badewasser gestellt und das Fell mit lauwarmem Wasser befeuchtet. Auf das feuchte Fell wird das Waschmittel verteilt, man läßt es einwirken und massiert gut durch, ohne das Haar zu sehr durcheinanderzurubbeln. Es wird ausgespült und nochmals mit Waschmittel nachgewaschen. Anschließend muß gut und gründlich abgespült werden.

Besonders die langhaarigen Rassen werden nach dem Abspülen etwa ein bis zwei Minuten zum Ablaufen des Wassers stehengelassen. Dabei wird das Fell von oben nach unten ausgedrückt. Nachdem der Hund aus der Wanne gehoben wurde, sollte er Gelegenheit haben, sich abzuschütteln. Anschließend wird er mit einem dafür vorgesehenen Badetuch abfrottiert und weitestgehend trockengerieben, wieder ohne die Haare zu sehr durcheinanderzubringen. Der noch feuchte Hund bleibt für drei bis vier Stunden im temperierten Zimmer. Im Sommer kann er sich bei gegebenen Bedingungen im Garten oder auf dem Hof warmlaufen. Es besteht jedoch die Gefahr, daß er sich sofort auf trockener Erde oder im Schmutz wälzt. Zweckmäßig ist es, den feuchten Hund bereits zu kämmen und zu bürsten. Das kann bis zum Abtrocknen immer wieder in kurzen Intervallen erfolgen. Der Hund kann aber auch trockengefönt werden, falls er sich nicht gegen den Fön wehrt.

Da nach dem Baden die Verschmutzungsgefahr sehr groß ist, sollte auch der trockene Hund die ersten Tage nach dem Bad nicht zu lange im Freien verbleiben. Nach vier bis fünf Tagen ist das Haarkleid dann wieder natürlich nachgefettet.

Augenpflege

Bei den langhaarigen tibetischen Rassen sind die Augen regelmäßig zu kontrollieren und zu reinigen. Besonders die ausgetretenen Augensekrete müssen täglich entfernt werden, um es nicht zu größeren harten Krusten kommen zu lassen. Das Reinigen wird mit einem sauberen weichen Tuch vorgenommen, das zweckmäßig in lauwarmem Wasser getränkt wird. Damit lassen sich auch leichte Verkrustungen lösen und auswischen. Verkrustungen dürfen keinesfalls trocken mit dem Fingernagel herausgekratzt werden.

Von der Anwendung von Borwasser und Kamillenaufguß, wie das teilweise empfohlen wird, ist bei der Augenpflege dringend abzuraten. Es kann dadurch zu starken Reizungen der Bindehaut kommen, und durch Borwasser besteht die Gefahr des Haarausfalles im Augenbereich. Die feinsten Schwebstoffanteile bei Kamilleaufgüssen und die zellaufweichende Wirkung der Kamille auf Binde- und Hornhaut können ebenfalls Reizungen dieser Gewebe zur Folge haben. Dadurch wird stärkerer Tränenfluß hervorgerufen, der zu Augenlidentzündungen führt und damit auch zum Haarausfall am Auge.

Jede Art von Augenentzündung muß vom Tierarzt behandelt werden. Die Absonderungen der Augen können bei hellhaarigen Hunden dunkle Tränenspuren hinterlassen. Wie bereits bei der Haarpflege erwähnt, kann durch Aufbringen von Babyöl oder weißer Vaseline in diesem Bereich ein Verfärben weitgehend verhindert werden.

Ohrenpflege

Alle langhaarigen Hunderassen und Rassen mit Hängeohren bedürfen einer aufmerksamen Pflege und Kontrolle der äußeren und inneren Ohrmuschel. Die Innenflächen der Ohren außerhalb der Ohrmuschel (des äußeren Gehörganges) können ebenfalls stark verschmutzen und sind deshalb je nach Haltungsart des Hundes auch in regelmäßigen Zeitabständen zu säubern. Im Gegensatz zu den Ohrmuscheln werden die äußeren Ohreninnenflächen mit Wasser und einem reizlosen geeigneten Haarwaschmittel oder einer neutralen Flüssigseife gereinigt. Da die Anwendung von Wasser am Kopf und im Ohrenbereich nicht unproblematisch ist, müssen bei dieser Reinigung auf alle Fälle die äußeren Gehörgänge mit einem wasserabweisenden Wattepfropfen geschlossen werden. Läuft Wasser in die Gehörgänge, dann ist das kaum wieder zu entfernen, da es durch den Gehörgangknick in der Nähe des Trommelfells praktisch unerreichbar ist. Das trifft auch für Fremdkörper, Ohrenschmalz und anderen Schmutz zu.

Eine ordnungsgemäße Pflege und Reinigung der Ohrmuscheln erfordert das Entfernen der im Gehörgang wachsenden Haare. Im rauhen Klima Tibets erfüllen diese Haare eine Schutzfunktion, sie können aber unter unseren Haltungsbedingungen zu Entzündungsherden werden. In diesen Haaren verfängt sich Ohrenschmalz und Straßenstaub, womit ein Nährboden für Bakterien entsteht, die dann Gehörgangentzündungen, den sogenannten Ohrenzwang, hervorrufen. In der weiteren Folge können sich dann bei Nichtbehandlung Ekzeme oder gar Geschwüre bilden. Schüttelt der Hund öfters mit dem Kopf und versucht, vorsichtig mit der Pfote am Ohr zu kratzen, so hat sich mit Sicherheit bereits eine Gehörgangentzündung eingestellt. Dem Ohr entströmt dann ein unangenehmer Geruch, und es faßt sich heiß an. Es kann auch zum Ausfluß kommen und bereits schmerzhaft für das Tier sein. Diese Fälle gehören sofort in die Hand des Tierarztes, um chronische Entzündungen zu vermeiden, die durch verschleppte Infektionen entstehen können.

Das Entfernen der Haare im Gehörgang sollte schon im Welpenalter vorgenommen werden. Es kann mit der Pinzette oder besser noch mit den Fingern gezupft werden. Mit den Fingern hat man mehr Gefühl, da man weder zu kräftig zupfen noch zu zaghaft ziehen sollte. Hat man das richtige Gefühl dafür, tut es dem Hund weder im Welpenalter noch im ausgewachsenen Zustand weh. Es werden immer nur einige Haare und nie alle auf einmal erfaßt, um Hautverletzungen und Schmerzen zu vermeiden. Das feinere und kürzere Haar im tieferen Gehörgang wird nicht entfernt, sondern nur das herauswachsende. Die Ohrmuschel wird dann mit einem Wattestäbchen unter Verwendung von Babyöl oder auch Paraffinöl gereinigt. Das Öl weicht fester haftendes Ohrenschmalz und Schmutz auf, der sich dann leichter entfernen läßt. Es gibt auch gute Erfahrungen mit alkoholgetränkten Wattestäbchen. Der Alkohol (mind. 70 %ig, vergällt oder unvergällt) wirkt gleichzeitig desinfizierend. Dabei darf nicht zu viel Alkohol am Wattestäbchen sein, und es darf nicht zu tief und nicht zu sehr an der Ohrinnenhaut gerieben und gebohrt werden. Gereinigt wird so lange, bis der Wattetupfer sauber bleibt. Beim gesunden Tier sollte diese Reinigung nicht öfter als ein- bzw. zweimal monatlich durchgeführt werden.

Bei Wattetupfern mit Holzstäbchen besteht immer Bruch- und Splittergefahr. Geeignet sind Plaste- oder Metallstäbe als Watteträger, deren Spitzen stumpf und mit Watte gut gepolstert sein müssen. Außer beim Tibet Mastiff eignen sich für alle tibetischen Rassen auch die handelsüblichen Wattetupfer mit Plastestäbchen. Für wenig erfahrene Hundehalter ist es zweckmäßig, sich die gesamte Ohrreinigung von einem erfahrenen Züchter oder Tierarzt zeigen zu lassen.

Als eine geeignete Indikation für gut gepflegte Ohren gilt ein einwandfreier Geruch der sauberen Ohrmuschel.

Zahnpflege

In welchem Maße eine Zahnpflege erforderlich ist, hängt neben individuellen Faktoren vor allem von der richtigen Aufzucht und Ernährung ab. Ein Hund, der Futter zum Kauen und Beißen in Form großer Fleischstücke, Kalbsknochen und Hundekuchen erhält, wird kaum eine Zahnpflege benötigen. Mit Weichfutter und Brei ernährte Hunde haben dagegen meist Ansammlungen von Speiseresten im Gebiß. Besonders in der Nähe der Speicheldrüsengänge an den Backen- und Fangzähnen des Oberkiefers kommt es dann durch Ausfällungen der Calciumsalze zur Zahnsteinbildung. Zusammen mit Mundschleimhautresten, Bakterien und Eiweißprodukten bildet sich die meist bräunliche Masse zuerst an den Zahnhälsen. Später können die Zähne davon mantelförmig umgeben sein, und in den entstehenden engen Zwischenräumen und Nischen sammeln sich weitere Speisereste an. Es entsteht übler Mundgeruch, und die Zahnsteinablagerungen breiten sich auch unter dem Zahnfleisch und auf den Schleimhäuten aus. Die Folge sind Zahnfleischentzündungen, Zahnfleischschwund, Lockerung der Zähne und eventuell Wurzelentzündungen, Vereiterungen und Kieferknochenentzündungen.

Eine Kontrolle des Hundegebisses ist also durchaus ständig erforderlich. Ist ein Zahnbelag erkennbar, dann ist Zahnpflege notwendig. Bei geringen Ansätzen kann der entstehende Belag durch tägliches Reinigen mit Zahnbürste und Schlämmkreide oder einer abschluckbaren Kinderzahncreme entfernt werden. Es eignet sich auch eine 3 %ige Wasserstoffperoxidlösung. Bei stärkeren Zahnsteinbelägen ist nur eine Entfernung durch den Tierarzt mit Instrumenten und Schaber möglich.

Häufiges Kauen ohne Futter, Zähneheben und Schütteln des Kopfes deuten meist auf Fremdkörper hin, die sich im Gebiß verhakt haben. Diese sind sofort zu entfernen. Splitternde Knochen sind als Hundefutter wertlos und gefährlich.

Krallen- und Pfotenpflege

Regelmäßiger Auslauf auf verschieden hartem Terrain ergibt eine ausreichende und gleichmäßige Abnutzung der Krallen, so daß ein Verschneiden kaum erforderlich ist. Hunde, die nur auf weichem Gartenboden laufen oder kaum Bewegung haben, können zu lange Krallen bekommen. Diese müssen dann mit Nagelzange oder Feile gekürzt werden, da zu lange Krallen das Laufen behindern, die Gefahr des Einwachsens besteht und der Hund damit hängenbleiben kann. Beim Kürzen ist Vorsicht geboten, um nicht den durchbluteten Teil der Kralle zu verletzen. Geschnitten wird ca. zwei Millimeter vor dem »Leben« der Krallen, der rot durchbluteten Nagelhaut. Bei hellen Krallen ist das leicht erkennbar. Dunkle Krallen sind einzeln und genau, eventuell unter Zuhilfenahme einer starken Lichtquelle, zu betrachten, ehe gerade abgeschnitten wird. Bei Einschnitt in den lebenden Teil der Kralle können schmerzhafte Nagelbettentzündungen entstehen. Hat der Hund sehr harte und spröde Krallen, dann kann vor dem Schneiden ein etwa fünfminütiges Aufweichen in warmem Seifenwasser helfen. Die sogenannten Afterkrallen an den Hinterläufen, die nutzlose fünfte Zehe, fälschlicherweise auch »Wolfskralle« genannt, tritt bei den tibetischen Rassen öfter auf. Sie ist im Welpenalter unbedingt zu entfernen, da es später schmerzhaft ist. Eine Stützfunktion können diese Zehen aufgrund ihrer Anatomie nicht mehr erfüllen. Es besteht jedoch die Gefahr des Einwachsens mit möglicher Entzündung oder auch der Eigenverletzung. Losgerissene Krallen sind bei Hunden keine Seltenheit. Sie müssen schnellstens entfernt werden, da sie nicht wieder anwachsen können. Das geschieht durch eine kräftige Zugbewegung mit einer Zange.

Die Pfoten aller tibetischen Rassen sind sehr stark behaart. Auch zwischen den Zehen haben diese Hunde einen starken Haarwuchs. Um unangenehme Verfilzungen und eventuelle Zwischenzehenentzündungen zu vermeiden, sind diese Haare kurz zu halten und auszuputzen. Es können sich auch Schmutzklümpchen bilden, die schmerzhafte Beschwerden verursachen. Im Winter bilden sich bei nassem Schnee zwischen Ballen und Zehen Eisklümpchen, die dann ein Gehen unmöglich machen können. Das völlige Entfernen der Haare zwischen Zehe und Ballen ist jedoch nicht zu empfehlen. Ein Einfetten der Ballen, wie es z. B. einige Hundehalter im Winter als Schutz vor Streugut tun, ist nicht ratsam. Das Fett weicht die feste Hornhaut auf und ermöglicht damit das Eindringen von Fremdkörpern oder Splittkörnern. Mußte der Hund durch Streusalz laufen, so ist zu Hause sofort mit lauwarmem Wasser gründlich auszuwaschen.

Sollte sich der Hund mit bituminösen Straßenbindemitteln beschmutzt haben, ist allerdings ein Einreiben mit Pflanzenfett ratsam. Es weicht das Bitumen auf und läßt sich dann mit Seife entfernen. Keinesfalls sind dafür Lösungsmittel wie Benzin, Tetra u. ä. einzusetzen, da sie alles entfetten und ins Blut diffundieren können.

Pflege im Analbereich

Eine Pflege in diesem Bereich wird erforderlich, wenn es zu Kotverklebungen oder Analbeuteldrüsen-Komplikationen kommt. Kotverklebungen sind bei den langhaarigen tibetischen Rassen für Hund und Halter sehr unangenehm. Besonders bei dünnbreiigem Kot kann es beim Kotabsatz zum Verfangen und Beschmutzen am langhaarigen Hinterteil kommen. Ein gründliches Auswaschen (u. U. mit neutralen Haarwaschmitteln) soll sofort erfolgen, um die weitere Verschmutzung der Wohnung und das Verkrusten zu vermeiden.

Die Verklebungen des Kotes, die auch der Hund als unangenehm empfindet, versucht er durch Rutschen auf dem Hinterteil, sogenanntes Schlittenfahren, abzustreifen. Das Rutschen kann jedoch, falls keine Kotreste zu sehen sind, auch eine unzureichende Analbeutelentleerung als Grund haben.

Ursache für Durchfall oder dünnbreiigen Kot sind falsche Ernährung oder ein Darmkatarrh. Ballastreiche Kost verhindert zu dünnen Kot, und bei Durchfall ohne Fieber wird durch einen Fastentag und Gabe von schwarzem Tee der Durchfall schnell behoben sein. Besonders bewährt haben sich dabei auch geröstete Haferflocken, geriebener Apfel und unter Umständen Kohletabletten. Man verteilt kleine Portionen dieser Mittel über den Tag. Dabei muß der Hund immer genügend schwarzen Tee oder Wasser zum Saufen haben. Sollten diese Mittel nach drei Tagen noch nicht angeschlagen haben und der Hund hat erhöhte Temperatur, dann kann nur der Tierarzt helfen.

Die bereits erwähnten Analbeuteldrüsen liegen paarig am Darmende und entleeren ihr Sekret mit dem Kotabsatz des Hundes. Manche Hundebesitzer drücken das Sekret auch öfters zusätzlich heraus. Das ist absolut unnötig, solange es dazu keine Indikation in Form des Schlittenfahrens gibt. Das Analbeutelsekret ist von brauner Farbe und hat einen üblen Geruch. Es ist jedoch für den Hund die wichtige individuelle Erkennungsgeruchsnote, die auch bei Begegnung zweier Hunde zuerst durch Beriechen festgestellt wird. Bei Verstopfung dieser Drüsenausgänge und nur teilweiser Entleerung der Analbeutel mit dem Kot entstehen für den Hund ein starker Juckreiz und entzündliche Erscheinungen. Dann fängt der Hund an zu rutschen und versucht damit ein Ausdrücken zu erreichen. Hier muß der Tierarzt oder ein geübter Pfleger eingreifen, um die bohnen- bis walnußgroßen Säckchen auszupressen. Über weitere regelmäßige Entleerung durch Drücken entscheidet der Tierarzt.

Ernährung

Die durch die Domestikation entstandene Abhängigkeit der Hunde von den Menschen überträgt dem Tierhalter die Verantwortung für eine optimale Ernährung des Tieres. Das setzt einige Kenntnisse über den Organismus des Hundes, den Nähr- und Wirkstoffgehalt einiger Nahrungsmittel und den Nährstoffbedarf voraus. Vielen Menschen fällt es leider schwer, sich selbst richtig zu ernähren, und sie übertragen zudem noch ihre Eßgewohnheiten auf die Haustiere. Natürlich nimmt fast jeder Hund auch die ihm gereichte Menschennahrung auf, denn er fühlt sich ja als Meutetier, und der Mensch ist sein Partner. Das trifft auf die Qualität und auch auf die Quantität des Futters zu.

Raubtiere schlingen zunächst so viel Futter hinein, wie der Magen maximal aufnehmen kann, da in der Natur die nächste Mahlzeit lange auf sich warten lassen kann. Die

Freßgewohnheiten der Hunde hängen aber auch vorrangig von der Ernährung im Welpenalter ab. Deshalb wird jeder verantwortungsvolle Rassehundezüchter den Käufer eines Tieres genau informieren und einen Ernährungsplan mitgeben. Das bedeutet nicht, daß jeder Hund nicht individuelle Freßgewohnheiten und auch Vorzugsspeisen hat und haben soll. Hunde besitzen jedoch nicht den feinen, unterscheidenden Geschmack des Menschen, und sie können täglich das gleiche Futterprogramm bekommen, wenn es optimal abgestimmt ist.

Obwohl der Hund in der Natur ein Fleischfresser ist, nimmt er nicht nur reines Muskelfleisch auf. Beim Reißen der Beutetiere werden zunächst die Innereien und der Mageninhalt verschlungen. Damit nimmt er auch die halbverdaute Pflanzennahrung der Beutetiere auf.

Raubtiere überfressen sich auch, nehmen zum Teil in der Hast unpassende Nahrung auf, übergeben sich und fressen davon wieder das Geeignete heraus. Schaffen sie die Beute nicht, dann kehren sie später zum Beutetier zurück und fressen es, auch wenn es sich schon um stinkendes Aas handelt. In der Meute hat das Raubtier wenig Zeit zum Fressen, und der Geschmack spielt eine untergeordnete Rolle, die Beute wird nur hastig hinuntergeschlungen. Der Körperbau des Hundes ist aufgrund seiner Raubtierabstammung vorwiegend auf Fleischkost ausgelegt. Das kräftige Gebiß erhält sich nur, wenn das Tier es auch entsprechend benutzen kann. Es dient unter erheblichem Kraftaufwand nur der Grobzerkleinerung der Nahrung, damit sie über die gut aufweitbare Speiseröhre in den Magen geschlungen werden kann. Der Hund hat einen relativ kurzen Darm (Darmlänge: Körperlänge = 6:1), verglichen mit anderen Haustieren. Deshalb hat der Magen des Hundes eine größere Verdauungsfunktion, und das starke Pepsin-Salzsäure-Gemisch ist in der Lage, auch größere Fleischmengen im Magen bereits vorzuverdauen und aufzuschließen. Der kräftige Magen mit seinen starken Verdauungssäften ist dadurch auch in der Lage, verwestes Fleisch schadlos aufzunehmen. Aufgrund des kurzen Darmes ist der Hund gegenüber plötzlichem Nahrungswechsel relativ empfindlich und kann schnell mit Durchfall reagieren. Eine ausgewogene Nahrung mit Fleisch als Grundlage bekommt deshalb unserem Hund am besten.

Grundnährstoffe, Vitamine, Mineralstoffe und Wasser

Die Aufrechterhaltung der Körperfunktionen einschließlich der Fortpflanzung unserer Hunde erfordert eine Zuführung der drei Grundnährstoffe Eiweiße, Kohlehydrate und Fette sowie der nötigen Vitamine und Mineralstoffe und des Wassers über das durch uns zusammengestellte Futter.

Eiweiß: Die Eiweiße sind aus den lebensnotwendigen Aminosäuren aufgebaut und in verschiedenen Formen in pflanzlichen und tierischen Nahrungsprodukten enthalten. Der Gehalt der Eiweiße an diesen essentiellen Aminosäuren bestimmt die biologische Nahrungswertigkeit. Ohne Eiweiß ist die Aufrechterhaltung der Körperfunktionen nicht möglich, und es gibt deshalb je nach Körpermasse und Leistung des Hundes einen Mindesteiweißbedarf, den das Futter unbedingt enthalten muß.

Geeignete Eiweißträger für den Hund sind Fleisch, Fisch, Tierkörpermehle, Hühnerei, Quark und alle Milchprodukte sowie Sojabohnenmehl, Sojaschrot und Hefe. Eine Überdosierung von Eiweiß in der Nahrung durch reine Fleischfütterung kann durch zu viel Eiweißabbauprodukte zur Erkrankung der Nieren führen und ist auch wirtschaftlich nicht ratsam.

Kohlehydrate: Die wirksamen Kohlehydrate kommen in pflanzlichen Nahrungsmitteln vor und stehen als Monosaccharide (Trauben- und Fruchtzucker), Disaccharide (Rohr-, Rüben-, Malz- und Milchzucker) und Polysaccharide (Stärke und Zellulose) für die Ernährung zur Verfügung. Kohlehydrate sind wichtige Energiespender und werden im Körper zu Glykogen (tierische Stärke) abgebaut, das in der Leber und Muskulatur eingelagert wird. Wichtig sind die Kohlehydrate auch für die Umsetzung der Fette als Energielieferanten. Bei zu reichlicher Nahrungszuführung wandeln sich die Kohlehydrate zu Speicherfett des Körpers um. Geeignete Kohlehydratträger für die Hundenahrung sind gedünstete Hafer-, Weizen-, Gerstenflocken, Zwieback, Brot und auch gekochte Kartoffeln. Ohne die Vorbehandlung der Kohlehydratträger durch Dünsten, Kochen oder Bakken kann der auf Fleisch eingestellte Verdauungstrakt des Hundes die Kohlehydrate nicht aufnehmen bzw. aufschließen, und diese Futtermittel durchlaufen praktisch nutzlos den Tierkörper.

Von Bedeutung für die Verdauung ist auch der hohe Rohfasergehalt der Kohlehydrate, der sich günstig und fördernd für die Peristaltik des Hundedarmes (funktionelle Darmbewegung) auswirkt.

Fette: Die Fette bestehen aus Glyzerin und Fettsäuren verschiedener Art. Einige Fettsäuren sind lebensnotwendig (essentiell) und dürfen deshalb in der täglichen Nahrung nicht fehlen. Die Fette sind auch ein wichtiger Energieträger und spielen bei der Aufnahme und dem Aufschluß fettlöslicher Vitamine eine wesentliche Rolle.

Fettlieferanten sind Fleisch und Fleischprodukte, Fisch und Fischöle sowie die besonders wichtigen pflanzlichen Öle wegen ihres hohen Gehaltes an essentiellen Fettsäuren. Ein zu hoher Fettanteil in der Nahrung bewirkt ein rasches Sättigungsgefühl. Fettanteil und Eiweißanteil der Nahrung müssen deshalb immer aufeinander abgestimmt sein.

Vitamine: Die Vitamine sind lebensnotwendige Wirkstoffe für hormonelle Abläufe, Stoffwechselfunktionen, Infektionsabwehr und die Koordinierung aller Körperfunktionen. Sie werden nur in geringen Mengen benötigt und besitzen selbst keinen Nährwert. Überdosierungen, vor allem durch synthetische Präparate, können zu Vergiftungserscheinungen führen. Die fettlöslichen Vitamine A, D, E und K können im Körper des Hundes gespeichert und müssen deshalb nicht täglich verabreicht werden. Bei Überdosierung besteht Vergiftungsgefahr, da eine Ausscheidung nicht erfolgt. Diese Vitamingruppe ist lichtempfindlich, aber hitzebeständig.

Vitamin A ist in seiner Vorstufe in vielen pflanzlichen und tierischen Nahrungsmitteln enthalten. In reiner Form kommt es in Milch, Eiern und frischer Leber vor. Es regelt die Sehleistung, die Schutzfunktion der Haut und der Schleimhäute. Überdosierungen führen zur Zerstörung der Leberzellen.

Vitamin D (bzw. seine Vorstufen) ist in Hefe, Butter, Milch, Gemüse, Fischölen und Lebertran enthalten. Es dient der Knochenbildung durch Kalkeinlagerung und führt bei Mangel zur Knochenweiche. Überdosierungen bewirken zu viel Kalkablagerungen in den inneren Organen.

Vitamin E findet sich besonders in Keimölen, grünem Gemüse, Eigelb, Milch und Butter. Es regelt den allgemeinen Stoffwechsel und ruft bei Mangel Wachstums- und Fruchtbarkeitsstörungen sowie allgemeine Gewebestörungen hervor. Überdosierungen führen zur Leberdegeneration.

Vitamin K kommt hauptsächlich in grünem Gemüse und Obst vor und regelt die Blutgerinnung.

Die wasserlöslichen Vitamine B und C kann der Körper nicht speichern. Sie müssen deshalb täglich im Futter enthalten sein und werden bei Überdosierung ausgeschieden. Diese Vitamingruppe ist stark hitzeempfindlich.

110

Der Vitamin-B-Komplex besteht aus den Vitaminen B_1, B_2, B_6, B_{12}, Nicotinsäure, Pantothensäure, Folsäure, Inositol, Cholin und Biotin, die untereinander in Wechselbeziehung stehen. Sie wirken unter anderem als Stoffwechselferment bei der Umwandlung der Nährstoffe in Energie, bei der Blutbildung, beim Wachstum, auf das Nervensystem und auf die Haut.

Vitamin C ist in fast allen pflanzlichen Nährstoffen enthalten. Es erhöht die Widerstandskraft des Körpers gegen Infektionen und aktiviert den Zellstoffwechsel.

Mineralstoffe: Wie die Vitamine sind die Mineralstoffe ebenfalls lebensnotwendig. Sie werden für den Knochenbau, das Nervensystem, die Körperflüssigkeiten, aber auch für Stoffwechsel, Hormonbildung, Wachstum usw. benötigt.

Als Mengenelemente gehören z. B. Calcium (Ca), Magnesium (Mg), Kalium (K), Natrium (Na) und Phosphor (P) und als Spurenelemente Eisen (Fe), Kupfer (Cu), Jod (J), Fluor (F), Mangan (Mn) zu den Mineralstoffen.

Diese Stoffe sind in allen Eiweißträgern enthalten, besonders in Knochenfuttermehl und Tiermehlen und natürlich in Knochen. Das Mengenverhältnis von Calcium (Ca) zu Phosphor (P) spielt in der Hundeernährung eine besonders wichtige Rolle und soll Ca:P wie 1,2:1,0 betragen.

Reines Rindfleisch hat z. B. ein Ca-P-Verhältnis von etwa 1:10. Eine reine Fleischfütterung führt unweigerlich zu schweren Schäden im Knochenbau, und der Hund frißt dann instinktiv Kot, Aas u. ä., um die notwendigen Mineralstoffe aufzunehmen. Die Zugabe von Mineralstoffmischungen zum Futter ermöglicht es, den Bedarf der Tiere an diesen Stoffen zu decken.

Wasser: Ohne Wasser sind Leben und Stoffwechsel nicht möglich. Der Hund benötigt außer dem Wasseranteil im Futter zusätzliches Trinkwasser, abhängig vom Futter und den äußeren Umständen. Der Hund muß immer Zugang zu frischem Trinkwasser haben. Er nimmt nur so viel auf, wie er zum Ablauf seiner Körperfunktionen benötigt.

Futtermengen

Für die täglichen Futtermengen können in Abhängigkeit von Körpergewicht, Haltung und Belastung nur Richtwerte angegeben werden. Wie beim Menschen gibt es auch bei den Hunden individuelle Unterschiede, obwohl sich über Energiebedarf und Energieverbrauch des Tieres sowie über den Energiegehalt der Futtermittel exakte Energiebilanzen aufstellen lassen.

Tabelle 1: Durchschnittlicher Futterbedarf des Hundes (in Anlehnung an Grünbaum)

Größenklasse	Körpermasse in kg	Energiebedarf pro kg Körpermasse in kJ	Tagesfuttermenge (gesamt) pro kg Körpermasse des Hundes in g
sehr klein	1–5	450	93
klein	5–10	350	71
mittelgroß	10–20	287	58
groß	20–30	247	50
sehr groß	30–60	218	44

Tabelle 2: Multiplikationsfaktoren zum Energiebedarf nach Tab. 1 bei erhöhter Belastung (nach Christoph)

Art der Leistung bzw. Belastung	Multiplikationsfaktor zum Energiebedarf des Hundes nach Tab. 1
Dauerarbeit (Bewegung)	2,0–4,0
Kälte	1,5–2,0
Hitze	1,2
Trächtigkeit 3.–6. Woche	1,5–2,0
Trächtigkeit 7. Woche bis zur Geburt	1,2–1,5
Milchleistung:	
1.–2. Woche nach der Geburt	2,0–3,0
3.–5. Woche nach der Geburt	3,0–4,0
Zuchtleistung männlicher Tiere	1,2–2,0
Fieber	1,1–1,6

In der Tabelle Seite 111 sind Richtwerte in Abhängigkeit der Größenklasse und der Körpermasse in g Futter pro kg Körpermasse bei normaler Futterzusammensetzung angegeben.

In 100 g Futter sind ca. 500 kJ Energie enthalten.

Die durchschnittliche Verdaulichkeitsquote von 72 % von der Gesamtfuttermenge wurde dabei schon berücksichtigt. Ein 6 kg schwerer Hund würde also 71 g × 6 = 426 g Futter ausgewogener, durchschnittlicher Zusammensetzung benötigen, das sind etwa 2100 kJ. Ältere Tiere über 8 Jahre benötigen etwas weniger und jüngere etwas mehr Futter.

In der Tabelle 2 ist der Futterbedarf bei erhöhter Leistungsanforderung dargestellt.

Futterzusammensetzung

Bei der Futterzusammensetzung gibt es allgemeine Grundsätze zu beachten, die bis hin zu speziellen Rezepturen verfeinert werden können. So sollte das Verhältnis von Fleisch zu pflanzlicher Kost beim erwachsenen Haushund etwa 1:2 betragen, bei Leistungstieren etwa 1:1. Die pflanzliche Kost sollte aus Hafer-, Gersten-, Roggen-, Weizen-, Reis-, Sojabohnen- oder Kartoffelgrundlage bestehen. Die daraus gewonnenen Flocken oder Schrote müssen gedünstet, gekocht oder gebacken gereicht werden, da der Hund diese sonst nicht aufschließen kann. Hülsenfrüchte aller Art sind zu vermeiden. Mit Gemüse und Obst wird der Vitaminbedarf gesichert. Es eignen sich Möhren, Blumenkohl, Spinat, Petersilie, Leinsamen, Äpfel und auch Südfrüchte. Auch Hefe stellt einen wertvollen Vitamin- und Eiweißträger dar.

Beim Fleisch sollten neben dem hochwertigen Muskelfleisch die Innereien mit an erster Stelle stehen. Es eignen sich Leber, Herz, Milz (weniger Nieren), Lunge und andere Schlachtabfälle wie Ohren, Gekröse und Darmausschnitte.

Wichtig und wertvoll sind noch rohe Wiederkäuermägen, die als Flecke oder Kutteln verkauft werden und sehr preiswert sind. Zwischen Verfütterung im rohen und gekochten Zustand sollte gewechselt werden, wobei das rohe Fleisch natürlich gehaltvoller ist. Es eignet sich generell Fleisch aller Schlachttierarten, nur sollte es nicht zu fett sein. Auch Pferdefleisch ist wertvoll. Preislich günstig und gut verwertbar sind meist Rinderkochfleisch oder Schweinerippchen, wobei auch hier auf wenig Fett zu achten ist. Schweinefleisch wird gekocht verwendet, um auch den Fettgehalt zu reduzieren. Beim Kochen des Fleisches wird die Fleischbrühe bei einwandfreiem Fleisch nicht verworfen, sondern z. B. zum Brühen der Haferflocken verwendet. Zu viel Fett ist dabei abzuschöpfen. Bei Geflügelfleisch und auch bei Wild sind die leicht splitternden Röhrenknochen unbedingt zu entfernen, da sie nicht nur wertlos, sondern für den Hund gefährlich sind. Überhaupt sollte unser Hund nicht zu viele Knochen bekommen, denn sie sind oft wertlos und führen zu bösen Verstopfungen. Wertvoll sind Knorpel, Kalbsknochen und Rippenknochen, die aber nicht zu sehr ausgekocht sein dürfen. Sie sind auch für das Gebiß des Hundes wichtig, das dadurch gekräftigt und mechanisch gesäubert wird. Ältere Hunde sollten keine oder nur noch wenige Knochen bekommen.

Als Fleischaustausch ist der Fisch nicht zu vergessen. Er kann mindestens einmal wöchentlich anstelle von Fleisch Futterbestandteil sein. Es eignen sich vor allem Seefische, wie Barsch, Scholle, Kabeljau usw., aber auch Süßwasserfisch. Die Hauptgräte ist vorher zu entfernen. Fisch kann roh oder gekocht verfüttert werden. Geräuchert oder mariniert ist er wegen der hohen Gewürzanteile nicht zu empfehlen.

Der Hundekuchen, aus Getreideprodukten und Tierkörpermehl hergestellt, kann gelegentlich als Ergänzungsfutter, aber nicht als alleiniges Futter gegeben werden. Quark und Käse sind ebenfalls im Speiseplan unserer Hunde nicht zu vergessen. Sie ersetzen in der Futterzusammensetzung das Fleisch oder werden anteilig zum Fleisch gegeben. Käse verdirbt in keiner Weise den Geruchssinn der Hunde, wie oft zu hören ist, er darf aber auch nicht zu fett und zu salzig sein. Wöchentlich einmal sollte unser Hund ein gekochtes Hühnerei bekommen. Gute Züchter gewöhnen bereits die Welpen an Eizufütterung, da Eigelb wertvollste Proteine und Vitamine enthält. Milch wird ähnlicherweise nur zur Aufzucht in verbesserter Form gegeben. Überhaupt spielt die Frage der Gewöhnung an Nahrungsmittel für unsere Hunde im Welpenalter und in der Jugend eine entscheidende Rolle. Die Verantwortung liegt hier beim Züchter, der dem Käufer einen genauen Futterplan mit den bereits verabreichten Futtermitteln übergeben soll.

In der folgenden Tabelle sind einige optimale Futterrezepturen angegeben, die sich in der Menge auf einen 10 kg schweren Hund beziehen. Sie können auf das zutreffende Gewicht leicht umgerechnet werden.

Bei diesen Optimalrezepturen sind alle vorgenannten Fütterungsgrundsätze berücksichtigt. Wie bereits erwähnt, sollen diese genau berechneten Futtermengen nur als Beispiel dienen und einen Richtwert geben, an dem man sich orientieren kann.

Was unser Hund auf keinen Fall bekommen darf, sind zusätzliche Häppchen oder gar Süßigkeiten. Abgesehen davon, daß dem Hund dafür der feine Geschmack fehlt, fügen wir ihm damit nur Schaden zu. Ebenso sind Gewürze aller Art, auch in Soßen oder Würsten, sehr schädlich. Dagegen sind gelegentlich geringe Speisesalzgaben, besonders bei reichlicher Fleischfütterung, sogar notwendig.

Weiterhin darf dem Hund kein verdorbenes Futter gegeben werden, da sich hier giftige Zersetzungsprodukte bilden, die auch der starke Hundemagen nicht verdauen kann. Die Veraasung des Fleisches ist damit nicht vergleichbar.

Beobachtet man, daß der Hund Gras frißt, dann will er meist unpäßliche Nahrung wieder erbrechen. Oft tut er es auch aus Übermut oder auch, um frische Pflanzenkost aufzunehmen und weil ihm bestimmte süße Gräser gut schmecken. Eine eindeutige Ursache für dieses Verhalten konnte bisher noch nicht nachgewiesen werden.

Über die Frage des Fastentages gehen die Meinungen auseinander. Auf keinen Fall schadet es dem Hund, wenn er einmal wöchentlich oder alle 10 Tage wenig oder kein

Tabelle 3: Optimale Futterrezepturen (nach Grünbaum)

Einzelfutter-mittel	Menge in g	Energie in kJ	Einzelfutter-mittel	Menge in g	Energie in kJ
Rindfleisch, Suppenfleisch, gekocht	225	1 012,4	Schweinefleisch, mager, gekocht	65	733,2
Reis, gekocht	165	1 977,3	Sojabohnenmehl, gekocht	13	110,6
Fleischbrühe	75	–	Haferflocken, gekocht in Wasser	140	1 774,3
Backhefe	25	91,3	Fleischbrühe	150	–
Blumenkohl, gedünstet	130	104,7	Quark, mager, roh	130	380
Vitamin-Mineral-stoffmischung für Kleintiere	16	11,0	Äpfel, gerieben, roh	65	121,5
			Backhefe	6	22,8
			Vollmilch	65	125,0
			Vitamin-Mineralstoff-mischung für Kleintiere	16	11,0
	636 g	3 196,7 kJ		650 g	3 278,4 kJ
Rindfleisch, Suppenfleisch, roh	230	1 206,0	Schweinefleisch, Futterfleisch, gekocht	190	875,5
Haferflocken, gekocht in Wasser	155 180	1 935,6	Haferflocken, gekocht	165	2 096,9
Bohnen, grün, gedünstet	25	29,1	Fleischbrühe	100	–
Backhefe	25	91,3	Vollmilch	130	250
Vitamin-Mineral-stoffmischung für Kleintiere	16	11,0	Möhren, gerieben, roh	50	75
			Vitamin-Mineralstoff-mischung für Kleintiere	16	11
	631 g	3 273,0 kJ		651 g	3308,4 kJ

Futter bekommt. Wasser ist natürlich immer erforderlich. Bei einer abgestimmten Futtermenge ist jedoch dieser Fastentag nicht nötig.

Neben den vorgenannten Futtermitteln spielen industriell gefertigte Fertigfuttermittel für Hunde als Feucht- und Trockenfutter eine wesentliche Rolle. Diese Fertigfuttermittel sind eine vollwertige Nahrung und können unter Beachtung der Anwendungshinweise auch alleiniges Futter sein. Die durchschnittliche Verdaulichkeit liegt bei 90 % im Gegensatz zu konventionellem Futter mit 72 % und ist bei der Menge zu beachten. Ratsam ist es auf alle Fälle, unseren Hund an dieses Futter zu gewöhnen, auch wenn es nur gelegentlich ist. Speziell die Trockenfuttermittel eignen sich hervorragend als Reisefutter, und man spart sich unterwegs die Zubereitung. Allerdings sind bei Trockenfuttereinsatz der erhöhte Trinkwasserbedarf des Hundes zu beachten und zusätzliche Vitamine zu verabreichen.

Die Fütterung

Das bedarfsgerecht zusammengestellte Futter gibt man dem Hund in der ermittelten Menge möglichst handwarm, auf keinen Fall aber zu kalt oder gar kühlschrankkalt. Der gesunde, ausgewachsene Hund wird nur einmal täglich gefüttert und zwar immer zur gleichen Zeit. Die gleiche Tageszeit ist deshalb wichtig, da sich beim Hund die Verdauungssaft-Sekretionen auf die Fütterungszeiten einstellen. Die günstigste Fütterungszeit wäre 12 Uhr. Bei berufstätigen Hundehaltern wird es jedoch nur abends möglich sein, zweckmäßigerweise zur Abendessenszeit der Familie. Die Konsistenz des Futters soll dickbreiig sein. Dabei ist zu beachten, daß das Fleisch nicht zu klein geschnitten wird. Auch wenn der Hund die Nahrung überwiegend nur hinunterschlingt, so soll das Gebiß doch dabei betätigt und der Magen zur intensiven Verdauung angeregt werden. Alle tibetischen Hunderassen sind noch nicht überzüchtet und besitzen eine gute Gebißanlage, die durch gebißstimulierendes Futter gefördert und gepflegt werden muß. Dagegen sind Gemüse und alle pflanzliche Beikost möglichst fein zu zerkleinern bzw. zu reiben, da es sonst zur Verdauung nicht aufgeschlossen werden kann. Trotzdem sollten wir dem Hund das Knabbern an einer Möhre oder einem Apfel ermöglichen.

Nach 20 Minuten räumt man den Futternapf weg, auch wenn nicht aufgefressen wurde. Gelegentliche Futterverweigerung durch den Hund ist kein Grund zur Besorgnis, kann aber ein Zeichen zu reichlicher Futtergabe sein. Ein ausreichend bewegter Hund hat durchweg guten Appetit. Bei einer ausgewogenen Fütterung wird unser Hund nie zu fett. Das Maß dafür ist nicht allein das Gewicht, sondern das deutliche Fühlen der Rippen beim Überstreichen des Hunderückens mit der Hand.

Die Verweildauer des Futters im Magen liegt zwischen einer und etwa sieben Stunden, und in etwa eineinhalb bis vier Tagen durchwandert es den Darm. Die Ausscheidung des Kotes erfolgt somit bei normaler Verdauung frühestens nach 36 Stunden.

Das Füttern des Junghundes

Wie bereits erwähnt, wird jeder verantwortungsbewußte Züchter beim Verkauf des Welpen eine ausführliche Futteranleitung mitgeben. Die Ernährung des Welpen erfolgt zwar nach gleichen Grundsätzen, wird aber immer, je nach Erfahrung der Züchter, etwas verschieden sein. Darüber muß der spätere Halter des Tieres informiert werden, um die Freßgewohnheiten gezielt weiterzuentwickeln und keine Verdauungsstörungen durch plötzliche Futterumstellung zu riskieren. Da junge Hunde immer Hunger haben, ist konsequente Einhaltung der Futtermenge und Fütterungszeiten ohne zusätzliche Häppchen Voraussetzung für jedes spätere Freßverhalten. Andererseits ist auf wirklich gute Futterqualität zu achten. Das Verhältnis Fleisch bzw. tierisches Eiweiß zu pflanzlicher Kost soll 2:1 betragen.

Bis zu 10 Wochen erhält der Welpe täglich fünf und ab 10 Wochen täglich vier Mahlzeiten, die möglichst gleichmäßig über den Tag zu verteilen sind. Mit 15 bis 18 Wochen reduziert man unter Wegfall der ersten Milchmahlzeit auf drei Mahlzeiten, ab sechs Monaten auf zwei, und ab einem Jahr bekommt der Hund nur noch eine Tagesmahlzeit.

Als erste Mahlzeit erhält der Welpe bis zum vierten Monat morgens um 6 Uhr eine Milchmahlzeit, die möglichst aus Kindernahrungsmilchpulver guter Qualität oder verdünnter Kondensmilch unter Zugabe von Traubenzucker und Instant-Hafermehl bzw. Hafermark oder mit Cornflakes oder zerkleinerten Zwiebackstücken zubereitet wird.

Die restlichen Tagesmahlzeiten bestehen aus Fleisch (Rindfleisch, Geflügelfleisch) guter Qualität, gedünstetem Gemüse (Blumenkohl, Möhren), gebrühten Haferflocken oder

Reis und fettem Speisequark; dazu Vitamin-Mineralstoffmischung für Kleintiere oder Kalkpräparate mit zusätzlichem Multivitamin-Präparat.

Zwei- bis dreimal wöchentlich sollte ein hartgekochtes Hühnerei entweder dem Fleisch zugesetzt oder so verfüttert werden. Auch das Zufüttern von Käse (Frischkäse, Camembert, Harzer, Weichkäse) kann von der 15. Woche an versucht werden, wobei auf einen nicht zu hohen Salzgehalt zu achten ist. Ab fünf Monaten kann Kochfisch anstelle von Fleisch gelegentlich und später öfter gefüttert werden.

Auch der Welpe muß während der Mahlzeit und zwischendurch immer genügend Flüssigkeit zur Verfügung haben. Bis zu vier Monaten reicht man Milch und später, nach langsamer Umgewöhnung, Wasser.

Der Welpe ist möglichst bald auch an industriell gefertigtes Fertigtrockenfutter zu gewöhnen, das eventuell zerkleinert oder vorgeweicht werden muß. Die Futtermengen ergeben sich beim Welpen in der Regel von allein, wobei wir ihm nach 10 Minuten den Freßnapf wegnehmen (außer Milch bzw. Wasser).

Einen Fütterungsplan, der als Orientierung gelten kann, gibt Tabelle 4 wieder.

Dazu ein Rechenbeispiel: Der Welpe ist z.B. 3 Monate alt und wiegt 4,4 kg. Aus der entsprechenden Altersspalte: »2,5–3,5« werden die Einzelfuttermengen herausgesucht und mit 4,4 multipliziert. So erhalten wir die Gesamtfuttermenge. Diese ist dann z.B. in 4 Mahlzeiten aufzuteilen bzw. zu dividieren:

Rindfleisch	40	$\times 4{,}4 = 176$
Milch	10	$\times 4{,}4 = 44$
Quark	30	$\times 4{,}4 = 132$
Reis	5	$\times 4{,}4 = 22$
Gemüse	10	$\times 4{,}4 = 44$
Öl	2,5	$\times 4{,}4 = 11$
Haferflocken	53	$\times 4{,}4 = 233$
Mineralstoffmischung	3,4	$\times 4{,}4 = \underline{15}$

677 g pro Tag gesamt, dividiert durch 4 ergibt ca. 170 g pro Mahlzeit (ohne die erste Milchmahlzeit).

Das Füttern des alternden Hundes

Abhängig von Rasse und Haltungsbedingungen können die Alterungssymptome beim Hund in unterschiedlichem Alter auftreten, so daß es schwer ist, bestimmte Altersgrenzen zu nennen. Mit Sicherheit ist jedoch ein Hund mit acht Jahren ein schon alternder Hund, auch wenn er noch zur Zucht verwendbar ist. Die Zusammensetzung des Futters sollte mit dem Auftreten der Alterungssymptome auf den geringeren Energiebedarf und eine leichtere Verdaulichkeit eingestellt werden. Das ist besonders deshalb notwendig, da sich die Darmschleimhaut altersbedingt verändert und die aufgeschlossene Nahrung nicht mehr in dem hohen Wirkungsgrad resorbiert werden kann. Als Grundsatz gilt Erhöhung der Qualität des Futters, Reduzierung der täglichen Futtermenge und Verteilen der Futtermenge auf zwei bis drei Mahlzeiten.

Zunächst soll der Hund ab etwa sechstem Lebensjahr keine Knochen bzw. höchstens noch Knorpelknochen oder weichere Kalbsknochen bekommen, da zu leicht Verstopfungen auftreten können und das Gebiß des Hundes nicht mehr die dafür erforderliche Kauleistung hat. Es ist auf möglichst fettarme Kost zu achten. Wichtig ist die Fütterung von hochwertigen Eiweißträgern, wie mageres Fleisch guter Qualität, Fisch, Milch und

Tabelle 4: Futterzusammenstellung für Junghunde (in Anlehnung an Grünbaum)

Futterzusammenstellung	Einzelfuttermenge in g je kg Körpergewicht nach Welpenalter in Monaten					
	1–2,5	2,5–3,5	3,5–5	5–7,5	7,5–13	ab 13 Monaten
Rindfleisch, mager, roh	42	40	40	40	30	20
Milch, Milasan-Pulver	10	10	–	–	–	–
Quark, fett	57	30	15	–	–	–
Reis, gekocht in Fleischbrühe	5	5	–	–	–	–
Haferflocken, gebrüht	–	3	14	17	17	15
Wasser	35	50	25	25	20	10
Blumenkohl (evtl. Möhre), gedünstet	–	10	10	10	10	10
Speiseöl	5	2,5	1,5	3,5	1,0	0,2
Vitamin-Mineralstoff- mischung für Kleintiere	3,3	3,4	3,9	3,9	3,9	2,0
	157,3	153,9	109,4	99,4	81,9	57,2

Milchprodukten wie Quark und Frischkäse. Weiterhin soll auch feingeriebenes Gemüse Futterbestandteil sein. Die Gabe von Vitamin-Mineralstoffmischung bzw. gelegentlich zusätzliche Vitamingabe ist unbedingt erforderlich.

Zur optimalen Erhaltung der Körpersubstanz sollte das Gewicht des alternden Hundes unter Kontrolle gehalten werden. Als optimale Futterzusammenstellung eignet sich der in Tabelle 4 dargestellte Fütterungsplan der Welpenaltersklasse 7,5 bis 13 Monate, dessen Tagesfuttermenge jedoch zu halbieren ist.

Der gesunde und der kranke Hund

Solange unser Hund sein normales Verhalten ohne plötzliche oder auffällige Wesensver-änderung zeigt und sein Futter aufnimmt, wird er gesund sein, abgesehen von eventuell bereits vorhandenen und bekannten Leiden. In diesem gesunden Zustand ist es nützlich, die Normalwerte des Hundekörpers zu wissen, um bei eventuellen Wesensveränderun-gen und Krankheitsanzeichen die notwendigen Vergleiche zu haben. Dem behandelnden Tierarzt geben wir damit später wertvolle Hinweise für Diagnose und Behandlung. Der gesunde Hund weist durchschnittlich folgende Normalwerte auf:

Körpertemperatur (rektal):	kleine und große Hunde	37,5–39,0°C
Pulszahl ruhender Tiere:	kleine Hunde	100–130 Schläge/Minute
	große Hunde	70–100 Schläge/Minute
Atmungszahl ruhender Tiere:	kleine Hunde	18–26 Atmungen/Minute
	große Hunde	14–22 Atmungen/Minute

Korrektes Messen der Körpertemperatur des Hundes

Bei den entsprechenden Pflegemaßnahmen prägt man sich zusätzlich Einzelheiten des gesunden Hundes ein. Fellstruktur, Augenausdruck und -feuchtigkeit, Zustand des äußeren Gehörganges, Zustand der Zähne und Zustand im Analbereich sowie Zustand der Nase und das Gesamtverhalten muß der Halter von seinem Hund kennen.

Auch ein gesunder Hund verweigert ab und zu kurzzeitig die Nahrung und erbricht hin und wieder. Gelegentlicher Durchfall, der nur ein bis zwei Tage anhält und nicht blutig ist, kann ebenfalls beim gesunden Hund aufgrund bestimmter Nahrung (z. B. viel Leberfütterung oder zu viel Eiweiß) oder unkontrollierter Nahrungsaufnahme durchaus als normal betrachtet werden.

Trotz regelmäßiger Pflege und gesunder Ernährung kann es zu Erkrankungen des Hundes kommen. Meist zeigt er dann zunächst ein verändertes Verhalten psychischer und physischer Art, zieht sich in eine dunkle Ecke zurück oder verweigert die Nahrung. Diese veränderten Verhaltensweisen müssen jedoch nicht immer Krankheitsanzeichen sein, da Überanstrengungen, Sexualzyklus und anhaltende Spannungssituationen ebenfalls derartige Folgen haben können. Oft werden diese Unpäßlichkeiten in ein bis zwei

Tagen überwunden. Zweckmäßigerweise sollte bei krankhaft erscheinendem Verhalten sofort die Temperatur des Tieres gemessen werden (mindestens drei Minuten). Die normale Körpertemperatur des jeweiligen Hundes ist dann zum Vergleich wichtig und muß dem Besitzer durch frühere Messungen stets bekannt sein. Bei Werten über 39,2 °C kann man von einer möglichen Erkrankung ausgehen, und es ist ratsam, nach drei bis vier Stunden die Temperatur erneut zu messen. Zeigt sich weiterhin eine hohe Temperatur oder gar steigende Tendenz, dann ist sofort ein Tierarzt aufzusuchen. Zusätzlich sollten Puls- und Atmungsfrequenz in diesem Zustand bestimmt werden, da die Werte beim Tierarzt oft anders sind. Selbstbehandlungen aller Art ohne Kenntnis der Erkrankung sind zu unterlassen, da die Ursachen vielfältig sein können. Andererseits ist es für jeden Hundebesitzer ratsam, sich Kenntnisse über die häufigsten Erkrankungen des Hundes anzueignen. Er kann dann besser vorbeugen, sich optimal auf das Tier einstellen und es besser verstehen, die Ausbreitung der Krankheit durch entsprechende Tierhygiene verhindern und übertriebenen Aufwand oder eventuelle Verluste vermeiden.

Über Hundekrankheiten gibt es umfangreiche Spezialliteratur für Hundehalter und Veterinärmediziner. Es kann deshalb nicht Gegenstand dieses Buches sein, alle Hundeerkrankungen mit den entsprechenden veterinärmedizinischen Maßnahmen abzuhandeln. Durch einen kurzen Überblick soll der Hundehalter über mögliche Erkrankungen informiert werden, damit ein eventuelles Fehlverhalten weitgehend vermieden wird. Es können nur die häufigsten Erkrankungen kurz erwähnt werden. Im wesentlichen kann man fünf grundsätzliche Arten der Krankheiten unterscheiden:

1. Infektionskrankheiten
2. Erkrankungen durch Schmarotzer
3. Organerkrankungen
4. Vergiftungen
5. Verletzungen

Infektionskrankheiten

Jeder Hundehalter kann durch entsprechende Hygiene und die notwendigen Desinfektionen bei Infektionsgefahr eine Erkrankung seiner Tiere und eventuelle weitere Ansteckungen weitestgehend verhindern. Hinzu kommen die möglichen aktiven Immunisierungen der Hunde durch Impfungen, die eine Erkrankung und Weiterverbreitung fast völlig ausschließen. Ist ein Hund erst einmal an einer Infektion durch Viren oder Bakterien erkrankt, dann bestehen bei einigen Erkrankungen geringe Aussichten auf Behandlungserfolge durch den Tierarzt.

Dem Hundehalter sollten die häufigsten Infektionskrankheiten des Hundes bekannt sein, jedoch vor allem die spezifischen Vorbeugungen vor einer Virus- oder bakteriellen Infektion.

Von den Virusinfektionen sind besonders die Staupe, die ansteckende Leberentzündung (HCC), die Tollwut und die Parvovirus-Infektion von Bedeutung. Daneben gibt es weitere mögliche Viruserkrankungen. Bakterielle Erkrankungen treten beim Hund seltener auf, und bekannt sind hauptsächlich Leptospirose, Tetanus und Salmonellose. Die Ansteckung der Tiere erfolgt vorrangig über die Atmungs- und Verdauungsorgane, also durch Beschnuppern oder Belecken infizierter Gegenstände oder Fußböden bzw. direkt von Hund zu Hund. Speziell Viren können durch Schuhwerk auf Fußböden verschleppt werden. Besonders Hundekot oder ausgeschiedene Körperflüssigkeiten, einschließlich Speichel, sind Ansteckungsquellen durch Bakterien und Viren. Die Übertragung der Tollwut erfolgt fast ausschließlich durch Bißverletzungen, jedoch kann auch Speichelkontakt schon die Ursache sein. Tollwut bedeutet gleichzeitig Gefahr für den Menschen.

Anzeichen für Infektionserkrankungen beim Hund sind besonders Verhaltensänderungen, z. B. Verkriechen, apathisches Verhalten, Nahrungsverweigerung und mürrisches Benehmen. Hinzu kommen verschiedentlich Durchfälle und Erbrechen oder Speichel- und Augenausfluß. Auch eine anhaltend trockene und heiße Nase kann ein Anzeichen sein. Der Hundehalter muß bei diesen Symptomen unbedingt sofort die Körpertemperatur des Tieres bestimmen. Die Krankheitsanzeichen der einzelnen Infektionserkrankungen sind oft recht unspezifisch oder komplex, so daß der Hundehalter selbst kaum eine Diagnose stellen kann oder gar eine Selbstbehandlung des Tieres einleiten sollte. Diagnose und Behandlung sind ausschließlich Sache des Tierarztes, der sofort nach Feststellen der erhöhten Körpertemperatur aufzusuchen ist.

Die meisten Infektionskrankheiten haben Seuchencharakter, so daß der Tierhalter bei Bekanntwerden einer Seuche sofort prophylaktische Maßnahmen einleiten muß. Aber auch Einzelerkrankungen, wie Staupe, Leberentzündung oder bakterielle Erkrankungen, erfordern eine sofortige Desinfektion aller in Frage kommenden Gegenstände und Fußböden. Beim Einsatz von Desinfektionsmitteln ist die Anwendungsvorschrift genauestens zu befolgen, da besonders Viren schwer abzutöten sind. Jede Desinfektion setzt eine gründliche Reinigung der betreffenden Gegenstände voraus. Anders ist eine erfolgreiche Desinfektion nicht zu erreichen. Besonders geeignet ist dazu möglichst kochend heißes Sodawasser.

Es gibt eine reiche Palette an Grob- und Feindesinfektionsmitteln im Handel, die entsprechend ihrem Wirkungsspektrum auszuwählen sind. Die üblichen Wirkstofftypen sind Alkohol, Formaldehyd, Phenol, halogenierte Kresole, Peressigsäure usw., die in verschiedenen Kombinationen und Konzentrationen unter bestimmten Firmenbezeichnungen angeboten werden. Zur Grobdesinfektion (Geräte, Fußböden, Stallungen) eignen sich neben den Markendesinfektionsmitteln auch Natronlauge und Ätzkalk. Besonders wirkungsvoll und zweckmäßig ist weiterhin das Abflammen der Zwingeranlage und Liegestellen mit einer Lötlampe unter Beachtung der Arbeitsschutzvorschriften. Bei der Feindesinfektion (Körper, Hände, Wäsche) ist auch die Verträglichkeit zu beachten, da es teilweise zu Allergien kommen kann. Bestimmte Bakterien (Bazillen) können sehr widerstandsfähige Sporen bilden, die neben den Viren besonders schwer zu bekämpfen sind. Dagegen ist nur Peressigsäure wirksam.

Je nach Unterbringung der Tiere, den Umweltverhältnissen und der Jahreszeit ist die Übertragung der Krankheitskeime durch Mäuse, Ratten und Insekten eine weitere Gefährdungsquelle, die durch eine wirksame Bekämpfung (Entwesung) dieser Kleintiere auszuschalten ist.

Ein verantwortungsvoller Hundehalter wird zum Schutz seines Tieres auf eine aktive Immunisierung durch Impfen nicht verzichten, abgesehen davon, daß für Auslandsreisen, Ausstellungen und bestimmte Einsatzgebiete der Hunde eine Impfpflicht besteht. Der Wirkungseintritt der aktiven Impfstoffe beträgt etwa 2 bis 36 Tage und ist vor allem bei Pflichtimpfungen zu beachten.

Für sofortigen Schutz können passive Impfstoffe (Serum) eingesetzt werden, die allerdings meist nur etwa drei Wochen lang wirksam sind. Aktive Impfungen sind die sicherste Form eines Schutzes vor Infektionskrankheiten. Es stehen Impfstoffe (Vakzine) gegen Staupe, ansteckende Leberentzündung, Tollwut und weitere Infektionskrankheiten zur Verfügung. Die Wirkungszeit beträgt etwa 12 bis 15 Monate, so daß die Impfungen jährlich wiederholt werden müssen. Die Impfungen werden vom Tierarzt in einen interna-

Alter	Aktive Immunisierung gegen
12.–14. Lebenswoche	Staupe, ansteckende Leberentzündung (Hcc)
16.–20. Lebenswoche (mindestens vier Wochen nach der ersten Impfung)	Tollwut
10. Lebensmonat (5 Monate nach Tollwut-Vace)	Tollwut (Boosterung)
15. Lebensmonat	Staupe, ansteckende Leberentzündung (Hcc)
22. Lebensmonat (ein Jahr nach Tollwut-Boosterung)	Tollwut
jährliche Wiederholungen	Staupe, ansteckende Leberentzündung (Hcc), Tollwut

tionalen Impfausweis eingetragen. Er dient als Nachweis und als Dokument bei Auslandsreisen mit dem Hund. Bei Tollwutschutz erfolgt die erste Nachimpfung bereits nach fünf Monaten. Eine Woche vor der geplanten Impfung ist täglich die Körpertemperatur des Tieres zu bestimmen und dem Tierarzt vorzulegen. Bei eventuell dadurch nachgewiesener Erkrankung des Hundes wäre eine Impfung zu risikovoll und unter Umständen lebensgefährlich. Ebenso muß der zu impfende Hund frei von Würmern sein.

Nach den Impfungen sind die Tiere zu schonen und Überanstrengungen zu vermeiden. Die praktische Impfung erfolgt meist mit kombinierten Impfstoffen, die vor zwei und mehr Erkrankungen Schutz bieten. Bei unterschiedlichen, aufeinander folgenden Impfungen ist mindestens vier Wochen Abstand einzuhalten.

In der BRD wird oft schon in der 10. Lebenswoche die erste Grundimpfung gegen Staupe, ansteckende Leberentzündung und Leptospirose vorgenommen, die nach etwa vier Wochen als zweite Grundimpfung zu wiederholen ist und dann weiterhin jährlich. Das trifft auch für weitere eventuelle Schutzimpfungen, wie z. B. Parvovirus-Infektion, zu. Die Tollwutgrundimpfung erfolgt etwa ab 16. Lebenswoche und bedarf ebenfalls einer Wiederholung. Da in der Regel Mehrfachkombinations-Impfstoffe eingesetzt werden, sind Wiederholungsintervalle und gewählte Marken individuell festzulegen.

Erkrankungen durch Schmarotzer

Hautschmarotzer

Flöhe: Vorrangig von August bis Oktober befallen den Hund verschiedenste Floharten, die durch weite Sprünge auf den Körper gelangen. Das Tier kratzt sich öfter und stark und speziell auf dem Kopf; im Nacken- und Rutenbereich kann man die Flöhe selbst oder ihre kleinkrümeligen, schwarzen Ausscheidungen nachweisen. Die Floheier, die im Hundefell abgelegt werden, gelangen auf tote Gegenstände wie Hundekorb, Decken, Kissen, Sessel usw. und können dort längere Zeit überstehen. Der Floh ist ein blutsaugender Schmarotzer, und der durch das Einstechen verursachte Juckreiz führt meist zu Kratzwunden, die weiter infiziert werden können. Hautekzeme und entzündliche Wunden sind oft die Folge. Besonders gefährlich ist der Floh als Zwischenwirt des kürbiskernarti- gen Bandwurmes. Bei starkem Flohbefall kann durch erheblichen Blutentzug Blutarmut, Haarausfall und Entkräftung der Hunde eintreten. Die Bekämpfung der Flöhe ist relativ langwierig. Zunächst wird der befallene Hund mit Kontaktinsektiziden (Puderform oder als Waschmittel) behandelt. Das Puder soll etwa zwei Stunden wirken und wird dann gründlich ausgekämmt, wobei Augen und Schnauze zu schützen sind. Um das ausge- kämmte Puder mit den gelähmten Flöhen vernichten zu können, wird der Hund dabei auf einen großen Papierbogen gestellt und das Papier später verbrannt. Gleichzeitig müs- sen Hundelager, eventuell Dielen, Decken, Kissen und Sessel mit behandelt werden. Zweckmäßig benutzt man dazu heiße Sodalösung und wiederholt den Reinigungsvor- gang zunächst täglich. Alte Stoffbezüge, Decken usw. verbrennt man möglichst oder rei- nigt sie ebenfalls heiß mit Sodalösung bzw. Desinfektionsmitteln und Heißwaschmitteln. Nach 10 bis 15 Tagen ist der Bekämpfungsprozeß zu wiederholen, da die gesamte Floh- brut fast nie völlig zu vernichten ist. Gegebenenfalls sind dann weitere periodische Maß- nahmen erforderlich. Bei der Anwendung von Plastestreifen mit Insektiziden und »Floh- halsbändern« sind die Hinweise der Hersteller zu beachten.

Läuse und Haarlinge: Wie die Flöhe sind sie hauptsächlich von August bis Oktober aktiv und übertragen sich meist direkt von Hund zu Hund. Sie kommen nur bei mangelhafter Pflege und Hygiene vor. Bevorzugt sitzen sie an Kopf, Hals und Rücken in meist schmut- zigem, klebrigem und ungepflegtem Fell. Läuse und Haarlinge legen ihre Eier ebenfalls in das Hundefell und kleben sie am Haar fest, so daß sie nicht wie bei den Flöhen her- ausfallen. Die Eiergelege sind leicht feststellbar und werden auch als Nisse bezeichnet.

Da Läuse ebenfalls blutsaugende Hautschmarotzer sind, verursachen sie auch Juckreiz und in der Folge Kratzwunden mit Infektionsgefahr. Ekzeme und Haarausfälle können später folgen. Die Haarlinge ernähren sich von Hautschuppen und verursachen eben- falls den Juckreiz.

Die Bekämpfung erfolgt wie bei den Flöhen mit Kontaktinsektiziden in gleicher Form. Bei Haarlingsbefall ist es zweckmäßig, das ganze Fell zu scheren, da die anhaftenden Nissen nur schwer zu entfernen sind. Vorbeugend wirkt eine normale Fellpflege mit den üblichen hygienischen Maßnahmen.

Zecken (Holzböcke): Von Holzböcken bleibt fast kein Hund verschont, der durch Strauch- werk oder hohes Gras laufen kann. Sie warten über lange Zeiträume (bis zu 18 Jahren wurden nachgewiesen) auf Zweigen, Blättern oder Halmen, um sich blitzschnell auf das Tier fallen zu lassen und sich dort an weichen Hautstellen festzubeißen. Die Holzböcke sind normal nur zwei bis drei Millimeter lang und können sich durch Vollsaugen mit Blut bis zur Bohnengröße ausdehnen. Vorrangig von Juni bis September befallen sie den Hund im Augenbereich, an der Schnauze, aber auch am ganzen Körper. Der in die Haut eingewanderte Kopf des Holzbockes sitzt sehr fest und kann deshalb beim Herausziehen abreißen und weitere Entzündungen verursachen. Durch Betupfen mit Öl wird die At- mung des Holzbockes verhindert, seine rechtsdrehenden Widerhaken in der Haut wer- den gelockert, und mit leichter Linksdrehung ist dann der ganze Körper des Schmarot- zers leicht zu entfernen und möglichst gleich zu verbrennen.

Milben: Sie verursachen verschiedene Formen der Räude und sind meist zuerst am Kopf feststellbar. Anzeichen des Befalls sind verdickte Ohrränder oder Augenlider, die zu- nächst rötlich erscheinen, später bilden sich graugelbe Beläge, und schließlich entwik- keln sich harte, zerrissene Krusten.

Bekämpft wird ebenfalls mit Kontaktinsektiziden. Eine Behandlung sollte jedoch nur durch den Tierarzt erfolgen.

Schmarotzer des Magen-Darm-Kanals

Spulwürmer: Besonders Jungtiere sind gefährdet, und Welpen können bereits damit geboren werden. Erwachsene Hunde sind meist immun, können aber die Larven in der Muskulatur ungefährdet tragen. Aus aufgenommenen Spulwurmeiern entwickeln sich im Magen die Larven, die sich durch die Darmwand bohren, in die Blutbahn gelangen und sich im Lungengewebe absetzen. Später gelangen sie durch die Lungenbläschen und Luftröhre in den Kehlkopf, werden wieder abgeschluckt und entwickeln sich dann erneut im Magen-Darm-Kanal zu geschlechtsreifen Spulwürmern.

Befallsanzeichen hängen von der Anzahl der Spulwürmer ab. Mangelhafter Appetit, eventuell noch Durchfall und Erbrechen sind beim Junghund meist sichere Zeichen, die eine Behandlung rechtfertigen. Der genaue Nachweis erfolgt durch Feststellen der Eier im Kot. Bei starkem Befall kann es zusätzlich zur Schwellung des Bauches, zu Krämpfen, Unruhe und Abmagerung kommen. Teilweise entwickelt sich dann auch ein Spulwurmknäuel, das erbrochen werden kann oder gar zum Darmverschluß führt. Bekämpft werden die Spulwürmer mit sicheren und ungefährlichen Präparaten. In der DDR setzt man Piperazinpräparate, wie Piavetrin-Lösung oder Piavermit-Tabletten, ein. Nach 10 bis 14 Tagen ist die Behandlung zu wiederholen, um den Larvenrhythmus zu treffen.

Bandwürmer: Die Finnen des Bandwurmes werden durch den Hund nur über einen Zwischenwirt, wie Floh oder Haarling, oder auch durch Fleisch aufgenommen. Es gibt keine spezifischen Krankheitsanzeichen, und teilweise fehlen die Symptome völlig. Eventuelle Anzeichen sind wechselnder Appetit, Trägheit, Durchfall und stumpfes, struppiges Fell. Manchmal findet man auch Bandwurmglieder im Kot. In schweren Fällen kommt es zu Erbrechen, schweren Durchfällen, gekrümmtem Rücken und eventuell tödlichem Ausgang.

Da es mehrere Bandwurmarten beim Hund gibt, die verschiedene Zwischenwirte haben (Maus, Ratte, Hase, Fisch), und die medikamentöse Behandlung von der Konstitution des Hundes abhängt, ist in jedem Fall der Tierarzt aufzusuchen. Vorbeugen kann man nur durch Ausschalten des Zwischenwirts (z. B. Floh, Maus, Ratte).

Hakenwurm- und Kokzidienbefall: Diese selteneren Schmarotzer kann nur der Tierarzt genau feststellen. Auch hier sind Appetitlosigkeit, Durchfall, struppiges Fell und Abmagerung Befallsanzeichen. Die schwierige Bekämpfung kann nur durch tierärztliche Hilfe erfolgen. Die beste Vorbeugung sind entsprechende Hygiene und einwandfreies Futter.

Organerkrankungen

Es gibt zahlreiche Organerkrankungen vielfältiger Ursachen, die alle in die Hand des Tierarztes gehören und hier nicht behandelt werden können.

Vergiftungen

Plötzlich auftretende Krämpfe, nervöse Störungen (Taumeln, Lähmungen), Durchfälle, Brech- und Würgereize können Anzeichen von Vergiftungen sein. In Frage kommen meist Ratten- und Mäusegifte, Spritzmittel, Schneckenbekämpfungsmittel, Kontaktinsektizide oder andere Schädlingsbekämpfungsmittel. Man sollte versuchen, den aufgenommenen Giftstoff so rasch wie möglich festzustellen, um die Behandlung einleiten zu können. Auf alle Fälle sollte noch in der ersten halben Stunde ein Brechmittel (z. B. 1 %ige Kupfersulfatlösung, etwa 10–20 ml) gegeben werden, um das Gift nicht zur Wirkung kommen zu lassen. Mit Abführmitteln muß man vorsichtig sein. Dagegen kann viel

und reichlich Tierkohle eingegeben werden, um das Gift zu binden. Alle weiteren Maßnahmen gehören in die tierärztliche Praxis.

Verletzungen

Bei äußeren Verletzungen sind die Wunden freizulegen und die Blutungen zu stillen. Vor
allem ist um die Wunde herum das Haar zu entfernen und die umgebende Haut zu säubern. Keinesfalls sollte eine Desinfektion der Wunde selbst, mit Mitteln wie Jod- oder
Sepsotinktur usw., erfolgen, da das Wundgewebe geschädigt wird und die weitere Hei-
lung beeinträchtigt ist. Meist wird die Wunde erst dadurch infiziert, da zusätzlich
Schmutzteilchen und Keime aus der Wundumgebung eingeschwemmt werden.

Sichtbare Fremdkörper in der Wunde sollten mit einer Pinzette entfernt werden. Eine
offene Wunde wird mit einem trockenen, keimfreien Mullverband abgedeckt. Salben
aller Art sind unangebracht. Bei stark blutenden Wunden ist ein Druckverband notwendig oder ein eventuelles Abbinden, das alle 30 Minuten unterbrochen wird. Harmlose
Hautwunden können später mit geeignetem Wundpuder oder heilungsfördernden Prä-
paraten\versorgt werden. Alle größeren Wunden sollte ein Tierarzt weiterbehandeln.
Das Belecken der verletzten Stellen durch den Hund ist mit entsprechenden Verbänden
zu verhindern.

Medikamente und Hilfsgeräte für Erste Hilfe

Für erste Hilfsmaßnahmen des verletzten und kranken Hundes sollten folgende Medikamente, Instrumente und Hilfsmaterialien ständig vorhanden sein:

1 Fieberthermometer
1 Nagelschere bzw. gebogene Schere
2 Pinzetten (davon eine spitz und eine breit)
Ohrreinigungsstäbchen bzw. Stab als Watteträger
Adsorgen (gegen Durchfall)
Ethanol bzw. vergällter Branntwein, mindestens 70 %ig (zur Wund- bzw. Hautdesinfek-
tion)
Chlorofolin-Tabletten (nur für Hündinnen gegen Läufigkeitsgeruch)
Kamill-Extrakt bzw. Kamillan (Wunddesinfektion)
Kohlegranulat bzw. Kohletabletten (gegen Durchfall)
Kupfersulfat bzw. Kupfersulfatlösung 1 %ig (Brechmittel)
Paraffinöl (Abführmittel)
Multivitaminpräparate
Kontaktinsektizide (gegen Flöhe, Läuse usw.) in Form von Puder, Schaumwäsche oder
Feststoffstreifen (Flohhalsbänder)
Mineralstoffpräparate (Kalksalze mit Spurenelementen)
Watte
Wundpflaster und Verbandsmaterial
Desinfektionsmittel für Grob- und Feindesinfektion

Weitere notwendige Medikamente sind nur für die eventuell erforderlichen Behandlun-
gen zu lagern und später zu vernichten, da sie meist nur begrenzt haltbar sind.

Die Zucht tibetischer Hunde

Die Zucht von Hunden, speziell die Zucht tibetischer Rassen, ist eine verantwortungs-volle Aufgabe. Durch eine Zucht sollen Hunde hervorgebracht werden, die möglichst bessere Eigenschaften als die Ausgangstiere haben und dem Standard näherkommen. Das erfordert Kenntnisse über die Rassenmerkmale, den Entwicklungsstand der Rasse, die bereits vorhandenen zuchttauglichen Rassevertreter mit ihren Vorzugsmerkmalen, die Vererbungsgesetze, die verschiedenen Zuchtarten und Zuchtsysteme und nicht zu-letzt über die biologischen Vorgänge von der Läufigkeit und Verpaarung über Geburt und Ernährung bis zur Behandlung und Aufzucht der Welpen. Ausreichendes Wissen über Tierhygiene, veterinärmedizinische Grundsätze, Gesetzlichkeiten und das Vorhan-densein der Mindestausstattungen für Haltung und Aufzucht der Welpen mit den ent-sprechenden Räumen sind weitere Voraussetzungen. Die ständige Anwesenheit einer Pflegeperson bzw. des Züchters selbst und die generelle Eignung der Person eines Hun-dehalters als Züchter sind unbedingte Grunderfordernisse.

Die Zucht von Rassehunden ist keine allgemeine Hundevermehrung und obliegt des-halb nur den im Hundeverband organisierten Züchtern, die zuvor ausreichende Erfah-rung in der Hundehaltung gesammelt haben und sich durch eine mindestens einjährige Mitgliedschaft ausreichende Kenntnisse erwerben müssen. Aus den genannten Erforder-nissen und Voraussetzungen geht hervor, daß man eine Zucht von Rassehunden allein aufgrund eigener Entscheidungen nicht betreiben kann. Ein erfahrener Zuchtwart des Verbandes wird nach Konsultation mit dem zuständigen Zuchtausschuß oder Spezial-klub für die Rasse auf Grundlage eines Zuchtprogrammes die geeigneten Deckrüden für die zuchttaugliche Hündin auswählen. Nach Prüfung aller Voraussetzungen für einen ge-ordneten Zuchtablauf kann dann der Zuchtwart die erforderlichen Deckgenehmigungen erteilen. Es gibt immer wieder Hundehalter, die glauben, mit einer angeschafften Hün-din und einem Rüden züchten zu können, um vielleicht eine gerade in Mode gekom-mene Rasse mit vermehren zu können. Die so geborenen Hunde erfüllen dann kaum die Forderungen einer rassedienlichen Zucht, sondern sind nur Verkaufsobjekte. Unter die-sen Gepflogenheiten hatte in den letzten 15 Jahren vor allem der Shih Tzu mit zu leiden. Das Ergebnis sind nun viele Rassevertreter mit erheblichen Mängeln. Da diese schnellen »Hundezüchter« keine zuchttauglichen Tiere im Sinne der Rassehundezucht mehr ha-ben, züchteten sie »wild« oder »schwarz« weiter. Sie bieten dann in Annoncen der Tages-presse »rasereine« Welpen aus »Liebhaberzucht« an, zu denen es natürlich keine Pa-piere gibt.

Wer sich in der Lage fühlt, ein Züchter für eine der tibetischen Rassen zu werden, wird sich intensiv mit den Rassemerkmalen befassen und auf den Spezialausstellungen die vorgestellten Tiere vergleichen. Er sollte dann unter Berücksichtigung der vorhande-nen Linien (oft fälschlich als Blutlinien bezeichnet) den Typ heraussuchen, mit dem eine Züchtung vielversprechend ist. Die gewählte Hündin soll als Typ auch in ihren Ahnen wiederzufinden sein, das heißt, sie muß aus einer möglichst dominanten Vererbungslinie stammen. Darauf baut man sich zweckmäßigerweise eine Mutterlinie auf. Es wird eine vielversprechende Tochter dieser Stammlinie zur Weiterzucht verwendet und von dieser wieder eine geeignete.

Oft wird auf die Vererbung eines Champions als Deckrüde vertraut. Das kann zu Ent-täuschungen führen, da nicht sicher ist, ob der Phänotyp (gesamte Merkmale der äuße-ren Erscheinung) dieses Rüden auch in seinem Genotyp (Gesamtheit der vorhandenen

Erbanlagen) entsprechend verankert ist. Die entscheidende Basis einer guten Zucht ist deshalb immer eine vorzügliche, mit den gewünschten Merkmalen ausgestattete Zuchthündin aus einer ausreichend bekannten Linie. Zwischen Ausstellungschampions und guten Zuchttieren besteht also ein Unterschied, den ein angehender Züchter nur von einem erfahrenen Zuchtwart oder Ausstellungsrichter erfahren kann.

Es ist hinsichtlich einer wirklich rassedienlichen Zucht festzustellen, daß jeder, der glaubt, züchten zu können, zwar Hunde vermehren kann, aber ein Rassehundezüchter ist nur der, der unter Kenntnis des gesamten bisherigen Zuchtverlaufs geeignete Tiere unter spezieller Anwendung der Vererbungsgesetze verpaart, um Rassehunde mit besseren Merkmalen als die Elterntiere zu erzielen.

Die Zuchtbasis bei allen tibetischen Rassen ist aufgrund der relativ geringen Anzahl der jeweiligen Rassevertreter vergleichsweise schmal. Es ist deshalb für einen einzelnen Züchter kaum möglich, ein eigenes Zuchtsystem aufzubauen und zu verfolgen. Die zuchtlenkenden Maßnahmen der Zuchtausschüsse oder der Hauptzuchtwarte der zuständigen Spezialklubs basieren deshalb auf der erforderlichen Zusammenarbeit der geeigneten Züchter. In Form eines Zuchtprogramms zur Entwicklung und Festigung der Rasse werden die als zweckmäßig und vielversprechend ermittelten Verpaarungen geplant. Durch die regelmäßigen Zuchtanalysen können dann die Erfolge und eventuellen weniger guten Ergebnisse der Zuchtprogramme kontrolliert und ausgewertet werden.

Zuchtsysteme

Linienzucht:

Bei diesem Zuchtsystem haben die Eltern des vorgesehenen Zuchttieres einen gemeinsamen Vorfahren, ein gemeinsames Stammtier, das die Linie begründet hat. Sonst sind jedoch die Elterntiere des Zuchttieres nur wenig oder nicht miteinander verwandt. Durch die Linienzucht werden die genetischen Übereinstimmungen eines wertvollen und vorzüglichen Vorfahren vermehrt und in einer Linie erhalten oder möglichst noch verbessert. Da bei diesem Zuchtsystem der Deckrüde von den weiblichen Ahnen der Linie abstammt, ist ein gewisser Inzuchtfaktor enthalten. Dieser ist erforderlich, um die genetischen Merkmale des Vorfahren zu vermehren. Er wird jedoch möglichst gering gehalten.

Es gibt Rüdenlinien und Mutterlinien. Bei Rüdenlinien ist es schwieriger, alle Nachkommen zu verfolgen und damit die Linie entsprechend auszuwerten. Bei Mutterlinien kann der Züchter die Tochter des ersten Wurfes und die weiterhin daraus gezogenen Hündinnen mit ihren Würfen besser verfolgen und so nach einigen Generationen den eigentlichen Genotyp seiner Zuchttiere sicher erkennen.

Inzucht:

Als Inzucht wird allgemein die Paarung von Tieren bezeichnet, die miteinander näher verwandt sind als durchschnittlich die Tiere einer definierten Population. In der praktischen Tierzucht rechnet man die Paarung von Tieren zur Inzucht, die miteinander im ersten bis sechsten Grad verwandt sind. Das Ziel der Inzucht besteht im Erlangen einer Reinerbigkeit und darin, vorhandene, seltene Genkombinationen vorzüglicher Tiere zu erhalten und zu vermehren. Da bei der Inzucht nicht nur gute Merkmale, sondern auch unerwünschte rezessive Gene auf den Nachwuchs vererbt werden können, sind Tiere mit den weniger erwünschten Merkmalen für die weitere Zucht auszuschließen. Durch eine strenge Auslese können dann die erwünschten Anlagen gefestigt und damit erbrein werden. Durch Inzucht sind fast alle existierenden Hunderassen entstanden, denn nur damit ist eine Reinerbigkeit zu erzielen. Ohne Inzucht kommt man deshalb auch in den einzelnen Rassegruppen nicht aus. Sie ist allerdings nicht ungeprüft und laufend anzuwenden, sondern nur unter Kontrolle des Zuchtwartes. Wird eine Inzucht über drei oder mehr Generationen betrieben, dann treten Depressionen der allgemeinen Leistungsmerkmale wie Anpassungsfähigkeit, Vitalität, Fruchtbarkeit, Wachstum usw. auf.

Es werden drei Grade der Inzucht unterschieden:

1. Inzestzucht (engste Inzucht):   Verpaarung mit Verwandten 1. und 2. Grades (Eltern mit Kindern oder Geschwistern und Großeltern mit Enkeln)

2. Enge Inzucht (nahe Inzucht):   Verpaarung mit Verwandten 3. und 4. Grades (Onkel mit Nichte, Vetter mit Base)

3. Mäßige Inzucht (weite Inzucht):   Verpaarung mit Verwandten 5. und 6. Grades

Besonders bei Rassen, die nur durch relativ wenige Exemplare vertreten sind, wie es bei den tibetischen Hunderassen der Fall ist, kann anhand der Ahnentafel eine fortgeschrittene Inzucht festgestellt werden. Um die negativen Folgen der Inzucht auszuschalten, bedient man sich des Auskreuzens, auch Fremdzucht genannt.

Fremdzucht (Auskreuzen):

Dabei werden nicht verwandte, also außerhalb der Linie stehende Tiere eingesetzt, die meist unbekannt sind. Es wird dann mit den daraus erhaltenen Nachwuchstieren in der Linie weitergezüchtet. Man erhofft sich dabei auch eine Korrektur eventuell vorhandener Mängel in der eigenen Zuchtlinie. Die Fremdzucht birgt jedoch die Gefahr in sich, das eigene Zuchtsystem durcheinanderzubringen, da eine erhebliche Anzahl unbekannter Gene neu eingebracht wird. Es ist nicht gesichert, daß man ein bestimmtes, gewünschtes Merkmal durch das Auskreuzen in die Zucht bringt.

Zweckmäßiger ist deshalb die Verpaarung mit geeigneten Tieren aus einer bekannten, aber nicht verwandten Linie. Durch eine gezielte Auslese und weitere Kombinationen gewinnt man dann ebenfalls Tiere mit gewünschten Merkmalen. Diese Zuchtmethode wird Kombinationszüchtung genannt. Bei den tibetischen Rassen ist sie aufgrund der Verwandtschaft der Linien nur teilweise möglich.

In der Rassehundezucht ist es nicht nur erforderlich, bestimmte positive Merkmale durch die Zucht zu sichern, sondern auch genetische Erkrankungen wie Hüftgelenkdysplasie, Augenkrankheiten usw. zu bekämpfen. Das erfordert eine gewisse Strategie in der Zuchtlenkung in Zusammenarbeit mit den Züchtern der Rasse und ausreichend wissenschaftliche Kenntnisse auf dem Gebiet der Vererbungsgesetze. Bei einem so hochentwickelten Tier wie beim Hund ist die Anzahl der Gene, die man in ihrer Gesamtheit als Erbanlagen bezeichnet, sehr hoch. Entsprechend kompliziert sind die Vorgänge in den Erbgängen. Dennoch läßt sich unter Kenntnis der Grundgesetze eine Merkmals- und Eigenschaftsvererbung in der Rassehundezucht entsprechend planen. Eine Behandlung der Funktion der Erbanlagen und der Vererbungsgesetze würde den Rahmen des Buches überschreiten. Darüber existiert ausreichend Spezialliteratur. Für einen angehenden Züchter ist das Studium der Grundlagen der Vererbungslehre eine Grundvoraussetzung. Ohne dieses Wissen sind weder Planung noch Verständnis der Zuchtarbeit möglich. Neben den vererbbaren Merkmalen und Eigenschaften gibt es noch wesentliche Faktoren, die nicht den Vererbungsgesetzen folgen. Es sind die quantitativen Merkmale, die Stärke der Ausbildung und Ausprägung einzelner Eigenschaften im betreffenden Individuum. Wie stark das jeweilig vorhandene Merkmal am Einzeltier ausgeprägt wird, ist von der Wechselwirkung einer Anzahl von Genen abhängig.

Eine weitere zusätzliche Wirkung auf das jeweilige Einzeltier geht von seiner Umwelt aus. Die Umwelt (Futter, Haltung) beeinflußt z. B. das Bewegungsverhalten des Tieres und seine Größe. Langfristig wirkt sie auch auf Fellanlage, Gliedmaßen usw.

Die Zuchthündin

Bevor man sich eine Hündin für eine spätere Zucht auswählt, sollte man die Zuchtlinien studieren, um Vorstellungen über einen wertvollen Typ zu bekommen. Aus einer guten Zucht finden sich vorzügliche Tiere auf Ausstellungen wieder oder sind aus Ahnentafeln zu entnehmen.

Nach dem 15. Lebensmonat wird die Zuchttauglichkeit durch einen Zuchtrichter und Zuchtwart geprüft. Werden die erforderlichen Rassemerkmale festgestellt, und ist die Hündin fehlerfrei, dann erhält sie die Zuchttauglichkeit und kann zur Zucht eingesetzt werden. In der Regel sollte erst ab 20. Lebensmonat mit einer Hündin gezüchtet werden, obwohl die erste Hitze, also Läufigkeit, bereits nach dem siebenten bis neunten Lebensmonat und die zweite Hitze mit dem 12. bis 15. Lebensmonat einsetzen kann. Bei Hündinnen der tibetischen Rassen treten die ersten Hitzen meist später auf, und viele Hündinnen werden auch nur einmal im Jahr heiß. Während der Periode der Hitze, der Läufigkeit, ist die Hündin gut unterzubringen, damit sie nicht ungewollt durch einen herbeigelaufenen Rüden gedeckt wird. In der Läufigkeitsperiode ist die Hündin sehr unruhig und kann bei passender Gelegenheit schnell entwischen, um zu einem Rüden zu gelangen. Eine heiße Hündin sollte auch nicht auf öffentlichen Straßen und Plätzen ausgeführt werden, damit sie nicht die Aufmerksamkeit der Rüden unnötigerweise auf sich zieht. Soll oder kann die Hitze für einen Deckakt nicht genutzt werden, ist es ratsam, geruchsunterbindende Präparate einzusetzen.

Etwa 11 bis 13 Tage nach der Blutung findet der Eisprung statt, und die Hündin ist befruchtungsfähig. Während der Hitze sollte die Tagesfuttermenge um etwa 10 % erhöht werden. Das günstigste Alter für den ersten Zuchteinsatz der Hündinnen liegt bei 2½ Jahren.

Der Deckrüde

Nicht jeder Champion ist ein geeigneter Deckrüde. Die Auswahl eines passenden Deckrüden für das gewählte Zuchtsystem kann nur in Verbindung mit dem Zuchtwart, einem Zuchtrichter oder dem zuständigen Zuchtausschuß erfolgen. Es gibt teilweise Deckrüdenverzeichnisse, durch die der Zuchtwart einige empfehlenswerte Deckrüden auswählen kann. Trotzdem sollten das Erscheinungsbild und die bisherigen Wurfergebnisse des Rüden bekannt sein. Ein verantwortungsvoller Züchter orientiert sich rechtzeitig über mögliche Deckrüden und schaut sich die Tiere selbst vorher an. Die richtige Wahl des Deckrüden hängt vor allem von der Linie ab, aus der er stammt, vom Typ, den er in der Rasse repräsentiert, von der Beurteilung der Nachzucht aus bisherigen Verpaarungen, von erwünschten Vorzügen und eventuellen Fehlern, vom Verwandtschaftsgrad und nicht zuletzt von der Deckbereitschaft des Rüden. Selbstverständlich ist, daß der Rüde die Zuchttauglichkeitsprüfung ebenso wie die Hündin frühestens im Alter von etwa 15 Monaten bestanden hat.

Oft sind für die Wahl des Deckrüden Farbwünsche entscheidend, und der Allgemein- und Gesundheitszustand werden kaum beachtet. Das kann für die Nachzucht üble Folgen haben.

Bei Jungrüden kann man sich nicht darauf verlassen, daß der Deckakt erfolgreich sein wird. Die Rüden benötigen eine gewisse Erfahrung und müssen es möglichst jung erlernen. Es ist deshalb wichtig, sich von der Deckfähigkeit des Rüden vorher zu überzeugen.

Der Decktermin

Nach dem biologischen Sexualzyklus der Hündin erfolgt der Eisprung am 11. oder 12. Tag nach der ersten Blutung. Der Deckakt sollte nicht später als 12 Stunden nach dem Eisprung erfolgen und ist deshalb bereits am 11. und 12. Tag zu empfehlen. Ein Nachdecken nach 24 bis 36 Stunden erhöht die Befruchtungswahrscheinlichkeit. Teilweise ist der erste Blutungstag der Hündin schwer feststellbar, obwohl frische weiße Laken ins Lager gelegt wurden und die Vulva abgetupft wird. Es kann deshalb der günstigste Decktermin durch die Ermittlung der Duldungszeit der Hündin, die durchschnittlich sieben Tage beträgt, ermittelt werden. Dann ist allerdings ein geeigneter Rüde in der Nähe erforderlich. Bei einer Begegnung mit dem Rüden läßt man diesen aufspringen und beobachtet die Hündin. Ist sie deckbereit, bleibt sie stehen und hält die Rute zur Seite. Der Rüde ist sofort zurückzunehmen. Vom vierten bis sechsten Duldungstag ist dann der günstigste Decktermin der Hündin.

Der Deckakt

Zum rechtzeitig vereinbarten Decktermin bringt man die Hündin mit den erforderlichen Deckunterlagen üblicherweise zum Rüden, da Rüden durch neue Eindrücke in fremder Umgebung oft nicht deckbereit sind. Zweckmäßigerweise führt man die Hündin angeleint zum Rüden und beobachtet das gegenseitige Verhalten. Begegnen sich die Tiere wohlwollend und interessiert, kann die Hündin losgelassen werden. Üblicherweise stellt sich dann die Hündin nach kurzem Spiel und Beriechen dem Rüden und hält die Rute seitwärts. Der Rüde wird durch die Geruchsstoffe (Ektohormone) der Hündin stimuliert und ist nach dem Vorspiel mit der Hündin deckbereit. Da der Rüde während dieser Zeit häufig uriniert, ist es günstiger, wenn der Deckakt im Freien stattfindet. Nach Möglichkeit sollten die Tiere während der Paarung nur sich selbst überlassen sein. Hilfestellung ist meist nur nach dem Abgleiten des Rüden von der Hündin erforderlich, wenn er sich abdreht und beide Tiere mit dem Hinterteil zueinander stehen und »hängen«. Es ist empfehlenswert, dann beide Tiere zu halten, damit sie nicht versuchen, herumzulaufen und zu ziehen. Die Hündin ist in dieser Situation sehr unruhig. Das »Hängen« dauert normalerweise zwischen 10 und 30 Minuten und ist für Fuchs, Wolf und Hund ein typisches Verhalten, um eine hohe Empfängniswahrscheinlichkeit zu sichern. Wenn der Rüde lange genug auf der Hündin bleibt, ist auch ohne Hängen die Empfängnis möglich. Es wird dann am folgenden Tag oder spätestens zwei Tage danach der Deckakt wiederholt. Die eigentliche Befruchtung der reifen Eizellen erfolgt auf dem Eierstock oder in den Eileitern, danach wandern die Eizellen innerhalb von 8 bis 10 Tagen durch die Eileiter und nisten sich in den Gebärmutterhörnern ein. Die reifen Eizellen können bis zu 20 Stunden befruchtungsfähig bleiben, während die Spermien teilweise nur wenige Stunden aktiv sind.

Die trächtige Hündin

Nach etwa 24 bis 30 Tagen kann der Tierarzt eine mögliche Trächtigkeit, eventuell durch Abtasten, feststellen. Von diesem Zeitpunkt an ist auch die Volumenzunahme an den Flanken zu sehen. Etwa ab dem 50. Tag kann eine Röntgenaufnahme die Welpen erfassen, da sich dann die Skelette deutlich ausgebildet haben. Jetzt beginnt auch die Milchdrüsenanschwellung, und einige Tage vor der Geburt »schießt« bereits die erste Milch ein. Das Verhalten der trächtigen Hündin ist sehr verschieden. Besonders zwei bis drei Wochen nach dem Deckakt nehmen manche Hündinnen einige Tage wenig Futter an, andere beanspruchen schon mehr. Ab der dritten, spätestens jedoch ab der vierten Trächtigkeitswoche benötigt die Hündin etwa die doppelte Futtermenge, die mit ausreichend Vitaminen und Mineralstoffen angereichert wird. Um den Körper der tragenden Hündin nicht zu überlasten, wird die Futtermenge auf mindestens drei Portionen über den Tag verteilt. Ab der siebenten Trächtigkeitswoche reduziert man dann die Futtermenge bis zur Geburt wieder auf Normalmenge. Die Zusammenstellung einer zu empfehlenden Einzelfuttermittelkombination zeigt Tabelle 5. Es gibt für tragende Hündinnen eine Anzahl weiterer Leistungsfutterrezepturen, deren Eiweiß-, Fett-, Mineralstoff- und Vitamingehalt aber fast gleich sein muß.

Die Hündin sollte, falls das vor dem Deckakt nicht erfolgt ist, nochmals auf Wurmbe-

Tabelle 5: Beispiele für eine Futterzusammenstellung für tragende Hündinnen von der dritten bis sechsten Trächtigkeitswoche und für säugende Hündinnen mittlerer Größe (etwa 7 bis 15 kg Körpermasse)

Rezeptur 1		Rezeptur 2	
Einzelfuttermittel	Menge in g je kg Körpermasse der Hündin	Einzelfuttermittel	Menge in g je kg Körpermasse der Hündin
Rindfleisch, mager, roh	38	Rindfleisch, gekocht	56
Sojamehl, gekocht oder Mekorna	3,5	Haferflocken, gedünstet in Fleischbrühe	42
Haferflocken, gedünstet	30	Backhefe	3
Blumenkohl, gedünstet	5	Apfel, roh, gerieben	7
Vollmilch, roh	10	Speiseöl	0,3
Speiseöl	0,3	Mineralstoffmischung für Kleintiere mit	
Vitamin-Mineralstoff-mischung für Kleintiere	4	Vitaminen	3,5
durchschnittliche Gesamttagesfuttermenge	90,8 g		111,8 g

Wiegt z. B. eine Hündin 9,5 kg, so multipliziert man bei Rezeptur 1: 9,5 × 90,8 g = 862,6 g Futter je Tag, das dann in drei oder vier Einzelportionen geteilt und über den Tag verteilt gefüttert wird.

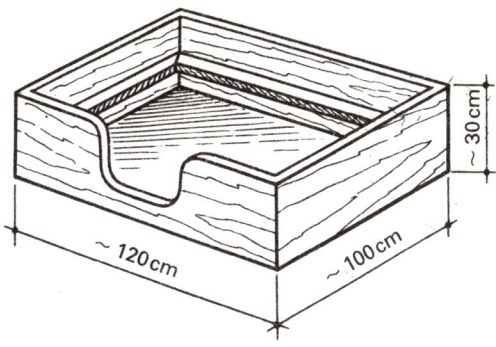

Zweckmäßige Wurfkiste

fall überprüft werden. Wird im Kot etwas nachgewiesen, dann muß vor Ablauf der vierten Trächtigkeitswoche ein Wurmmittel verabreicht werden. Später wäre es zu gefährlich. Abgekapselte Wurmlarven werden damit allerdings nicht erfaßt. Ausreichende tägliche Bewegung im Freien ist für die tragende Hündin besonders wichtig. Ab vierter Trächtigkeitswoche sollte sie von strapaziösen Wanderungen, Raufereien, hohen Sprüngen und weiteren physischen und auch psychischen Belastungen verschont bleiben.

Meist erhöht sich der Flüssigkeitsbedarf, und frisches Wasser muß ihr jederzeit ausreichend zugänglich sein. Da sich auch der Urinabsatz erhöht, können Pannen bezüglich der Stubenreinheit entstehen, für die die Hündin nicht gestraft werden darf.

Wurfvorbereitungen

Die vorbereitete saubere und desinfizierte Wurfkiste ist zweckmäßigerweise schon etwa zwei Wochen vor dem Wurftermin am vorgesehenen Standort aufzustellen. Die Hündin kann sich dann schon mit dem Wurflager vertraut machen, und sie wird während des gelegentlichen Liegens im Wurflager beruhigend gestreichelt. Wurferfahrene Hündinnen kennen ihr Lager bereits und zeigen oft vor dem Wurftermin eine gewisse Scheu vor der bekannten Wurfstätte. Selbstverständlich muß für die Wurfkiste eine ruhige, ungestörte und zugfreie Ecke im Haus ausgewählt werden. Viele Hündinnen der tibetischen Rassen versuchen, außerhalb des Hauses eine verborgene Ecke zu finden, um dort ein Wurfnest zu gründen. Definitive Gründe sind dafür schwer zu nennen, doch hängt es sicher mit der von der Hündin gewünschten abgelegenen Geborgenheit zusammen. Diese Tiere sind dann geduldig an das Wurflager zu gewöhnen, das bei deutlichem Unbehagen der Hündin eventuell einen neuen Standort bekommen sollte oder von oben mit einem abnehmbaren Dach geschlossen wird.

Neben dem Wurflager muß eine ausreichende Ablage für Reinigungsmittel, Hilfsinstrumente und Wäschestücke vorhanden sein. Für die Geburt werden bereitgelegt: ein Stapel kochfester Wäschelakenstücke und Zeitungen zum Auslegen und laufenden Wechsel der Wurfkistenunterlage, Handtücher, Desinfektionsmittel, Zellstoff, eine Schere, weißer Zwirn, abgekochtes Wasser und vergällter Branntwein bzw. Ethanol, Zusatzheizquelle, sauberer Trinknapf und eine kleine Waage.

Geburtsanzeichen

Ab 56. Trächtigkeitstag kann mit Geburtsanzeichen gerechnet werden. Etwa zwei Tage vor der Geburt hängt der Bauch tiefer, und die Flanken fallen ein. Den Abgang des Gebärmutterschleimpfropfens kann man als glasigen Schleimabgang beobachten, die Scham ist gesenkt und stark geschwollen. Empfehlenswert ist eine rektale Temperaturkontrolle, da etwa 20 bis 24 Stunden vor der Geburt ein Temperaturabfall um 1 bis 2°C eintritt. Die Normaltemperatur der Hündin ist deshalb schon Tage vorher zu bestimmen. Die Hündin wird einige Stunden vor der Geburt sehr unruhig, beleckt die Scham und sucht häufig die Wurfkiste auf. Das Futter wird meist bereits 10 bis 12 Stunden vor der Geburt verweigert, und einige Hündinnen erbrechen auch den Mageninhalt noch vorher. Unter gesteigerter Unruhe hechelt die Hündin stärker, legt und setzt sich abwechselnd, und das Eröffnungsstadium der Geburt tritt langsam ein.

Die Geburt

In der Eröffnungsphase, die bei den Erstgeburten 10 bis 20 Stunden dauern kann, hat sich die Bezugsperson, der Züchter, ständig am Wurflager aufzuhalten. Die Gegenwart des Züchters gibt der Hündin die erforderliche Ruhe und Sicherheit. Abgesehen vom gelegentlichen Streicheln, hat die menschliche Hand nur bei Erfordernis einzugreifen. Außer dem Züchter hat während der Geburt niemand, weder Mensch noch Tier, Zutritt zum Wurfraum. Der Züchter beobachtet aufmerksam den Geburtsablauf. Vorrangig wird zunächst die Behandlung der ausgetriebenen Welpen durch die Hündin verfolgt. Die Hündin muß die Fruchthülle aufbeißen, die Nabelschnur durchbeißen und den Welpen gründlich sauberlecken. Der Welpe muß sich bewegen und möglichst schnell zum Gesäuge finden. Die Nachgeburt wird meist sofort von der Hündin gefressen, meist unbemerkt schnell. Es gibt bezüglich des Fressens der Nachgeburten unterschiedliche Meinungen. Naturgegeben ist es richtig und notwendig. Die Hündin nimmt damit leicht verdauliche Eiweiße und Hormone auf. In der Natur ist es auch deshalb lebenswichtig, da die Nachgeburten verwesen würden und das Lager infektionsgefährdeter wäre. Aus diesem Grund werden meist auch totgeborene Welpen von der Hündin gefressen.

Frißt sie zu viele Nachgeburten, so wird der Magen überladen, und es kommt unter Umständen zu weiteren Komplikationen. Der hohe Eiweißgehalt der Nachgeburten verursacht Verdauungsstörungen in Form starker Durchfälle, und oft werden sie auch wieder erbrochen. Wesentlich ist, daß die Nachgeburten gezählt werden, um einen eventuellen Verbleib im Mutterleib sofort zu erkennen. Gelegentlich kommt die Nachgeburt auch erst beim nächsten Welpen mit. Die zeitlichen Abstände bis zur Geburt des nächsten Welpen sind unterschiedlich. Es kann sofort passieren, so daß sich die Hündin kaum um den bereits geborenen Welpen kümmern kann, durchschnittlich dauert es 10 bis 30 Minuten. Vergehen mehr als zwei Stunden, dann ist der Tierarzt einzubeziehen. Da die Hündin während der Geburt ermüdet, werden die Abstände bei den letzten Welpen größer. Zwischendurch ist der Hündin immer etwas Wasser anzubieten. Verläuft alles normal, ist die Geburt nach zwei bis fünf Stunden beendet, und die erschöpfte Hündin liegt ruhig mit ihren gelegentlich säugenden Welpen auf dem Wurflager.

Die Unterlage mit Zeitungspapier und Lakenstücken wird nach der Geburt bereits erneuert, zwischendurch versucht man, die Welpen zu wiegen, das Gewicht zu notieren und die Temperatur der Hündin zu messen.

Geburtshilfe

Es kann notwendig werden, beim Geburtsverlauf helfend einzugreifen, ohne jedoch voreilig zu handeln. Keinesfalls sollte man, speziell bei Erstgeburten, einen auch länger in der Scheide hängenden Welpen zu schnell herauszuziehen. Bei Durchtrittsschwierigkeiten ist keinesfalls der Welpe am Kopf zu fassen, sondern vorsichtig an den seitlichen Hautfalten und bei Hinterendlage im Bereich des Bäuchleins. Oft genügt auch eine sanfte Bauchmassage bei der Hündin. Bei langdauernden Geburten und einsetzender Wehenschwäche können schwarzer Tee (nicht zu stark) mit Traubenzucker und ein Aufguß aus Zimtrinde sehr fördernd wirken.

Kann die Hündin die Fruchthüllen nicht selbst öffnen, so ist das sofort durch den Züchter mit dem Fingernagel oder vorsichtig mit der Schere vorzunehmen. Notwendiges Abnabeln geschieht durch Abschneiden mit der Schere, etwa 1 bis 2 cm vom Nabel, und Abbinden mit weißem Zwirn. Schere und Zwirn werden mit vergälltem Branntwein desinfiziert. Meist sind in dem Fall auch die oberen Luftwege der Welpen zu säubern und flüssigkeitsgefüllte Nasen durch kurze, ruckartige Bewegungen nach unten zu leeren. Atmet der Welpe noch nicht, dann ist mit rhythmischem Druck auf die Brustwand oder durch ein blitzschnelles kaltes Tauchbad meist Erfolg zu erzielen.

Alle weiteren Geburtsschwierigkeiten, wie Wehenschwäche im Eröffnungsstadium und Zeitabstände von über zwei Stunden bis zur Geburt des nächsten Welpen, sind vom Tierarzt zu behandeln. Auch bei Überschreitung des Geburtstermins über den 67. Trächtigkeitstag hinaus ist der Tierarzt zu konsultieren.

Nach der Geburt

Die Hündin wird nach der Geburt am Hinterteil und den Hinterläufen sorgfältig mit lauwarmem Seifenwasser gewaschen und abgetrocknet. Speziell bei den langhaarigen tibetischen Rassen ist das ein wichtiges Hygienegebot. Die Welpen werden so schnell als möglich vorsichtig untersucht. Dazu wird zweckmäßigerweise die Zeit genutzt, in der die Hündin in den Garten geführt werden muß. Das hat täglich mindestens dreimal zu geschehen, auch wenn Zwang anzuwenden ist.

Mehr als sechs Welpen dürfen entsprechend der Zuchtordnung nicht im Wurf belassen werden. Untergewichtige und lebensschwache Welpen sind aus dem Wurf innerhalb von drei Tagen zu entfernen und schmerzlos zu töten. Auch wenn die Hündin weniger als sechs Welpen geboren hat, schließt man sehr lebensschwache Tiere von der weiteren Aufzucht aus. Junge Hündinnen werden bei ihrem ersten Wurf mit sechs Welpen stark belastet, und es empfiehlt sich deshalb, nur vier Welpen aufzuziehen.

Beim Säugen muß die gleichmäßige und umschichtige Verteilung der Welpen beachtet werden. Alle Zitzen sind zu belegen. Das geschieht durch mehrmaliges Umgruppieren der Welpen. Nach den ersten zwei Tagen müssen die Welpen runde und volle Bäuche haben. Dünnbauchige und schlaffe, eventuell sogar sich kälter anfühlende Welpen sind dann noch auszusondern, da sie nicht gesund und zu schwach sind. Gesunde Welpen verdoppeln in der ersten Woche ihr Geburtsgewicht und nehmen gleichmäßig zu. Über die Gewichtszunahme wird anfänglich täglich und später wöchentlich Protokoll geführt.

Die Kontrolle und Pflege der Gesäuge der Hündin gehören zu den täglichen Erfordernissen. Es wird vor allem nach der Rückkehr vom Auslauf gewaschen und abgetrocknet. Mit der Ausbildung der Krallen bei den Welpen sind eventuelle Gesäugeverletzungen mit Kamilleextrakt zu behandeln. Die Krallen der Welpenvorderpfoten werden vorsichtig gekürzt und abgerundet.

Täglich müssen zweimal oder öfter die Laken des Lagers im Wurfkasten gewechselt werden. Die Unterlage der Laken besteht zweckmäßigerweise aus Zeitungspapier und wird auch mit ausgetauscht. Bis zu drei Wochen nach der Geburt hat die Hündin noch

Ausfluß, der anfangs dunkelgrün und mit Blut vermischt ist. Nach der Geburt ist weiterhin täglich die Temperatur der Hündin zu messen. Sie ist meist erhöht. Steigt sie über 39,2°C, ist der Tierarzt zu konsultieren. Es besteht dann der Verdacht, daß eventuell noch Nachgeburtsreste in der Gebärmutter sind. Die Welpen sind in den ersten Tagen ständig zu beobachten und noch auf eventuelle anatomische Fehler zu untersuchen. Fehlerhafte Tiere und Kümmerlinge sind keinesfalls weiter im Wurf zu belassen.

Nach dem dritten Tag fallen die eingetrockneten Nabelschnuren ab, und nach dem zehnten Lebenstag öffnen sich die Augen und Ohren.

Die Fütterung der säugenden Hündin

Die Energieabgabe der Hündin über die Muttermilch an die Welpen erfordert einen erhöhten Futterbedarf in guter Qualität. 100 g Hundemilch enthält mit etwa 600 kJ mehr als die doppelte Energiemenge der Kuh- und Frauenmilch. Die Fütterung hat deshalb nach Leistungsrezepturen zu erfolgen, um eine optimale und effektive Ernährung zu sichern. In den ersten Tagen nach der Geburt lehnt die Hündin schweres Futter ab. Es werden deshalb Milchsuppen aus Milchpulver mit Getreideflockenzusatz, mit Eigelb und Mineralstoffzusatz gegeben. Kalkpräparate sind dem Futter reichlich zuzusetzen. Lehnt die Hündin Milchsuppe ab, dann ist eine energiereiche Fleischbrühe mit Eigelb und Mineralstoffen zu bereiten. Die flüssige Nahrung wird der Hündin in den ersten Tagen in der Wurfkiste vorgesetzt, da sie diese nur ungern verläßt.
Tabelle 5 (S. 130) zeigt eine Futterrezeptur. Diese Optimalrezepturen sind rechnerisch ermittelt und dienen der Orientierung, da die praktische Fütterung diese Genauigkeit nicht zuläßt. Die Gesamttagesfuttermenge ist auf mindestens vier Portionen zu verteilen und durch Zugabe von Vollmilch flüssiger als normal zu bereiten. Besonders günstig ist es, wenn die Hündin an Quark gewöhnt ist, da sich die Mahlzeiten damit effektiver variieren lassen.

Die Aufzucht der Welpen

In den ersten drei Wochen nach der Geburt kümmert sich die Hündin allein um ihre Welpen. Sie versorgt sie durch Säugen mit Nahrung, leckt sie sauber und nimmt die Ausscheidungen der Welpen auf. Mit der sogenannten »Kolostral-« oder »Biestmilch« der ersten zwei Tage erhalten die Kleinen wesentliche Abwehrstoffe, die sie bis zu ihrer 12. Lebenswoche weitgehend vor Infektionskrankheiten schützen. Nach Ablauf der dritten Woche reicht normalerweise die Muttermilch allein nicht mehr aus, und man beginnt mit der frühen Zufütterung. Zwischen der zweiten und vierten Woche ist die Milchgabe der Hündin am größten. Einige Hündinnen, besonders die der kleinen Rassen, können dann Eklampsie (Milchkrämpfe) bekommen. Die genauen Ursachen dafür sind nicht restlos geklärt. Der Calciumstoffwechsel sowie Vitamin- und Hormonhaushalt sind gestört, und es besteht bei nicht sofortiger Behandlung Lebensgefahr. Die Hündin fängt meist an zu zittern und zuckt heftig, oft wird sie zusätzlich ängstlich. Sie bricht in den Läufen zusammen und fällt auf die Seite. Das Euter ist heiß, und die Körpertemperatur steigt an. Ist kein Tierarzt in der Nähe, der in der Regel Calcium und Beruhigungsmittel spritzt, muß sofort gehandelt werden. Die Welpen sind zu entfernen, das Euter ist zu kühlen mit kalten Umschlägen auf der gesamten Milchleiste, und eventuell sind noch Eisbeutel und essigsaure Tonerde mit anzuwenden. Eine orale Gabe von Kalkpräparaten und Beruhigungsmitteln kann zusätzlich versucht werden. In den folgenden Tagen ist die Hündin vor den Welpen zu schonen, und man sollte nur bei prallem Euter begrenzt säugen lassen. Eine frühestmögliche Zufütterung entlastet die Hündin erheblich und mindert die Eklampsiegefahr. Die Zeit der frühen Zufütterung wird auch Schleimphase genannt, da mit milchhaltigem Hafer- oder Reisschleim begonnen wird. Es eignen sich dazu Instant-Erzeugnisse, die mit Sahnequark zusätzlich angereichert werden. Dazu kommt bereits Vitamin-Mineralstoffmischung. In möglichst flüssiger Form wird es den Welpen in flachen Schalen gereicht. Nehmen sie es noch nicht allein auf, werden sie sanft mit der Nase eingestupst. Sehr schnell lernen sie dann die Aufnahme des Schleimes mit der Zunge. Etwa ab dem 25. Tag kann schon Fleischbrühe anstelle von Milch gegeben werden, und darin wird breiig gedrücktes Hackfleisch (Rind, Geflügel) und ein fein zerdrücktes, gekochtes Eigelb zu einem halbflüssigen Brei vermischt. Später kann die Konsistenz des Breies steifer sein, oder es werden kleine Portionskügelchen daraus geformt, die die Welpen gern annehmen. Neben dem Fleischbrei wird aber auch mit Instant-Milcherzeugnissen und vor allem Quark zugefüttert. Alle Futtergaben werden mit Vitamin-Mineralstoffmischung versetzt. Die Anzahl der täglichen Zufütterungen hängt von der Milchleistung der Hündin ab. Anfänglich gibt man eine Zusatzmahlzeit und am Ende der vierten Woche schon vier bis fünf. Mit Beginn der Zufütterung beseitigt die Hündin nicht mehr die Ausscheidungen der Welpen. Der Pflegeaufwand des Züchters erhöht sich nun beträchtlich. Die Welpen sind weiterhin auf Sauberkeit vor allem im Afterbereich zu untersuchen. Eventuelle Kotverklebungen werden mit warmem Wasser aufgeweicht und beseitigt. Da die Kleinen nun mit wackeligen Schritten kreuz und quer durch die Wurfkiste tollen, ist auf die sofortige Beseitigung der Ausscheidungen zu achten, um das Breitschmieren zu vermeiden. In dieser Zeit sollen die Welpen schon die Möglichkeit haben, durch einen leicht begehbaren Ausschlupf aus der Wurfkiste in den Raum des Welpenauslaufes zu gelangen. Diesen legt man mit Zeitungspapier aus, und sehr schnell lernen die Kleinen, ihr Häufchen und Pfützchen außerhalb der Wurfkiste zu machen, da auch Kleinhunde instinktiv nicht ihr Lager beschmutzen wollen.

Neben dem gründlichen Reinigen der Wurfkiste und des Welpenauslaufes sind auch regelmäßige Desinfektionen erforderlich. Es werden nur gereinigte Flächen und Gegenstände desinfiziert und nach der Desinfektion gründlich gesäubert. Desinfektionsmittel sind in der Regel giftig und dürfen nicht vom Welpen durch Lecken aufgenommen werden. Die Temperaturen in der Wurfkiste sind ständig zu überprüfen. Sie sollen in der ersten Woche 30 bis 32°C, in der zweiten Woche 28 bis 30°C und später 24 bis 28°C betragen. In der zweiten und dritten Woche werden die Welpen das erste Mal entwurmt. Es eignet sich dazu Piavermit-Sirup im frühen Welpenalter und ab vier Wochen zur Wiederholung Piavetrin-Lösung. Eine weitere Wiederholung des Entwurmens empfiehlt sich nach acht Wochen.

Beim Hochheben der Welpen ist stets Vorsicht geboten. Sie werden mit einer Hand unter dem Hinterteil und mit der anderen Hand unterstützend an der Brust angehoben und gehalten. Hochheben an den Vorderläufen oder Greifen im Nacken sind zu unterlassen, da so leicht Schulterzerrungen entstehen.

Das völlige Absetzen der Welpen ist durch schrittweises Entwöhnen von der Muttermilch in der sechsten bis siebenten Woche zu erreichen. Die Welpen erhalten dann täglich fünf Mahlzeiten, wobei die erste noch eine Suppenmahlzeit sein kann. Alle anderen Mahlzeiten sind von festerer Konsistenz in Form eines steifen Breies. Ab sechster Woche können auch Fertigfuttermittel eingesetzt werden, die ebenfalls als dicker Brei gereicht werden. Bei Winterwürfen ist eine genau dosierte Vitamin-D-Gabe erforderlich. Alle anderen Vitamine werden durch die Vitamin-Mineralstoffmischung zugeführt. Optimale

Futterzusammensetzungen für die aufwachsenden Welpen zeigt Tab. 4 (Seite 117). Die errechneten Mengen sind als Richtwerte zu betrachten, da eine praktische Fütterung nie so genau ausgeführt werden kann. Die Haltung der Welpen ab fünfter Woche erfordert eine ausreichende Auslauffläche, die nicht unter 10 m² liegen soll. Die Welpen sollten dort sonnige und schattige Plätze vorfinden und möglichst auch eine Sandecke zum Häufchen- und Pfützchenmachen. Der Sand ist leicht zu wechseln, und die Welpen verstehen bald, daß sie sich nur dort lösen sollen. Über Einzelheiten der Zwingeranlage für die Aufzucht läßt man sich vom Zuchtwart beraten, der diese Anlage auch abnehmen wird und Bedingungen festlegen kann. Es ist selbstverständlich, daß die Welpen nur Spielzeug bekommen, das ungefährlich ist. Splittsteinchen, Nüsse und Splitterholzreste sind ebenso gefährlich wie Plastetüten oder zu kleine, verschluckbare Bälle und Kugeln. In der achten Lebenswoche kann dann der Zuchtwart die Welpen bzw. den Wurf abnehmen, nachdem man vorher bei der Zuchtbuchstelle die Tätowiernummern beantragt hat. Mit der Abfassung des Wurfabnahmeprotokolles und dem Tätowieren sind die Voraussetzungen zur Eintragung ins Zuchtbuch der Rasse erfüllt, und die Welpen können nach der achten Woche abgegeben werden.

Künstliche Welpenaufzucht

Die künstliche Aufzucht der Welpen kann erforderlich werden, wenn ein deutlicher Milchmangel bei der Hündin eintritt, starke Eklampsieneigung besteht oder die Hündin stirbt. Dazu ist das Herstellen einer Ersatzmilch notwendig (Tab. 6).

Auf der Basis von Säuglingsmilchpräparaten wird unter Zugabe von Kaffeesahne und anderen Eiweißprodukten eine fettreiche, der Hundemilch ähnliche Milch hergestellt. Zur künstlichen Welpenaufzucht ist die Genehmigung des Zuchtwartes erforderlich, der den Züchter über Einzelheiten informiert.

Durch das Fehlen der Kolostralmilch erhalten die Welpen nicht den Infektionsschutz für die ersten 12 Wochen. Einen Ersatz dafür gibt es nicht, so daß bei der künstlichen Aufzucht mit erhöhter Krankheitsanfälligkeit der Welpen zu rechnen ist. In den ersten Lebenstagen erhalten die Welpen alle zwei bis drei Stunden diese Ersatzmilch aus einer kleinen Flasche mit Sauger. Das ist dann natürlich auch nachts erforderlich. Meist win-

Tabelle 6: Hundeersatzmilch-Rezepturen (nach Grünbaum)

Rezeptur 1	Menge in g	Rezeptur 2	Menge in g
Vollmilch-Pulver	20	Vollmilch-Pulver	25
Eipulver	6,5	Trinkvollmilch	50
Vitamin-Mineral-		Wasser	25
stoffmischung		Vitamin-B-Komplex	
für Kleintiere	0,4	»Jenapharm«	
Lebertran (Tropfen)	(4)	(Tropfen)	(5)
Vitamin-B-Komplex		Lebertran	
»Jenapharm«		(Tropfen)	(6)
(Tropfen)	(5)		
Wasser	73		
	~ 100 g		~ 100 g

seln die Welpen nach zwei Stunden als Zeichen des Hungers, und sind die Abstände kürzer, dann reicht die Menge der Milch für den Welpen nicht aus.

Da Babymilchprodukte zum Stopfen neigen können, sind die Bäuche der Welpen regelmäßig sanft zu massieren, und die Konsistenz des Kots ist zu überwachen. Weiterhin sind After und Geschlechtsöffnungen zu massieren, wie es die Hündin sonst tut. Eine ausreichende Wärme in der Wurfkiste kann zweckmäßigerweise durch Infrarotbeheizung gesichert werden. Ein Überhitzen der Wurfkiste ist zu vermeiden.

Ab dritter Lebenswoche werden die Welpen dann auch schrittweise auf Schleim- und Fleischbreimahlzeiten umgestellt. Die Temperaturen der Ersatzmilch und der Schleimmahlzeiten betragen 30°C.

Es kann zweckmäßig sein, die Welpen anfangs bis zu 10 Tagen einzeln zu halten, um gegenseitiges Besaugen zu vermeiden.

Literatur

Akademie der Wissenschaften der UdSSR: Weltgeschichte. Band 1 – 3. VEB Verlag der Wissenschaften, Berlin 1963

BECKMANN, L.: Die Rassen des Hundes. Verlag Friedrich Viehweg und Sohn, Braunschweig 1895

BERNDT, R.: Your Lhasa Apso. Denlingers Fairfax, Virginia 1974

DADDS, A.: The Shih Tzu. Howell Book House, New York 1978

DÄHLER, S., RÄBER, H.: Der Tibet Mastiff. Zeitschrift »Hundesport«, Schweizerische Kynologische Gesellschaft, Nr. 21, 1984

FEHRINGER, O.: Hunde. Schwarz-Verlag, Bayreuth 1963

Fitzinger, L.: Der Hund und seine Racen. Tübingen 1876

GRÜNBAUM, E.-G.: Ernährung und Diätetik von Hund und Katze. VEB Gustav Fischer Verlag, Jena 1982

HEDIN, S.: Meine Hunde in Asien. Verlag Brockhaus, Leipzig 1930

HEDIN, S.: Transhimalaja. Verlag Brockhaus, Leipzig 1909

HERRE, W., RÖHRS, M.: Haustiere – zoologisch gesehen. VEB Gustav Fischer Verlag, Jena 1973

KNORR, F., SEUPEL, I.: Aufzucht von Hunden. VEB Deutscher Landwirtschaftsverlag, Berlin 1984

KREITNER, G.: Im fernen Osten. Verlag Paul Gerin, Wien 1881

LAYARD, A.: Auf der Suche nach Ninive. Verlag Beck, München 1965

LECALDANO, P.: Die große Hundeenzyklopädie. Rizzoli Editore, Mailand 1970

LEGL-JACOBSON, E.: East Asiatic Breeds. Tryck Sweden 1978

LEHMANN, P.-H.: Tibet. Verlag Grunert und Jahr. Hamburg 1983

MANUEL, E.: Your Guide to the Tibetan Terrier. Ballinger Rawlings, Watford 1984

MULLINER, A.: The Tibetan Terrier. Oxford Press, Oxford 1977

NOUČ, W.: Tibetische Hunde. Franckh'sche Verlagshandlung, Stuttgart 1978

RHEENEN, J. VAN: Das Lexikon für Hundefreunde. Safari-Verlag, Berlin (West) 1969

RICHTER, W., WERNER, E., BÄHR, H.: Grundwerte der Tiergesundheit und Tierhaltung. VEB Gustav Fischer Verlag, Jena 1979

SCHNEIDER-LEYER, E.: Die Hunde der Welt. Albert Müller Verlag, Rüschlikon-Zürich 1960

SENGLAUB, K.: Wildhunde – Haushunde. Urania-Verlag, Leipzig, Jena, Berlin 1978

SIBER, M.: Der Tibethund. Verlag Paul Gerin Wien, Winterthur 1897

STREBEL, R.: Die Deutschen Hunde und ihre Abstammung. Elise Ertel Verlag, München 1905

SWAROVSKY, H.-J.: BI-Lexikon Hunderassen. VEB Bibliographisches Institut, Leipzig 1985

SWAROVSKY, H.-J.: Unsere Rassehunde. Neumann Verlag, Leipzig, Radebeul 1981

TÄUBER, M.: Tibet Terrier und Lhasa Apso. Zeitschrift »Der Terrier«, Nr. 8, Frankfurt 1948

TEICHMANN, P.: ABC der Hundekrankheiten. S. Hirzel Verlag, Leipzig 1984

TRUMLER, E.: Pipers Buch der Hunderassen. Piper-Verlag, München 1978

VOSS, I., LIPPA, R.: Das Kleinhundebuch. Otto Meissners Verlag, Bleckede/Elbe 1978

VOSS, I.: Asiatische Rassen. Otto Meissners Verlag, Bleckede/Elbe 1960

WIESNER, E., WILLER, S.: Genetik der Hundekrankheiten. VEB Bibliographisches Institut, Leipzig 1983

ZIMMERMANN, H.: Das Lexikon der Hundefreunde. Verlag Mensch und Tier, Berlin 1933

Sachwörterverzeichnis